Fast Path to Corporate Growth

企业快速成长之路

知识和技术的新市场应用

【美】马克·梅耶◎著　　高　建　彭瑞梅◎译

每个企业都有自己的发展战略，但真正行之有效的却少之又少。它们往往孜孜以求地在现有产品上谋求渐进式创新，或者希望通过兼并来实现增长，而这两种方式的效果都差强人意。对各个行业的企业来说，要想长久地保持商业活力，必须致力于更新产品线并升级服务，以实现内生性的成长。《企业快速成长之路》聚焦于大型企业，它们需要不断地更新产品线，以开发市场需求、创造新的利润点。书中总结了产品与服务升级的原则与规律：从产品开发策略到用户调查、理念的开发与原型设计、市场测试，直到商业模式……最终构建一个可操作的模式来实现企业成长。为了说明这种成长模式，本书深入剖析了多个企业案例，包括IBM公司、本田汽车公司、玛氏公司等，它们都利用自身的核心技术来开发新的市场和新的应用，并大获其利。这些实例都具有可操作性，可以在你自己的项目上加以实践。当然，人的因素也不可忽视，管理者和创新团队的带头人可以从本书中找到引领团队来实现企业成长的诀窍。本书是企业成长的综合指南，适用于研发人员、业务发展策略制定者、产品经理，以及技术管理、创新管理和企业战略学者及研究者。

知识产权出版社
INTELLECTUAL PROPERTY PUBLISHING HOUSE

责任编辑：刘　爽　　　　　　　　　　　　　　　　　　责任校对：韩秀天
封面设计：Zdesign 工作室　　　　　　　　　　　　　　　　责任出版：卢运霞

图书在版编目（CIP）数据

企业快速成长之路：知识和技术的新市场应用／（美）梅耶著；高建，彭瑞梅译．—北京：知识产权出版社，2010.10

书名原文：The Fast Path to Corporate Growth

ISBN 978－7－5130－0228－8

Ⅰ．①企…　Ⅱ．①梅…②高…　Ⅲ．①企业管理－研究　Ⅳ．①F270

中国版本图书馆 CIP 数据核字（2010）第 203751 号

企业快速成长之路：知识和技术的新市场应用

QIYE KUAISU CHENGZHANG ZHILU：ZHISHI HE JISHU DE XIN SHICHANG YINGYONG

［美］马克·梅耶／著　高　建　彭瑞梅／译

出版发行：知识产权出版社

社　址：北京市海淀区马甸南村 1 号		邮　编：100088	
网　址：http：//www.ipph.cn		邮　箱：bjb@cnipr.com	
发行电话：010－82000860 转 8101/8102		传　真：010－82005070/82000893	
责编电话：010-82000860转 8125		责编邮箱：liushuang@cnipr.com	
印　刷：知识产权出版社电子制印中心		经　销：新华书店及相关销售网点	
开　本：787mm×1092mm　1/16		印　张：16	
版　次：2011 年 3 月第 1 版		印　次：2011 年 3 月第 1 次印刷	
字　数：352 千字		定　价：38.00 元	

ISBN 978－7－5130－0228－8/F·373（3172）

版权登记号 01－2009－4654

企业快速成长之路

献给奥尔加

致 谢

本书是许多人施以援手的产物。我要特别感谢三个人：Mark Anzani，他坚定不移的友谊和在计算机行业的专业知识是促成我写作本书最初的动力；Neil Willcocks，他将以用户为中心的设计与技术平台结合起来，很少有人这么做；John Helferich，他帮助我自始至终思考企业成长所需的业务流程。

其他在业界和学术界的朋友对各个不同章节作出了贡献，包括西北大学的同事 John Friar、Fred Crane、Daniel McCarthy、Mario Maletta 和 Dennis Shaughnessy，我多年的导师和最亲密的朋友 Al Lehnerd 以及麻省理工学院（MIT）的 Utterback。

对于业界的朋友，我最深的感激要给予 IBM 公司的 George Walsh 和 Peter Tarrant；本田公司的 Art St. Cyr、Bill Easdale 和 Sage Marie；Math Works 公司的 Loren Dean、Peter Webb 和 Eugene McGoldrick；Mentor Graphics 公司的 Joseph Sawicki；Braintree 实验室的 Harry Keegan。玛氏公司的许多人员对这个项目贡献了时间和想法。我要特别感谢 Ralph Jerome、Bob Boushell、Tom Collins，Michael Wilson 和 Stewart Townsend。我还想感谢以下这些人：Design Continuum 公司的 Harry West，他教会我很多关于以用户为中心的设计知识；Kristin Boyle 帮助我开发测试原型的方法；James Walter 教我如何将新服务作为模块化平台进行审视。作出同等重要贡献的还有 Terry Leahy，Martin McDonough 和 Jeff Curran，他们对商业模式创新和开发提出了建议。

特别感谢西北大学高科技 MBA 项目的学生们，在这几年中，他们不断帮助我修正我的方法。为了本书不同部分提供的特殊例子，我要特别感谢 Chad Haering，Subhabrata Biswas，Nathan Butts，Ofer Michael 和 Kevin Clarke。能够给这些经理级的学生们授课是我一生的荣耀之一。

这本书的写作也离不开 Richard Luecke 的指导和帮助。为了激发我最真实的激情，Dick[1]经常说："马克，如果你不能在 40 页内完成这章内容，就停下来去钓鱼吧。"本书中很多部分都是我在国内或国外很多有水的美丽地方完成的，要特别感谢 Dick 这一睿智的建议。

能与牛津大学出版社的编辑 John Rauschenberg 一起工作是我的幸运。John 对创意和及其应用很感兴趣，他是一位真正的合作伙伴，而牛津大学出版社不愧为杰出的机构。

最重要的支持和鼓励恐怕是来自我的家人。很多读者都听过类似的话，"亲爱的，快起床把书完成，肯定会很棒！"或者是"来吧，歇一会儿，我们去投篮。"或者是"爸爸，你写的都是最时兴的内容。我真喜欢这些新花样！"我要说的是：Olga，Max 和 Rosa，你们的鼓励是这个旅程中发掘的金子。我会铭记并永远珍惜。

---

[1] Richard 的昵称。——译者

目　录

导　论

企业快速成长之路

成长是每个有抱负企业的目标。成长能为公司和股东带来好处。它能为员工提供充满活力的工作环境和不断进步的机会。它能不断地为顾客带来新产品和服务。成长是每位 CEO 的目标，但是通常难以把握。许多获得成长的公司最终发现成长从指缝间溜走了。实际上，不少知名企业通过创新产品或服务优势获得了成长，并得到了市场领先地位，但由于这样或那样的原因，又失掉了领先地位，并逐步下滑——其中一些落入了商业史的垃圾箱。昨天在汽车制造、微型计算和摄影技术领域的领先者又浮现在我的脑海里。25 年前的《财富》排名前 100 位的企业在今天的排行榜上没剩几家，这说明今天的领先者经常成为明天的落后者，甚至成为失败者。

企业在成熟行业和市场中的停滞和下滑是不可避免的吗？所有伟大的企业都注定会碰壁吗？下滑可能发生了，但这并不意味着下滑是注定的。如果一家企业能在某个时候创造出新技术并用来解决实际问题，那么没谁规定它不能在未来也这么做。悲观主义者应该为苹果公司的例子所鼓舞——感谢无处不在的 iPod，由于其杰出表现，苹果公司正在享受成长的复兴，股东也获利不菲，这些都是基于同样的驱动因素。苹果公司曾被认为是进入了细分市场。但是通过运用技术能力和客户知识来满足其他需求——超越现有业务范围进行思考和创意，走向计算和音乐的融合——苹果公司避开了小的细分市场，开创了快速成长的新业务。电子消费品行业的竞争对手们对此惊奇不已。

商业复兴并不是轻易发生的，它需要管理层的勇气和领导力、有敬业精神的个人组成的团队专注而极富创造性的工作以及对目标市场的发掘。本书旨在为企业增长这一重要工作提供框架、方法和鼓励。

充满危险的第三阶段

图 1.1 显示了许多企业面临的挑战：三阶段的市场生命周期。在第一阶段，引入一种创新产品（或服务），通常是基于突破技术。起初，销售额很低，因为新技术的性能通常并不完善。

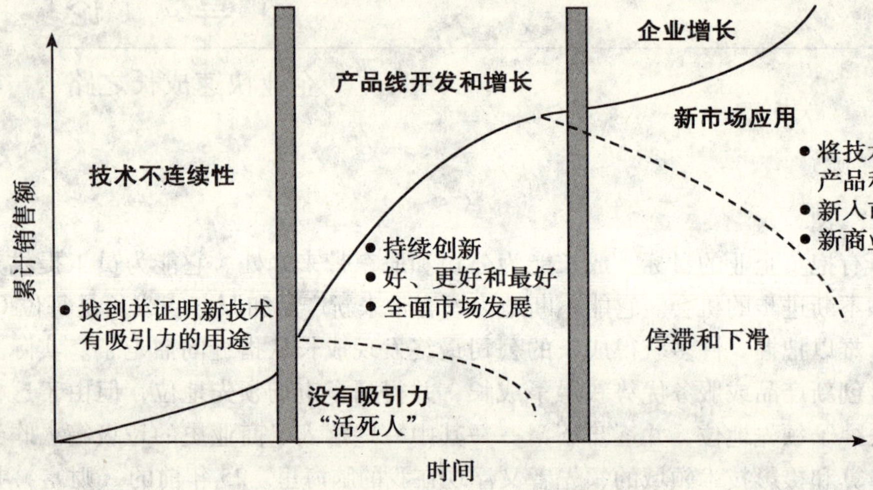

图 1.1　在市场生命周期中增长面临的挑战

在第二阶段，随着价格和性能的提高，顾客意识到新产品的效用，销售额会大幅度提高。快速跟随的竞争者看到这个不断扩张的市场时，会带着自己的产品杀进来。一些竞争者会提供同样的产品，另一些则会提供一些有价值的改进。最终的结果是市场饱和或者有更好的替代品出现，产品进入停滞和下降的阶段。第三阶段的利润几乎总是下降得比销售量还快。

在产品的生命周期中和对提供这个阶段产品的公司来说第三阶段是最关键的。问题就在于，公司应如何走出停滞，走上企业成长之路？一种方法是收购：简单地购买另一家处于第一或第二阶段的企业（或许是竞争对手），通过市场扩张发展自己。这种方案看起来很吸引人，但收购的追踪结果令人泄气；失望的例子远超过成功的例子。唯一肯定的赢家是投资银行，它们促成了这些收购，也在企业拆分时有更多收费。

回到"成长"

创新文献和产业实践指出了两条更具前景的成长之路。第一条就是创造真正突破性的创新——技术跳跃。关于突破性创新，James · Utterback 描述得非常好——能给世界带来真正的新东西，与现有技术或形式显著不同。[1]第一块半导体芯片就符合这一描述，第一台喷墨打印机、无绳电话技术、血管成型术和其他我们现在认为理所当然的事。我们家庭和工作中的许多产品——GPS 导航设备、光纤电缆、混和动力车辆、数字成像和电子邮件等——都是以技术突破为基础的。但是每位 CEO 和研发人员都知道，旨在获得这种突破的开发项目充满风险且成本昂贵，可能在 10 年甚至 12 年内都无法实现收入。这类项目如果成功，就能将企业带入快速上升的成长之路。但是很多企业缺乏技术目标或者不能找到目标顾客。这并不是说每家以技术为基础的公司都不能在其投资组合中进行突破性项目的开发；这只是说它们不能及时地阻止销售和利润下滑的趋势。在市场生命周期的下滑阶段的企业需要在两至三年内得到缓解的良药。

企业成长的第二条途径，也是一条比较平凡的道路，即“渐进性创新”。这类创新在现有技术（及其分支）或产品设计的基础上进行改进。它与企业核心业务很接近，为企业已经熟知的市场和顾客服务。采用渐进性创新的产品和服务所需的时间和金钱比突破性创新的产品和服务要少。它们的风险要小得多，因为是基于已经被证明的技术，并且是面向已经对公司很了解的顾客。在许多例子中，这类产品可以用公司现有生产线进行制造，并且通过公司已经开发和完善的渠道进行销售。

这类创新是边际创新，对已经存在并为现有市场服务的产品进行改进：数字成像功能的手机、更快处理器的计算机和更多特性的办公应用软件。所有这些都是渐进性创新，只要它们能满足真正的用户需求，就能逆市而上，改变销售下滑的趋势。品牌延伸和产品衍生品都是这个道理。在《产品平台的力量》（*The Power of Product Platforms*）[2]一书中，我和 Al Lehnerd 指出，此时的挑战是为现有产品线开发下一代架构，这些架构能共享产品和工艺平台，从而减少成本和开发时间。虽然这项工作在本质上具有较少的改进——开发新架构、子系统技术和生产工艺——其目的还是为了更好地服务于现有用户和用途。

那么，企业应该采取哪一种成长方式呢？脱口而出的回答是“两者都要”。每一项平衡的研发组合都包含渐进性和不连续性的项目。如果做得好，渐进性创新能在短时间内带来收入和利润增加。突破性创新能让企业拥有更好的未来，但是很多企业不能等到 10 年以后或者更长时间去收获这些好处，它们现在就需要新的收入。

幸运的是，还有第三种——同时也是人们不大理解的一条成长之路。我称之为“新市场应用”。这条道路就是接下来章节要描述的主题。新市场应用就是：为服务于新用户和新用途，利用公司的技术能力（有时是生产能力）开发的新产品和服务。它不是用老产品的“新改进”版从现有顾客那里挤出新收入，新市场应用是把企业的人才集中于未开发的细分市场。

成功的新市场应用能将企业导入增长曲线而不需要冒高风险，不需要高成本以及突破性创新所需的较长开发周期。尽管公司技术改进和应用是这一战略的核心，新市场应用并不依赖于技术突破。成功的新市场应用已经超越了研发。

新市场应用的成功需要管理层思考一定范围内的潜在市场应用——服务于新用户和新用

途的新产品或服务。克里斯·祖克（Chris Zook）[3] 曾描述过，管理层应该通过“相近”这副透镜来审视这些潜在应用和潜在利润。一些目标可能与现有业务很相近。比如，一家电信公司可以利用现有光缆和无线基础设施提供新的增值服务。其他新目标市场应用可以是定义和捕捉一个新兴的市场空间。[4] 比如，一家传统的糖果生产商可以进入一个全新的领域——健康、富有营养和高价格的休闲食品。以上这些方法都可能成功，只是需要考虑不同的情况。我所研究的一些企业由于大胆地进入新市场应用而走出了低迷的困境，在相关领域有所发展，从而发掘了自己的优势；也有一些企业开发了新的、相关的商业机会，积极进取，蓬勃发展。不管采用哪种方法，成功企业都能将其核心技巧和技术运用到新产品线和服务中，促成了既令人激动又可以实现的成长。

这种战略的最佳特性在于能在整个企业成长的背景下速战速决。这就是本书为什么起名“企业快速成长之路”的原因。本书描述的大多数例子中，新市场应用通常在概念形成后两至三年内就面世了；在面世后一年内许多产品就开始赢利。更棒的是，很多新市场应用能形成一种新业务——而不只是一种产品线的扩张。

成功探源

是什么决定了新市场应用的成功？我的研究表明，需要在三个方面进行创新：市场、技术和商业模式（图 1.2）。

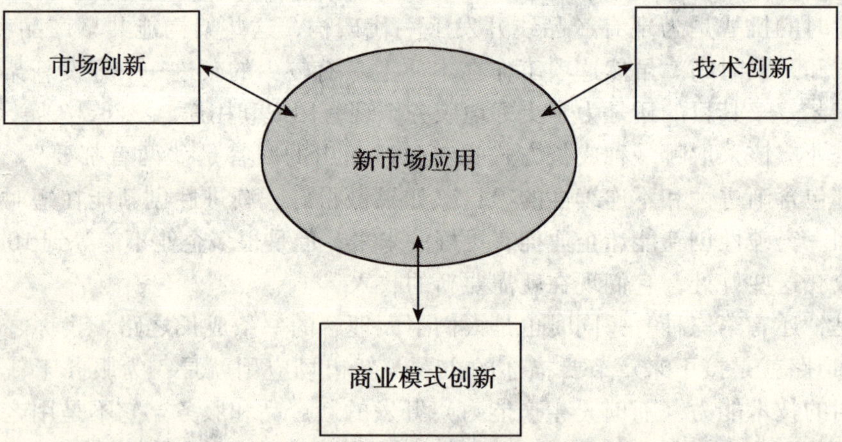

图 1.2　新市场应用开发中的三方面创新

——*市场创新*。创新从市场细分开始，要圈定新的目标用户并确保企业的技术服务适用于这些用户。然后将创新延伸到用户研究，反映开发团队对潜在新顾客的理解。传统的市场定量方法是二手的，代替不了对用户世界的深入调查。

——*技术创新*。该维度的创新集中在两个层面。第一个层面是把用户的需求和不满融会贯通，形成新概念，然后将这些新概念转化为产品和服务设计。第二个层面是聪明地实施这些设计。这就意味着新市场应用在使用技术时要靠模块化战略和开发相应的共享子系统。只有这样，共享的技术才能成为企业成长的平台。

——*商业模式创新*。商业模式描述了企业是如何赚钱的。瞄准新用户或新用途的新产品线和服务，提供了用更好的、利润率高的商业模式代替旧的、利润率低的商业模式的机会。旧的商业模式束缚新市场应用，这种束缚限制甚至推毁了转变的潜能。

当然，在新市场应用中人力因素是很重要的。研发、营销和其他职能部门的员工团队是推动者。他们不惧怕去接触顾客，在自然状态下观察顾客，针对顾客的需求和不满迅速开发并测试新的解决方案。成功的新市场应用还需要管理层的支持，他们不会逼迫开发团队削足适履。如果一项有前景的新产品线需要采用不同的方法来分销、定价，或者需要外包生产而不是采用公司现有的产品线，这些管理层一定会支持那些最适合新市场应用的方案。我们会在后面做更多的讨论。

本书的内容安排

本书阐述了通过新市场应用实现成长的框架。这个框架包括的一系列活动将在第二章阐释。第三章到第十一章解释这些活动，并从许多优秀的企业实践中提炼出事例。其中主要包括本田公司开发的颇受欢迎的 SUV Element，玛氏公司推出新的糖果和宠物食品。许多章节中都提供了模板，读者可以用于自己的项目。第十二章和第十三章阐释了新市场应用的人员问题，提出直言不讳的建议，即管理层和创新团队领导者管理新市场应用开发的必要步骤。

研究样本

本书描述的框架是在过去 10 年中对 20 多家企业调查研究的基础上总结出来的。这些企业代表了广泛的行业，每一家都开发了新产品和服务，并成功地将它们销售给新用户，作为新用途进行销售推广。这些企业在计划和执行、组织、业务流程方面的经验惊人地相似。其中有世界上最大的计算机公司 IBM，最成功以及成长最快的汽车公司之一——本田；世界上最大的糖果和宠物食品生产商玛氏公司；数学计算的市场领先者 MathWorks；存储系统的领先者 EMC 公司；世界上最大的医药服务公司查尔斯河实验室（Charles River Laboratories）；在半导体设计和测试方面受人尊敬的公司 Mentor Graphics；以及最大的农业产品供应商之一，等等。本研究中还有不少服务企业，包括美国最大的人寿再保险公司，共同基金行业保管业务的领先者，以及美国一家提供健康管理、系统和服务的领先公司。要学习企业内在和有机的成长的方法，不可能再找到一组比这更好的企业案例了。在很多例子中，我的工作不是进行调查研究和案例编写，而是与企业创新团队一起开发激动人心的新产品和服务概念。这些企业提供的丰富例子说明如何不靠收购或者通过与收购相配合取得更快的成长。

现在，你将开始分享这个旅程。在我们详细提出企业增长的管理框架前，要讲个故事——一个真实的故事：一家行业领袖发现自己开始走下坡路了。在20世纪90年代初，这家企业的核心业务问题重重，销售下滑，亏损巨大。企业必须采取一些措施来挽救颓势，而且要快。在这家企业再次崛起的过程中，就隐含着本书下面章节的概念和方法基础。

接着读下去吧。

注释

1. James Utterback, *Mastering the Dynamics of Innovation* (Boston: Harvard Business School Press, 1994).
2. Marc. H. Meyer and Alvin Lehnerd, *The Power of Product Platforms* (New York: Free Press, 1997).
3. Chris Zook, *Beyond the Core: Expand Your Market without Abandoning Your Roots* (Boston: Harvard Business School Press, 2004).
4. W. Chan Kim and Renee Maulborgne, *Blue Ocean Strategy* (Boston: Harvard Business School Press, 2005).

第一章

IBM 从废墟中崛起

很少有企业实例能像 IBM 重振其不断萎缩的传统大型计算机业务那样生动。它很可能是 20 世纪 90 年代美国商业史中最伟大的产业转型故事。同时，它还清楚地显示出复兴现有产品使其更好地服务于现有用户和现有用途与延伸产品线以获取新用户和新用途之间的差异。

为了实现这一切，IBM 必须做到：

1. 更好地细分市场并研究这些市场里的用户需求；
2. 采用新技术更有效地将信息和认识转化为新的产品设计；
3. 重新定义并不断改进其核心业务模式。

这三方面的创新是本书接下来章节中要关注的，也是每个公司——无论其规模大小，在走向内生成长道路上面临的挑战。

IBM 的变革是一个了不起的故事，它显示了管理团队如何整合三个方面的创新：首先是在转型保持其核心业务，随后把新技术用于新的市场；这些新应用专注于以网络为中心的主要产业纵向市场的计算需求。[1]

IBM 的黑暗岁月

20 世纪 90 年代初期是 IBM 大型计算机部门的黑暗日子，而大型计算机业务是 IBM 这个计算机巨人的传统强项。公司完全错失或忽略了 80 年代中期用户端技术的兴盛，到 90 年代初，其传统的批处理大型机业务开始萎缩。大公司数据处理部门“玻璃房子”里的那些集中控制的大型机被分散的服务器所取代。那些在 IBM 研究中心工作了多年的工程师们发现自己的职业生涯已经走到了尽头。他们感觉自己在技术变革的汪洋大海里随波逐流。

IBM 的研发中心曾经是计算创新的圣地。波基普希（Poughkeepsie）❶ 中心是大型机的心脏和灵魂所在，大部分硬件和操作系统技术（主要是多虚拟存储（multiple virtual storage，MVS））都是在这里开发的。位于德国的波普林根❷（Boeblingen）研发实验室则致力于开发大中型机（用于小企业或办公环境的 IBM S/390 机器）。[2]位于纽约恩迪克特（Endicott）的研发部门开发了大型机服务处理器，而苏默斯（Somers）的研究机构则为企业职员开发了一些功能。

IBM 在 20 世纪 50 年代后期首次开发的大型机、操作系统和数据库成为世界上大企业进行数据处理的基石。Frederick Brooks 在其经典著作《人月神话》（*The Mythical Man-Month*）里描述了 OS360 的开发过程，那是在 60 年代处于领先地位且 IBM 独有的操作系统。[3]OS360 以及在硬件、加密技术和存储技术方面取得的进步成为 IBM 在创新方面的伟大举措。大型机成为计算之王。在整个 70、80 年代，大型机研发中心的工程师们成为举足轻重的人物。在之后的 40 多年里，技术进步和成千上万的工程师们付出的努力使大型机不断升级换代，成为价值超过百万美元的强大机器。

在接下来的几十年里，计算技术取得的进步令人震惊。到 1995 年，每秒每百万次指令（MIPS）运算的价格仅为 1964 年 OS360 系统刚开发成功时的百分之一。在 50 年代后期，IBM 最早的大型机每秒每百万次指令运算的价格为 2. 56 亿美元；到 1970 年，这个价格降为 200 万；到 1980 年，为 35 万美元；到 1990 年，降为 10 万美元；到 1995 年，降为 2 万美元。在 2000 年到来的时候，高端的大型机——IBM z900（最新的大型机）每秒每百万次指令运算的价格已经跌至 2500 美元。价格从 2. 56 亿美元降到 2500 美元，这是一个 10 万倍的进步。

到 80 年代末期，IBM S/390 系统分部的年收入已经超过 100 亿美元，超过 3 万名员工在这条产品线上工作。这个部门凭其自身实力，已经成为美国最大的制造公司之一。IBM 的每个人都认为 S/390 部门是公司的心脏和灵魂所在。当其不断获得成功，“蓝色巨人”的其他部门也与有荣焉。但是在 80 年代末期，IBM 的大型机业务乃至整个企业都开始出现了裂缝。大客户所要求的特性在其大型机上不能提供，比如支持在线业务与合作的互联网—局域网形式的网络和应用软件。到 90 年代早期，IBM 这架“装甲战车”的裂缝开始断裂，其矛盾不断扩大。

也许这一切是自满引起的，S/390 部门在公司中的统治地位已经维持得太久了。IBM 事后才发现，其对于新产品开发的组织、流程和方法都过多地专注于现有产品线结构的渐进创新。大多数公司资源都用来支持现有产品线。大家采取的态度是避免而不是勇于冒险。

对 IBM 而言，从传统的批处理大型计算发展到客户服务器计算，然后到为电子商务服务的分散式对等网络计算似乎是不可逾越的障碍。John Verity 在《商业周刊》上撰文总结了这

---

❶ 美国纽约州东南部城市。——译者

❷ 德国城市。——译者

种局面。

> John F. Akers 向华尔街分析师和记者宣布了一个严苛的计划：裁员 25 000人，减少 10 亿美元产品开发预算，减少 10 亿美元管理费用，从 1992 年第四季度的收入中拿出 60 亿来支付裁员和资产变卖所需的费用。[4]

几个月后，Verity 再次写道：

> 毫无疑问，1992 年对 IBM 来说是一个灾难……是美国商业史上最大的净损失，股价狂跌 50%，激烈的批评使董事会在 1 月 26 日的会议上决定找人取代 John Akers 的主席和 CEO 职务。尽管这已经不再是头条新闻，然而更令人震惊的发现是：IBM 甚至失掉了与大型机处理器和存储系统的紧密联系——这是其统治了 25 年之久的高达 500 亿美元的世界市场。1992 年 IBM 在这些领域的销售收入只有 2% 的微弱增长，而分析家指出，其大型机处理器的收入减少了 10% 至 15%，只有 75 亿美元。同时，其大型机竞争对手 Amdahl 公司的大型机收入占到其总收入的 48%。处于大型机业务第二位的 Unisys 公司则在 1991 年报告其收入增加了 10%。很显然，大型机业务并没有死亡。真正死亡的是旧式机器的收入增长，比如 IBM 的 S/390。[5]

主要技术的不连续性正在横扫这个计算机产业，直接挑战 IBM 传统计算方法。大型机是大公司里进行交易处理的传统方法。用户从大型机里把数据下载到自己的计算机里，个人计算机仿效大型机的终端，然后采用“屏幕抓取”程序来获取用户的电子表格所需数据或进行其他应用。客户服务器计算在大型机器和小型机之间提供了一种更精准和灵活的分享程序和数据解决方案。程序和数据可以被无缝地从中央计算机下载到本地网络的任何一台计算机上并在这些机器上运行。到 90 年代早期，《财富》500 强公司都采用了基于 Unix 和 Windows 的客户端服务器解决方案，直接威胁到传统的大型机解决方案。独立的软件公司如 SAP 和 Oracle 都为客户提供了涵盖主要操作功能的客户端服务器软件。

从客户应用软件到现成的预装软件也成为一个强大趋势，而 IBM 再次没有跟上这一潮流。因此，这些预装软件大部分都开发来适应 Unix 和 Windows 操作系统环境。站点之间的数据交流也从 IBM 主导的网络标准发展成为基于互联网的交换，“互联网协议（IP）正在摧毁 IBM 主导的系统网络协议（SNP）”。

IBM 销售团队试图掩盖其日益老化的技术。公司销售队伍和财务管理方法可能算得上计算机产业里最好的销售和财务。IBM 的高层销售人员实际上成为其客户在决策计算机、软件和网络过程中的一部分。然而，从 20 世纪 80 年代到下个 10 年，即使是世界上最好的销售队伍也没能阻止这种潮流。客户的需求在改变，而 IBM 没有对此作出反应。

S/390 部门的主要客户是大型的全球性银行、贸易行、保险公司、零售商或者制造商。他们的需求和组织结构总是变化得很快。这些客户希望能减少管理费用，加速产品周期并与其他公司进行合作。这些业务要求依靠分散计算方式，在全球范围内进行更密切的整合与同步运作，包括基于客户服务器的企业资源规划（ERP）系统。客户还需要在一个高度安全的环境中部署一系列网络解决方案和办公功能应用软件。

IBM 的管理者并不是不知晓这些变化。多年以来，他们不能整合集体的力量和资源去处理这些问题。于是整个公司被拖入了深渊。

这个深渊究竟有多深？到 1990 年，大约有 3 万名 IBM 员工还在进行大型机的硬件、软件和外围系统的开发。公司报告的净收入大约是 60 亿美元。一年以后，公司汇报小有损失。1992 年，损失扩大为 60 亿美元。到 1993 年，损失高达 80 亿美元！IBM 的损失和其他许多计算机制造商的年收入一样，甚至更多。这些问题在 S/390 部门体现得尤为突出，因为它是大型机的主要部门，其前 1000 名 S/390 客户就占了整个部门 110 亿美元收入的近 70%。

来自上上下下的打击

IBM 在危机岁月的两大竞争对手是 Amdahl 和日立。这些对手开始提供 IBM 产品所不具备的特性。一方面，尽管 Amdahl 在每秒百万次运算的比赛中从来没有赢过 IBM，但它一直出售与 IBM 同级别的类似机器，性能大约低 20% 左右。它的市场份额在 4% 到 7% 之间徘徊。另一方面，日立公司致力于在两极大规模单处理器竞争中击败 IBM，此时 IBM 正放弃基于 CMOS 微处理器的第一代大型机两极技术。

为了在两极电路中保持逻辑状态（开和关），电流总是在电路中流动。在 CMOS 电路中，需要用电流脉冲进行开关，因此，需要用一个较小的电流保持逻辑状态。这对于电力消费有巨大影响。它还影响电路大小。两极直流电要求电路足够大，以应付所产生的热量。较小的电路从理论上讲会被烧毁。在芯片水平上，比在 CMOS 电路中需要更多能量，因此这些机器需要在传统风扇散热的基础上再加上水冷散热系统。这些水冷系统是非常精细的机械装置和一个铜活塞，装配在每块芯片后面，由一个保持护罩固定，由通过冷却盘的冷水进行散热。

类似的情况可看做是一个日夜亮灯的屋子和一个声控开关灯的屋子的对比，后者只有在有人进入时灯才亮，而在人离开后灯就熄灭了。其关键就在于 IBM 的第一代 CMOS 机器产生很多能量而且在空间利用上很有效，但是它比老式的两极芯片结构的最新版本要慢得多。IBM 没有针对这个巨大缺陷投入研发预算来改进其结构——直到 CMOS 获得其性能优势。

日立公司决定开发“杀手级”的两极机器，其结果可以预言：下一代日立两极大型机会比它自己的旧版或者 IBM 之前的机器更快，而这些机器从一开始就比 IBM 基于 CMOS 新技术的第一代大型机要快得多。

1993 年，日立公司在其大型机上推出了“地平线”两极微处理器。这些新机器的计算速度比 IBM 的两极大型机要快两倍。IBM 的大客户——航空公司、金融服务公司和零售商——都开始购买日立的机器，以满足其集中的计算机应用需求。在几年之中，日立占领了 9% 的市场份额，而 IBM 的市场份额下降到 70% 左右。这给日立带来了约 10 亿美元的收入，而 IBM 则损失了 10 亿美元！这是由于竞争对手带来“高端”解决方案而使 IBM 损失的 10 亿美元，这是在比较老的架构上开发出的新方案。

日立等企业对于 IBM 的打击是之前可以预见的，而其他另外一些新进入者则在更多地攻城略地。这是来自“低端”的技术——基于 RISC 工作站的多处理器被置入称作“服务器”的小型机。这些是运行客户服务器操作系统的软件，在那时是 Unix 的某个版本。今天，这些软件发展成为 Linux，它是开放式计算的基础。这些“小型”机器发展成为更强大的中型机只是时间问题。到 20 世纪 90 年代末，Sun Microsystems 开始提供基于 RISC 的机器（UE-10000），这被很多人认为是市场上进行商业应用的最快的大型机。Sun 公司和其他竞争者如惠普公司，不断加强其产品性能，以扩大自己在大型机市场的能量。

即使传统的大型机也有针对应用的多用户接口，因此也可被称作服务器。但是，大型机环境一般而言是封闭的，处于自己的“玻璃房子”内，不能适应各种计算环境。Sun 公司、惠普公司和其他许多企业提供的服务器更能适应 20 世纪 80 年代末和 90 年代盛行的客户端服务器架构。Unix 和后来的 Linux 就是解决问题的关键。这些计算环境从本质上就适应了对等的局域网和互联网环境——这些环境从 90 年代末期开始快速发展，到今天已经占统治地位。

这些机器也比传统大型机更容易升级。数据处理经理可以在分散式处理环境中从小型系统开始，然后集成新系统。到 2000 年，Sun 公司的 SPARC-Solaris 工作站价格已经低于 5000 美元，其高端的 UE-10000 最早要卖 100 万美元。相反地，IBM 的入门级大型机则要花费约 25 万美元，购买其高端机器需要好几百万美元。尽管这些基于 Unix 的机器与 IBM 最大型的机器相比，性能不够强大，但在较低的价位上提供了卓有成效的功能选择。

IBM 遭遇到来自高端和低端市场的双重攻击，不得不重新构架其大型机，同时还要重新规划其关于设计、工程和制造产品的全部方法。

根据 IBM 自己的估计，1997～2000 年，大企业 80% 的电子商务计算处理依赖于 Sun 公司提供的服务器、EMC 公司提供的存储系统、思科提供的网络路由器，以及 Oracle 公司提供的数据库软件。在这些业务中 IBM 毫无建树。[6] 这些企业一起瓜分了电子商务领域的不同细分市场，它们的销售收入也不断增长。1993 年，Sun 公司收入达 47 亿美元，康柏公司收入为 71 亿美元，惠普收入 203 亿美元。到 2000 年，Sun 公司收入增长 3 倍，达到 157 亿美元，康柏公司收入为 385 亿美元（它很快被惠普并购），惠普公司年底报告的收入为 487 亿美元。

这些竞争者还不是 IBM 仅有的担忧；它还必须面对这样的事实——其核心业务市场上出现了新一代的 CIO。这些新 CIO 不像他们的前任那样显示出对供应商的忠诚——他们关注网络、了解电子商务。《财富》1000 强公司从大学雇佣的数据处理人员懂 C 语言、HTML 和 Java 语言。学校里甚至没有教他们传统大型机计算基础设施和 COBOL 编程！那些只从 IBM 购买设备和软件的“职业顾客”已经消失了。

这些变化对 IBM 来说是灾难。它在传统市场还是占有很大的份额，但却被大型机竞争者从一个方向攻击，又被 Unix 服务器制造商从另外的方向进行攻击。更糟糕的是，它没有真正加入整个行业为新的电子商务基础设施进行的开发竞赛中。它曾经在所有服务器应用市场上占有 90% 的份额，现在已经跌落至 40% 。整个公司士气低落，裁员达到高潮。到 1995 年，IBM 进行新的大型机和操作系统软件开发的员工人数仅有其 1990 年时的 1/3。

来自最高层的命令

IBM 的变革来自最高层。几十年来，IBM 对员工都是层层提拔的，一直到 CEO 都是如此。现在很多人觉得公司将要走向破产，董事会同意现在是时候进行变革了。他们从公司外请来了路易·郭士纳（Louis Gerstner），由他掌管 IBM。

郭士纳面临的挑战是巨大的：IBM 在很大程度上专注于成长缓慢的市场。公司在推出在线新产品方面也是行动迟缓。内部研究显示，从开始研发一种新的大型机模型到正式推出产品需要的平均时间周期为 6 年![7]

郭士纳在传统的官僚机构中提出变革并推行之。在他的领导下，IBM 推行一种“要么斗争，要么死亡”（live by a sword，die by a sword）的文化来进行技术创新。产品、组织和文化的细微改变并不能奏效。一切都需要变革，而不必害怕已经安装好的客户数据。在新体制下，指导方针是用更短时间淘汰公司那些过时的计算机设计，代之以更先进的设计，并尽快推向市场进行应用（IBM 开始将之称为“电子商务”）。针对新的电子商务，IBM 提供系统集成、主机服务、新的软件和硬件解决方案，以及咨询业务，这些将成为公司收入的新增长源，并使公司重新恢复赢利。

IBM 传统的主营业务——大型计算业务，成为变革焦点。四位关键的最高管理者主导了这项变革。第一位是尼克·多诺弗里奥（Nick Donofrio），他是大型机部门的高管。他决定在整个架构中全面引入 CMOS。琳达·桑福德（Linda Sanford）与多诺弗里奥并肩作战，她在整个组织内推行团队多功能化的哲学，并确保在令人难以置信的预算和时间压力下开发出新系统。多诺弗里奥和桑福德领导 S/390 部门从老旧的架构（在公司内部称为“H 系列”）开发新的架构——“G 系列”。戴夫·卡露西（Dave Carlucci）在 1997 年年底接管这一部门，他采用强硬决策推行开放式系统服务器架构，在传统在线交易处理（OLTP，online transactions processing）基础上，推广大型机的品牌，延伸至电子商务领域。这样做的结果是产生了第二个新架构——“Z 系列”。最后一位是山姆·帕门撒诺（Sam Palmisano），他成为整个服务器部门的头儿。到 2000 年时，这个部门已经包括大型机团队。帕门撒诺支持 Linux 技术，将其引入 IBM 的技术和业务领域。他后来成为公司 CEO，在本书写作时已成为董事会主席。

市场范围内的创新

目标市场战略以及对顾客需要的深刻理解是企业内部有机成长的第一步。IBM 必须改变自己对客户的看法。这一点从其如何细分市场开始，这些细分必须反映针对不同客户群体的特殊解决方案。

	现有市场			新市场 新客户
	390	Unix	成本	网络、数据挖掘
250>MIPS	传统数据处理			
30～250MIPS				IBM并没有关注这些应用
0～30MIPS				

图 1.1　IBM 传统市场细分

在大型机部门，原来的市场细分严格以产品进行，如图 1.1 所示，而没有真正以客户为导向进行细分。图表中提及了客户，却没有直接进行有关客户的描述。实际上，一个客户也有可能使用图表中列出的所有产品。这种细分方法也同时鼓励了产品重复开发，公司可能一个部门开发大型系统，另外一个部门开发中型系统，而还有一个部门开发小型系统，而每个部门都在设计或争取自己软件的许可证书。这些不同系统间的集成大多发生在客户端。

我们可以看看以前的 S/390 部门：他们生产 MIPS 超过几百的大型机器。尽管在图表最右上角中，这一划分显示是针对“新市场和新客户”（称为“网络、数据挖掘等”），但这一分类被主要看做是部门核心业务之外的软件应用和外围服务。S/390 部门所做的全部工作是进行设计和销售“大铁块”（大型机）。这种将正在兴起的客户端服务器和网络应用看做是处于核心业务外围的想法导致了 S/390 工程师们在开发下一代机器时不能满足电子商务的要求。实际上，20 世纪 90 年代早期这个部门的市场细分就可以看做是一个简单的细分单元：大容量在线交易处理。

一个关注客户需求的整合方式会首先将客户需求转向客户服务器计算，然后是分布式网络为基础的计算。这些需求会驱动 IBM 硬件和软件产品更快地创新与整合。以上就是 90 年代中期 IBM 经历的市场细分创新和客户需求研究。

那时，S/390 没有自己内部的市场营销人员，主要依赖咨询公司。咨询人员采用的方法非常复杂，并充分考虑技术发展水平。这种方法按购买者行为进行细分，确定了 20 多种不同的决策模式分类。可惜的是，工程师们发现这种按行为模式的分类非常令人困惑。例如，两种不同的决策行为很可能需要同一种机器，同一种操作系统、数据库和数据传输软件。

IBM 于是决定采取一种看起来显而易见的方法：按行业纵向和企业规模分类。图 1.2 显示了新的市场细分框架。大型机部门成立了自己的产品开发小组以了解客户需要。这个小组得到了公司高层的支持，很快就了解到不同行业的客户对于产品可扩展性、不同种类的运行环境以及安全性等有非常不同的优先级。在这个纵向市场内的客户根据其规模大小也有很多不同需要，表现为对计算机输出工作量的要求、成本约束，以及公司所能提供的补充服务的类型和结构等。IBM 开始着手解决这些问题。

市场驱动方法：行业群体、企业规模、涵盖新兴市场

	金融机构	分销商	制造企业	电信企业	生命科学企业	其他
《财富》1000强企业						
中型企业						
小型企业						

IBM在客户需求研究中关注每个细分市场不同规模大小客户的需要：

设备的可靠性
系统可扩展性（影响交易量的问题）
数据压缩（以更快地进行分布式计算处理）
安全要求（加密技术）
电子商务和客户关系管理（CRM）应用需要的软件

图 1.2　IBM 针对服务器技术采用的市场细分

采取纵向市场方法还帮助 IBM 对新兴客户群的需求有了非常具体的了解，比如生命科学行业。在过去，一台大型机就是一台机器。在新环境下，IBM 致力于将特别量身定做的解决方案提供给不同的客户群。它不再认为一家制药企业和一家金融服务机构、或一家中介公司、或一家制造商的需求是类似的。

更为重要的是，这一细分框架还包括了中型和小型企业，而不只是行业巨头。这就鼓励 IBM 工程师们开始思考能够容纳全部范围的通用架构——从小型服务器到大型服务器。新的

市场划分意识到，客户不再把不同大小的计算机看做不同的体系。这就改变了IBM的内部使用语言。人们不再使用“大型机”“微型计算机”“工作站”等词汇，代之以“服务器”这个词。采用这个词汇来指代不同模型带来了强大的影响：IBM的工程师开始像其竞争对手如Sun、戴尔和康柏的工程师那样思考设计适用于所有级别的通用、可以升级的架构。

IBM进行的市场调查沿着非常具体的客户需求进行，有些已经在图1.2中显示出来。公司希望非常详细地了解客户如何要求设备的可靠性、如何看待系统升级的分类，以及他们如何考虑数据和软件的安全性。例如，一家大型中介公司在其在线交易处理系统中对升级的要求是要处理15X信号而不能被打断。同样重要的是，IBM还想知道不同纵向市场的客户对于其顾客购买的数据挖掘有何看法，以及大企业如何与其供应商和渠道伙伴分享信息。这些问题的答案成为开发下一代大型计算机时，在设计硬件和软件子系统功能时需要考虑的因素。

技术领域内的创新

技术创新是IBM振兴和成长的下一个重要领域，而产品线架构则是这一领域的关键所在。

产品线架构可以简单定义为：“在同一代产品线中，适用于所有特定产品或模型的主要子系统以及这些子系统的接口。”好的架构是可组合并升级的，能灵活地满足更高级别的功能需求以及运行新的应用程序。糟糕的架构则非常有限，不够灵活。IBM的旧式大型机架构就局限于在线交易处理（OLTP）。新的架构不仅能进行更高容量的在线交易处理，还能通过独立、专门的计算资源用Linux和Java语言进行压缩处理。这就将升级和灵活性融于一台单独的、强大的机器中。

在IBM，产品线架构被称为“参考架构”，许多特定模型都依赖于架构中指定的主要子系统，以及这些子系统之间的接口。子系统适用于多种产品以及更好、更多的产品线——这是真正的产品平台。许多企业在这方面犯的错误就在于将其产品线架构看做产品平台，因为他们的客户认为平台就是这样的。然而，这样就使这些企业试图强行将一个解决方案推向新的市场应用，而这个方案并不是针对市场需求设计出来的，也不是真正适用的。例如，IBM把微处理器看做一个产品平台，可以在大型机、中型服务器和工作站的不同架构中使用，就好像本田公司把同一个发动机用于轿车和SUV一样。

H系列大型机

在20世纪90年代，IBM采用了三种不同的产品线架构，而在此之前，公司的产品线架构通常会沿用10年或更长时间。在90年代初，IBM采用了一种称为“H系列”的大型机架构，这是基于31比特两极微处理器的架构。[8] 两极电路是其核心，因此H系列机器非常大，需要强大的能量支持，且难以冷却（技术爱好者可以在附录里参看有关 IBM 技术战略、大型机架构和子系统演进的详细描述）。

IBM 大型机非常大，约有 1000 平方英尺。图 1.3 的照片显示了在玻璃房子里的旧式大型机和外围的存储设备，包括备份的磁盘和磁带。今天，同样的照片显示的可能是一个 4×8 英尺大小的机壳，装着一台配置 z 系统的计算机，其 MIPS 是旧式机器的十几倍，而另一个类似大小的柜子则装着几千兆字节的磁盘存储系统！

这些旧式大型机必须要用有牵引车的卡车来运输。机器框架要用叉车来放置到固定位置中。整个组装需要 6~8 人，把机器框架装在一起，连接线路、动力以及进行必要的垂直测试。因此整个机器必须要放置在升起来的地板上以进行垂直测试。这些是对 IBM 的现场工程师能力的考验，同时还有一个巨大的水冷机器要一直不停地运行 1~2 天。

图 1.3 玻璃房子里面：采用两极处理器的大型计算机——Circa，IBM 1990~1994 年产品

（图片经 IBM 授权使用）

H 系列的最后一个产品是 H6 计算机，在一个系统里最多配有 10 个 60MIPS 处理器，可以实现 450MIPS。这种“旧”机器是一种非凡的电子和机械工程的产物。高伏特的电子装置接近于铜管装置，还有水冷装置进行散热。电缆而不是电子总线连接了处理器、存储器和输入输出通道。

G 系列：CMOS 大型机

到 1993 年，H 系列作为 IBM 主要的硬件产品，其损失达到 80 亿美元。在 S/390 部门，这些数字都写在墙上。IBM 在两极半导体制造方面的投入是巨大的，但使用这些芯片的人员只有 S/390 部门自己的工程师。公司管理层也意识到两极技术已经不能跟上客户对机器性能的要求。技术发展的路线已经非常清楚。在 20 世纪 90 年代早期，IBM 每年将两极处理器的速度提高 18%，而 CMOS 技术的速度则每年提高 50%。IBM 认为，大型机每几年就要将其运算能力翻倍，以满足客户要求。很快，两极主机就只能满足小企业需要（而被淘汰了）！在那个年代，对硬件的预算是稳定不变的甚至会降低，因此这种方法是不可维持的。

1993 年，S/390 部门内出现了两种非常不同的设计计划。一种是用 CMOS 技术开发一种新型大型机，拥有 H6 的全部性能（450MIPS）。公司大型机设计本部波基普希的员工支持这一计划。

另一计划则是开发一种 CMOS 大型机，性能没有如此强大，但开发所冒的风险要小得多。这种第一代 CMOS 机器很快就会升级换代，以增加产量。IBM 位于德国波普林根的设计部门提出了这一计划。德国的这个实验室已经开始为 IBM 小型机进行 CMOS 微处理器开发。

IBM 高层管理团队支持德国实验室的计划。他们迫切需要新的架构，而且他们喜欢德国实验室在 CMOS 方面取得的经验。波基普希的工程师们有些吃惊，他们意识到自己必须采用欧洲的设计。

经过两年惊人的密集努力工作，到 1994 年年底，IBM 宣布了其第一代基于 CMOS 的大型机。这种 G 系列新机器的目标是从日立和 Amdahl 手中夺回失掉的市场份额，但公司花了几乎 4 年时间，经过不断改进才达成了这一目标。这是非常伟大的技术进步，为公司未来发展奠定了坚实的基础。然而，IBM 仍然在服务于现有用户和现有用途，即那些进行在线交易处理的大企业。

第一代产品 G1 只有 H 系列最后一代产品 H6 的 1/10 大小，而其耗电量只有后者的 13%。它采用电子总线而不是电缆，用风扇而不是管道进行散热。这些改进都为顾客大大地降低了成本。

图 1.4 对新的 G 系列机器与旧的 H 系列机器（以及之后的 Z 系列）进行了性能比较。注意 H6 有 450MIPS，而 G1 只有 100MIPS。新机器比旧架构的最后一代机器要慢 4 倍！

想想在这一变革时期所需的坚韧不拔的勇气。在 100MIPS 水平，新 G 系列比 H6 要慢得多。要使这种新 CMOS 机器赶上其两极处理“前辈”需要好几年的辛苦开发工作。同时，日立公司还计划推出 Skyline 两极机器，其速度将大大超过 H6。由于弃用这种最后的两极大型机，IBM 将损失 10 亿美元的收入。管理层必须说服工程师和销售人员这种架构的根本转变是势在必行，且不能再推迟的。

除了波基普希和波普林根的实验室外，另一个工程师团队采用了一种方法来战胜 100MIPS 问题：在独立的 G 计算机之间进行紧密耦合并分摊其工作量。这种耦合技术称为 Sysplex。在从 H 到 G 的转变中，花了较长时间来保护已有的技术基础。Sysplex 使用户能将 G 系列机器与已有的 H 系列机器相联，提高其性能而不必丢弃之前的所有投入。客户可以用 4 个耦合的 G1 机器获得 H6 的性能。

尽管充满风险并承受压力，IBM 高层管理者还是坚持使用 CMOS 大型机设计。那时，管理层并不能完全预见这一设计是否会成功。如果 G 系列开发严重滞后，或 Sysplex 技术不能成

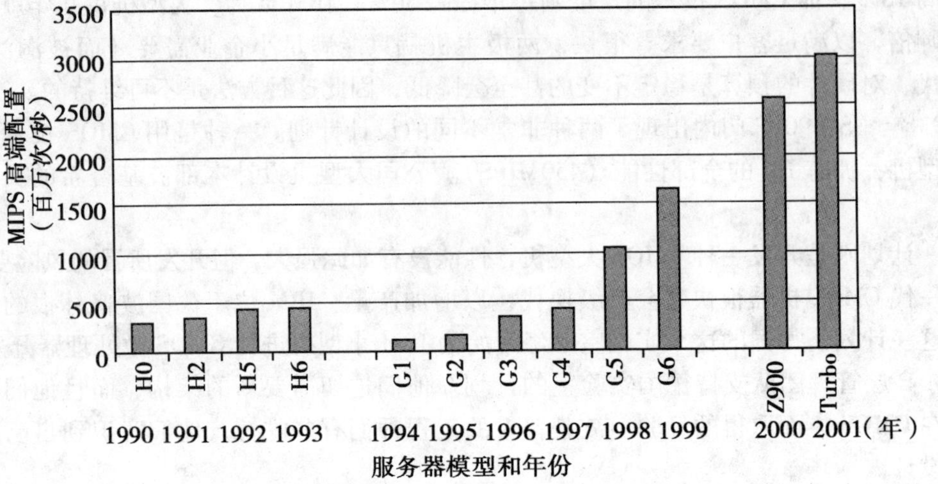

图 1.4　IBM3 代大型机性能比较：从 H 到 G 到 Z

功，IBM 就会失去大批客户。因此，G 系列开发是一项用整个公司在做赌注的举动。幸运的是，G 系列架构开发有一条非常清晰的发展之路，增加了更多处理器和高速缓冲存储器。后来的模型提供了更快的性能。

G3（1996 年开发成功）提供了更多卓越性能：与 H6 相比，动力使用减少了 95%，散热所需能量减少 98%，所占面积减少 90%。而 G3 的运算速度和 H 系列的任何机器一样快。到 G4 问世的时候，这种趋势就完全显现出来。这一系统与之前的 H 系列机器一样强大，但总成本却少得多。它有更多微处理器总线，更多数据共享的存储库，为网络和存储设备提供更强大的读写数据的能力。IBM 在 1998 年推出的 G5 比 H6 快两倍，它使日立和 Amdahl 公司感受到强大的竞争压力。IBM 保持着这种优势。到 2001 年，日立和 Amdahl 公司一起退出了大型机市场。IBM 现在开始接纳其在其他方面的对手——基于 Unix 技术的服务器制造商，并将其新技术推广到网络为基础的电子商务新市场。

许多读者可能会问："为什么向 CMOS 技术的转变不早 10 年发生呢？它至少已经存在 10 年了，许多企业也在使用它。IBM 也在其他小型计算机中使用 CMOS。为什么这么晚才推出 G 系列机器呢？"答案在于 IBM 的组织和流程设计中。这一时期管理层进行的组织变革由郭士纳和其他几个人阐述得很清楚了。[9]

第三代机器：Z 系列和电子商务应用

尽管 IBM 又在其核心业务在线交易处理领域重新站稳脚跟，但它在大型服务器市场还在丢失份额，因为它不能提供客户服务器和更分散的互联网计算。高端硬件的价格仍然是一个迫切需要解决的问题。比如在 1998 年，IBM 大型服务器的价格从 25 ~ 300 万美元不等；而 Sun 公司的服务器价格则只要 5 ~ 100 万美元。100 万美元以上机器的增长只有 1 位数，5 万美元以下机器的增长有两位数。此外，Sun 公司最强大的 UE-10000 运算很快而且可靠，对于采用 Unix 的应用和开发软件工具都是开放的。

1995 年，即 G2 问世的那一年，S/390 部门的高管 Linda Sanford 组织了一个团队来开发商业计划，从而在电子商务领域内展开竞争。IBM 在未来 5 年内会持续开发 G 系列机器，但同时会开发更强大的架构：Z 系列。

> 如果公司想在现有产品“灯枯油尽”之前就找到新的强大解决方案，同时进行下一代架构的开发就非常重要。由于以前曾遭遇这种危急的不利局面，IBM 高层管理者决心不再让这种情况重演。

Sanford 从 IBM（包括公司欧洲分部）组织了中层经理的多功能任务团队，要求他们为服务器业务制订增长计划。这些经理都被认为是各自领域的佼佼者。他们中没有一个人做到高层管理职位，因为较高管理职位会使其墨守成规。这个团队被命名为“ES2000”（为了 2000 年开发的企业系统产品）。

在仅仅 3 个月内（1995 年春天），这个团队就为公司未来制订出一个新的发展计划，包括新的硬件和软件产品线，以及新的商业模式。这个计划综合了客户需要和竞争环境变化、新的硬件和软件架构、渠道、品牌和组织战略——所有这些因素形成一个整体，并指出了要达到一系列预设的财务目标所需的投入。IBM 开始在许多方面执行其 ES2000 计划。

Carlucci 和 Sanford 并不仅仅是支持用于电子商务的下一代解决方案，他们培养并授权给 IBM 下一代管理者。这些中层经理中的绝大多数后来都在公司走上了高层管理岗位。

ES2000 团队用字母“z”来代指计算的一个新领域。在以前，x 和 y 分别代指性能和价格；而 z 这一新领域代表在计算架构中所有子系统的动态管理和合作。在 z 架构中，能进行动态管理的子系统被称为“智能资源导向器”（intelligent resource director）。这一性能是在开发 H 系列时迫于时间压力被放弃的，现在想要重新融入到 Z 系列中。这一“多点转换”（multipoint switching）特性，已成为今天许多机器的“秘密武器”。

在开发后来的 G 系列机器时，IBM 工程师们很喜欢回忆早期进行升级采用的方法。“让我们把多点转换技术带回到 H 系列”，他们总结到。这一想法后来在 G5 和 G6 产品中得到实现，而后者是 G 系列的最后一代机器。但是，在新一代 Z 系列中，数据流更大，使得多点转换的微代码执行更加复杂。这一执行被称为“智能资源导向器”。

智能资源导向器的开发被看做是计算机行业 CMOS 开发的最大努力之一。它极大地增强了微处理器存储和信道（从输入输出到存储设备和网络）之间的分割能力。比如，它可以使一家经纪公司实现 15X 的最高峰值而不会被中断。

智能资源导向器和其他许多高度创新的子系统一起随 z900 在 2000 年问世。Z 系列采用的所有微处理器都是新近设计的 64 比特、基于 RISC 的 CMOS 芯片——称为“蓝色框架”(Blueframe)。G 系列采用的 31 比特微处理器只能访问 20 亿比特的随机存取内存。“蓝色框架”可以访问机器内置的任意大的随机存取内存。结合了“蓝色框架”和智能资源导向器的机器非常强大。它与早期的 H 和 G 系列形成鲜明对比——标准配置的 z900 系统能达到 2600MIPS，比最后一代 G 系列要快 1000MIPS。

IBM 还试图利用将大型机新技术传递给新客户和新用途来扩大自己在软件领域的影响。IBM 努力向 OS/390 的 Unix 竞争对手提供开放系统。然而，新的电子商务应用需要的不仅仅是 Unix 操作系统：这些应用程序采用的语言有 Java、TCP/IP，以及网络编程语言如 HTML 和 XML 等。这些语言对传统大型机来说是陌生的，却在 90 年代后半叶盛行。《财富》400 强企业投入大量花费在电子商务上，并将这些应用程序推广到其他制造商的机器、网络和编程环境中。

为了应对这一切，IBM 高层管理者采取了大胆的一步——他们在 1999 年将 Linux 作为 G6 自身的操作系统。尽管 IBM 在德克萨斯奥斯汀的工作站分部有很多 Unix 方面的专家，但在 90 年代末期由于有太多 Unix 的版本，难以实现真正的跨机软件便携性。《财富》400 强企业的管理者们担心不同版本的控制、软件应用的兼容性和安全性。

Linux 很新，IBM 有机会在还没有被竞争对手控制的领域内成就卓越。[10]同时，IBM 希望避免由 Linux 给 Unix 带来的破坏。公司解决这个问题的方法是尽可能地支持 Linux 的开放标准和开放资源。

IBM 德国实验室在秘密工作，试图让 Linux 能在新的“蓝色框架”微处理器上运行。当他们成功时，大洋两岸的 IBM 高层都非常兴奋。IBM 现在拥有了可以在新的“蓝色框架”微处理器上工作的 Linux 版本。时机刚刚好。

Dave Carlucci 坚持整个公司——而不只是大型机部门——承诺在所有服务器上支持和运行 Linux。Z 系列机器既有自带的 Linux 也有 IBM 独有的操作系统 zOS，来运行传统程序，如那些已有 10 年之久的 COBOL 程序。

在第一代 Z 系列机器 z900 推出后，研发工作还在加速进行。IBM 在 2001 年推出 z900 Turbo，突破 3000 MIPS。2001 年春天，在 Z 系列仅仅推出一年之后，z900 被授予采用 Linux 的“最佳硬件平台奖”。谁能在 1995 年的时候预测到一台大型机可以获得主流开放系统的奖项?

Z 系列随即被重新命名为“z 系统”，并获得了惊人的成功。到 2004 年，Z 系列 990 的配置达到 32 双处理器，能运算 9000 MIPS。为了体现其“更好、最好”的产品战略，IBM 还同时推出了 Z 系列的 890，有 1360 MIPS，配置 4 个处理器。它适用于更少的集中运算需求。对不少观察家来说，890 可看做是应对 Sun 公司的“杀手”。Z 系列机器还配置了适用于特殊应用的辅助处理器，这是为了在通用处理装置运行核心 zOS 程序时，还能高效运行 Linux 开放系统和 Java 程序。

到 2005 年，一些重要趋势已经完全显现出来。企业希望能把他们的财务、制造、顾客管理和内部通信系统移植到以局域网或互联网为基础的系统中。IT 经理们也在把数据、系统和流程整合在“大型机服务器”上。为了更好地服务顾客及开发产品，挖掘分散的数据库也在企业成为最高优先级。安全访问和数据保护也变得异常重要。所有这些都构成了 IBM 的优势。

商业模式创新

除了进行市场和技术创新外，IBM 还对其商业模式进行了重要变革。我们在后面的章节中可以发现，商业模式不仅仅只包含财务数字。商业模式不是你做了什么，而是通过你做了什么来如何实现赚钱。

ES2000 团队为公司提出了激进的、非常不同的软件商业模式。在那之前，IBM 通过自己独有的操作系统向客户收取版权费用，获得了可观的收入。但有了 Linux 之后，IBM 来了个 180 度大转弯。它作出了不寻常但非常重要的决定：用第三方来销售和把支持 Linux 作为在其迈向开放式系统计算战役中的基石。IBM 不再从销售操作系统中赚钱。相反，它将从开发和授权使用那些在其操作系统上运行的软件中获得收入。更进一步的是，它还鼓励尽可能多地开发第三方 Linux 工具和程序。为了实现这一目的，公司必须帮助软件销售商而不是与他们竞争。

IBM 挑选独立的企业来为其新的 Z 系列机器分销和支持 Linux。这些企业包括 RedHat、Suse 和 TurboLinux 等。IBM 将其软件开发工具移交给这些支持 Linux 的企业，并购买或者开发更多软件。它对于 Sybase、SAP 和思科在自己产品上使用 Linux 端口表示欢迎。到 2002 年年底，市场上已经有 2000 多种现货供应的适用于 Linux 的商用软件产品。

ES2000 团队还意识到 IBM 必须为新的大型机进行大量投资来促进软件和集成工具的开发。今天，人们把它称为“中间设备”。IBM 后来成为基于 Java 技术的中间设备（它提供 Websphere，信息管理产品和 Tivoli 存储管理产品）市场领导者之一。实现这些需要极大的努力。

新的商业模式需要强有力的营销和品牌支持。来自纳贝思克公司的郭士纳充分了解这点，他要求公司互联网部门成立一个类似 ES2000 的团队来评估 IBM 的产品定位和品牌。这一营销队伍的工作带来了三大有效发现。首先，电子商务将帮助 IBM 客户提高效率、缩短商业周期、降低其运作和供应链的成本。其次，互联网将帮助企业和客户建立更密切的联系，强化客户忠诚度，帮助企业触及到更多新客户。最后，公司局域网将帮助其员工更有效地工作。这一切都会促进新产品开发、服务提供和销售业绩。营销团队把这些核心益处传递给企业内其他部门，使这些益处变为实实在在的系统开发和服务要求。它还提出一项统一的关于电子商务的激励措施。郭士纳决定投入10亿美元来推广电子商务品牌。

IBM作出不同寻常的决定：不要“电子商务”这一词汇的版权。它希望其他企业也能在自己的营销活动中使用“电子商务”一词，从而使这一新概念获得可信性。IBM将努力使自己成为这一领域中产品和品牌的领导者。在五年之内，惠普推出了“电子服务”，康柏公司有“永不停歇的电子商务”，而思科也有“电子商务发动机”。EDS开发了新的电子商务单元，就连微软也开始推广“商务互联网”。滚雪球效应是IBM未能预料到的。从公司开始推广电子商务品牌以来的三年内，IBM发现自己不得不进行市场细分了。在2000年时，IBM推出了“电子商务基础设施”商标，投入三亿美元来进行这次战役。这场品牌战不断演进升级，最近已经发展为专注于“满足需求的电子商务”。然后，IBM将其满足需求的品牌延伸为对应用服务器的“主导需求”“满足需求的性能”（刀片服务器（blade servers）），以及“满足需求的信息”（数据库访问），所有这些都反映了IBM的网络服务架构。

这一商业模式创新使IBM从主要依靠销售“大铁块（大型机）”赚钱，发展成为客户提供全方位解决方案的公司：硬件、中间设备、围绕操作系统和终端用户程序所提供的服务等。在Z系列时代，公司约有一半收入来自所提供的专业服务。

市场创新、技术创新和商业模式的根本转变一起将IBM从奄奄一息救回，成为世界上增长最快、赚钱最多的技术企业之一。电子商务不断开发出新客户和新用途。从1993年的低谷——收入为630亿美元，损失81亿美元，到2005年IBM收入达910亿美元，利润为80亿美元。IBM像凤凰一样，从废墟中涅槃。

从IBM的例子中获得勇气

我们能从IBM的逆转和成长中学到什么？也许最重要的经验就是拥有优秀人才和技术的企业并不一定需要通过并购来进行成长。它可以通过内部来实现成长——利用其开发新客户和新用途的能力。另一个经验就是仅有优秀人才和技术是不够的。寻求成长的企业需要一个战略，以将其技术推向新市场。它还必须在研发方面进行投入。IBM如果没有德国实验室进行的核心技术开发工作和波基普希开发的系统，就不能从生死边缘挣扎回来。

为新产品线和技术形成强大的营销战略也是必须的。郭士纳了解营销和品牌的力量：电子商务和“满足需求”促成了IBM的复苏。

最后，高层管理者必须有决心进行成长，愿意调整组织结构以更好地实现这一目标，不要害怕授权和承担风险。他们要积极投入到这场变革中。

仅从一个案例就得出这么多结论可能是不现实的，但IBM不是唯一一个这样的例子，其他公司也通过类似的营销、技术和商业模式创新实现了内部成长。你可以在后面的章节中看到这样一些例子。但首先，让我们来看看你可以采用的框架——一幅实用的增长地图——来帮助企业走上快速成长之路。

注释

1. 在我写作本章时得到了 IBM 管理人员 Mark Anzani 非常有价值的帮助。它吸收了我们（我和 IBM 的另一位管理人员 George Walsh 发表在《研究技术管理》（*Research Technology Management*）上的一篇文章中的内容。《研究技术管理》是工业研究所出版的一本期刊。Peter Tarrant 是 IBM 在变革中领导品牌变革的负责人，他也提供了非常有价值的信息。参见：Marc H. Meyer，Mark Anzani，and Geroge Walsh，"Innovation and Enterprise Growth：How IBM Develops Next Generation Product Lines，" *Research Technology Management*，July-August 2005，34～44.
2. IBM，MVS，VTAM，DB2，S/390，AS/400，RS6000，zSeries 和 System z 都是 IBM 公司的注册商标。Solaris 和 Java 是 Sun 公司的注册商标。
3. 参见：Frederick Brooks，*The Mythical Man Month*，*Anniversary Edition*：*Essays on Software Development*（Reading，MA：Addison-Wesley，1995）. 还可参见：Carliss Y. Baldwin and Kim B. Clark，*Design Rules*，Volume 1（Cambridge：MIT Press，2000）.
4. John Verity and Stephanie Forest，"Does IBM Get It Now?". *BusinessWeek*，December 28，1992.
5. John Verity，"Guess What：IBM Is Losing Out in Mainframes，Too". *BusinessWeek*，February 8，1993.
6. 在 2000 年到来之际，IBM 将和 Sun 公司进行正面竞争。它给 EMC 提供驱动器，但同时又与之在存储系统方面进行竞争。IBM 向思科出售其网络部门的部分产品，同时又在大型机业务上与思科进行合作。
7. Marc H. Meyer and Paul Mugge，"Make Platform Innovation Drive Business Growth，" *Research Technology Management*，January - February 2001，25～39.
8. 客户知道的基于这一架构的产品是 9021 系列。
9. 路易·郭士纳，《谁说大象不能跳舞?》（New York：Harper Collins，2003）；Marc H. Meyer，Mark Anzani，and George Walsh，"Organizational Change for Enterprise Growth". *Research Technology Management*，November-December 2005，48～56.
10. Linux 最早由 Linus Torvalds 开发，那时他是芬兰赫尔辛基大学的一位学生。他对 Minix 很有兴趣，而Minix 是一种小型的 Unix 系统。他决心开发一种系统要超过 Minix 标准。他从 1991 年开始进行开发，提出了 0.02 版本。他不断改进系统，在 1994 年推出了 1.0 版本。那时 IBM 正在致力于自己的第一代 CMOS 大型机。到 2000 年年底，Linux 已经有了好几十种主要的实质性开发方案问世。

第二章

行动框架

每个项目的新市场应用商业流程有三个阶段：第一，为业务单元形成成长战略；第二，以客户为中心的设计、产品和平台开发、调整；第三，对每个团队而言，要确定行动时间。

前一章讲述的 IBM 经验提出了一个问题：一个企业必须走到生死边缘才能采取系统创新重新调整其态度、组织和流程以促进企业成长吗？我的研究发现，一个企业不必在接近死亡时才能促成其内部成长。只要人们勤奋工作，致力于为新客户和新用途开发产品和服务，成长就是可能的，而不必眼睁睁地看着企业陷入业务窘境。

创意对增长至关重要，但即便伟大的创意也不足以确保成功。本书所研究的企业中很少是没有创意的。许多企业所缺乏的是将创意变为可行业务所需的有效框架或流程。在开发新产品和新产品线时，传统流程不能满足新市场应用的需要。当管理者们思考成长时，他们中有太多——尤其是在技术密集型行业——只是很狭隘地考虑新技术。然而，新技术并不必然带来好产品，而且好产品也并不必然成为好业务。成功的有机成长需要创造有利可图的业务，这需要将企业核心技术用于新市场。当这些新应用能分享企业的产品和工艺平台时，利润率就提高了。

企业成长需要市场创新和技术创新。有关新市场应用的定义意味着企业必须了解潜在的客户需要、偏好和困扰，以及他们是如何使用现有产品和服务的。必须快速而有效地进行这些调查和了解。在我研究的企业中，对于客户的这些了解大部分是在真实客户那儿测试新产品时获得的。采用传统方法在新产品问世前进行市场研究很少能获得这方面的信息。

通过开发新市场应用获得增长还需要企业的商业模式创新。新产品线或新服务会要求企业做一些根本性转变，这些转变包括如何定价、利用什么渠道接触客户，以及采用不同方式从产品或服务的附加形式中获得收入。这就意味着除了进行客户研究、产品原型开发、对这些原型进行用户测试外，还必须成立创新团队和开发新市场应用计划，并向高层管理者“销售”这一整合的计划。

本书中研究的许多企业都是传统行业的领先者，每个企业都很擅长在其核心产品线进行成长。然而，所有企业都发现利用其现有技术开发新客户、新用途，甚至开发新渠道都是难题。但是，每个企业都希望能解决这些问题。看看最近3M公司CEO George Buckley的承诺，要把公司的理念调整为“利用3M的技术和开发技巧，获得更大和更持续的成长”。[1]实际上，Buckley是在让公司回到其根本优势上，因为3M公司一向以擅长开发新技术并将之应用到成千上万的新市场用途而著称。

我很少碰到没有成长想法的企业或者缺乏有创新精神的人将这些想法变为现实的企业。然而这些企业最想要和需要的是，进行计划、原型设计、优先级确定和扩大产品线和服务规模的有效流程。毫无疑问，现有组织层级和业务标准很可能对企业内部成长构成可怕的障碍。在我的研究中，能够克服这些障碍的企业依靠团队合作、创造力、勤奋和高层支持。这些企业的工作方法各不相同。他们的成功是本章中提及的商业流程的基础——为了快速和有效的新市场应用而特别设计的管理框架：企业成长的快速路。

管理框架

接下来的篇幅将要描述为了新市场应用而进行快速市场测试所需的商业流程。如果在市场测试中能确保其连续性，就能扩张业务以获得市场优势。快速成长之道就是有一个中心框架的业务流程。就如我们在这里描述的，这个框架的每一部分都有一个特定“模板”，读者可以将其应用到自己的业务中。本书剩下的章节将解释这些模板，并用许多不同行业的例子来阐明。

这个框架的基本哲学是“快速面世和学习”（rapid launch and learn）以及“迅速提升产能和扩张”（aggressive ramp and scale）。“提升产能”指的是更大量制造或者服务开发，“扩张”指的是全面分销和其他形式的市场渗透。图2.1显示了这一简单却强大的两阶段概念。[2]你可以看出，该流程的第一步被标记为“证明业务”——在这个例子中不仅要对新产品线或服务进行市场测试，还要开发出符合市场测试的、包括营销、生产和赢利的商业计划，有了这种符合性，企业就可以更安全地投资于扩展新业务。

在这一框架中工作团队不仅仅是开发新产品线或服务。他们是业务创新团队——不仅是产品开发团队——创造了有新收入来源的新业务。

图2.2显示的框架也是本书其余章节的路线图。对每个开发尝试来说，都有三个完全不同的阶段，在这之前需要采取行动来确认新的市场应用机会。每个阶段都会引出下一个阶段，然后循环往复，重新开始。与传统产品开发的业务流程不同，“投放市场”几乎不是结束，在某些情况下，它才开始。

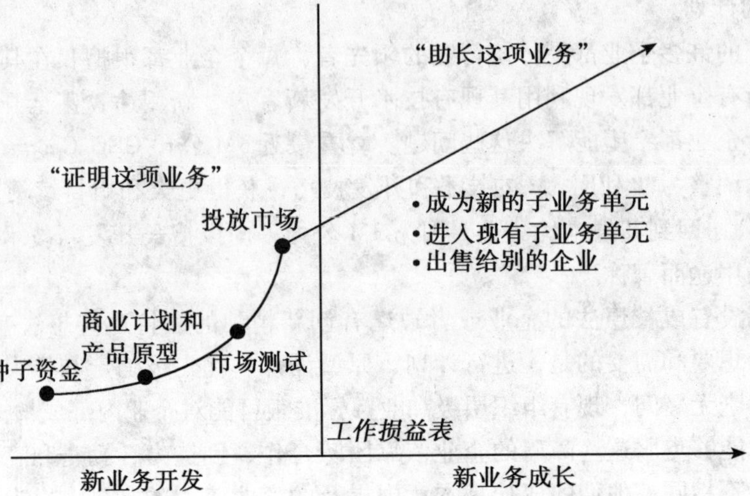

图 2.1　企业业务轨道：证明业务，然后扩张

制定一个成长战略

制定成长战略是所有后续环节的基础。没有一个清晰、专注的企业成长战略，发展就只是机会主义的、即兴的，也是某些人一时兴起的想法而已。战略行动是持续性的，如果成功的话，就会产生出许多的新市场应用。比如，IBM 电子商务成长战略就带来了新的硬件产品、新的软件产品（自有的操作系统和基于 Linux 的）和创造了咨询、系统集成以及自服或外包等新服务。然而，这些新变化是成长战略的一部分，是为了在受企业客户欢迎的新电子商务应用中占领主导地位。

战略可以有很多表达方式。在所研究的企业中，最简单和最有力的关于成长战略的表达是针对特定目标客户和目标用途的解决方案。这种表达战略的方法并不新鲜。Derek Abell 在其《定义业务》（*Defining the Business*）中首次采用这种描述，直到今天这种方法还很重要，因为它很有说服力而且简洁。[3] 相反，企业计划制订者和咨询师们，总是把成长战略弄得迟钝，过分复杂，难以操作。我们提出成长战略的目的，是要让战略规划能够确定一些前景非常好的项目，既在技术上可行，又有商业价值。这些项目专注于新客户或新用途，能支持新的可获利的产品线或服务。

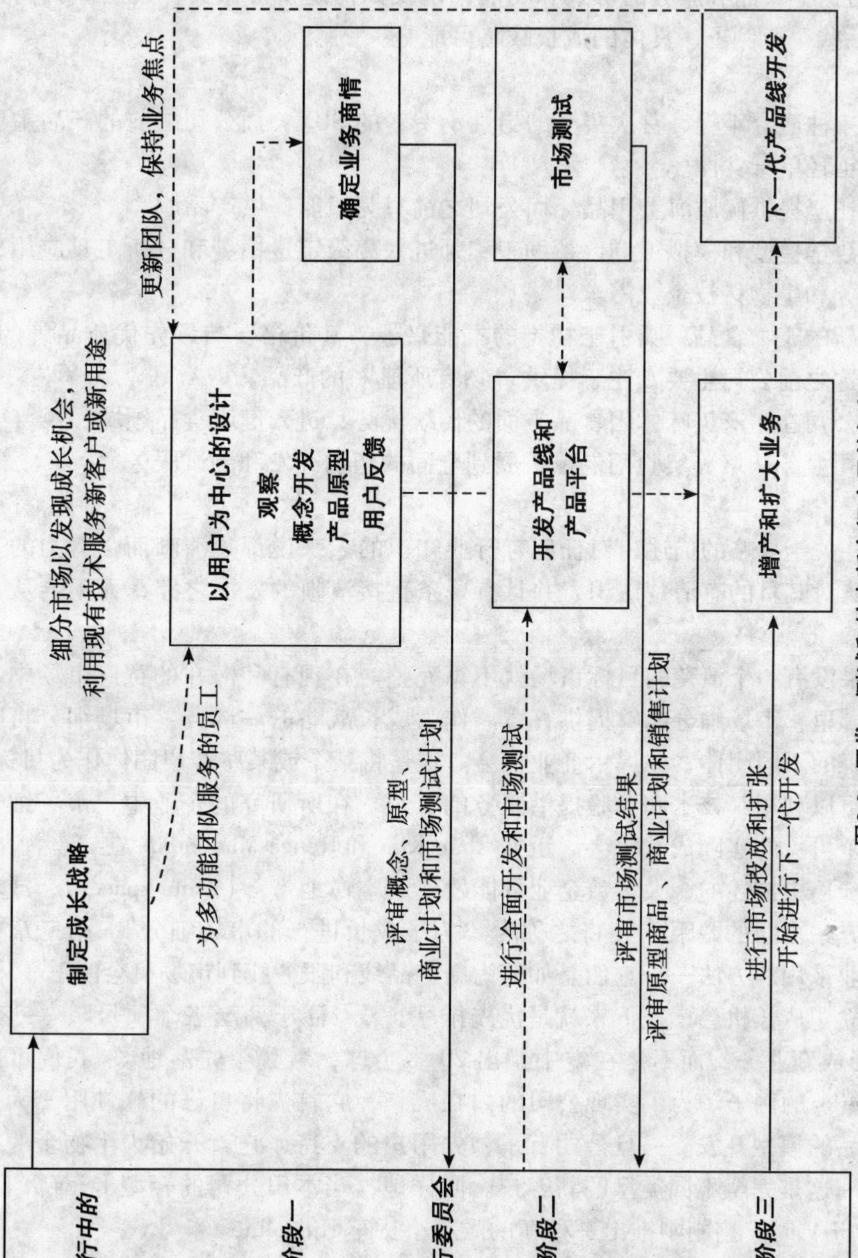

图2.2　开发、测试和扩大新市场应用的框架

有效的成长战略必须非常具体，包括对目标市场、产品和/或服务的重点都要有具体描述，同时要对这些产品和服务的形式和功能，以及如何定价等做具体说明。我们先看看本书后面出现的一些企业例子，具体的成长战略可能是：

- 开发一种适合年轻、首次买车的男性消费者的SUV，而公司之前的产品主要专注于家庭和年轻单身女性。
- 为摩托艇提供优质海上用品，而公司之前只为帆船提供产品。
- 利用数学模型和模拟工具，帮助工程师进入高级定量模型和分析工具应用，以满足金融服务和生物科技企业需求。
- 开发新的宠物食品，吸引宠物狗的本能兴趣，其价格要与领先优质品牌的价格相当，而在这之前公司主要专注于提供“物有所值”的产品。
- 利用公司在生产美味休闲食品方面的传统优势，进入健康食品领域。
- 把公司业务从培养实验用老鼠扩展到全面的药物开发和测试服务。

以上这些关于战略的描述，对任何有行业知识的人来说都是清晰而强有力的。战略清晰会使创新团队对其目的有清楚认识，并且有一条直接清晰的发展之路，而不会从一开始就模糊不清。

战略如果没有一个清楚的目标市场就不算完整。在现有和潜在的宽广市场中，企业应该把目标放在哪里？市场细分能够提供答案。作为成长战略的一部分，市场细分将整个客户群再分为可辨识的不同团体，并揭示商业机会。这是将某个或某些客户团体作为目标的第一步，这些是企业可以利用其技术和经验提供服务的客户。在所研究的企业中，市场细分通常能揭示至少两三个可见的实际成长机会。正如Chan Kim和Renee Mauborgne在《蓝海战略》（*Blue Ocean Strategy*）中描述的，大多数企业都能发现“空白地带”（white spaces），或者不同市场中现有解决方案之间的差距。[4] 我将之称为“为了成长进行的市场细分”。第三章中将揭示我所研究的企业采用的方法——它们是如何为新产品线和服务找到市场机会的。

一旦确立了成长机会，接下来就是优先排序。“专注于两至三个项目”，一名管理者说，“更有可能形成新业务，而不是在空中抛出20多个球，看哪个先落地。”我们可以看看软件公司MathWorks的例子。为了实现公司的内在成长，它首先将自己的软件用于为金融服务行业进行衍生品的模型开发。一旦公司有了领先用户的支持，它就开始为生物企业提供相应的软件服务——这是完全不同类型的新客户。同样地，当本田公司的轻型卡车部门在为年轻男性推出新型SUV时，它刚刚推出一种新的敞篷小货车Ridgeline。

形成并清楚描述一个成长战略是所有后续行动的根基。它把业务单元内划分为多个新市场应用开发努力而且需要是一个持续过程。这就是为什么在图2.2中它被标注为“进行中的”。一旦形成团队去捕捉战略市场细分中出现的机会时，他们也需要更好地界定自己的细分市场，以直接服务于自己的特定项目。

战略形成需要对用户及其产品、系统和服务保持持久的警觉，需要一直关注竞争对手、技术供应商或合作伙伴以及制度调节者。保持这种警觉可以每年带来两至三个重要的新市场机会。那些负责战略制定的管理者尤其要警觉。比如在 IBM，产品组合管理团队的管理者们——他们是进行新产品和技术投资决策的——花费大量时间拜访领先客户。他们对刚出现的需求、竞争威胁和潜在技术伙伴都保持高度敏感。对本书第一章给予帮助的一位研发管理者就把自己超过三分之一的时间用于拜访客户。

阶段一：以用户为中心的设计和业务商情

我们现在来看看每一个新市场应用开发的三个不同阶段，如果成功的话，就会导出新产品线或服务，为企业带来新的收入和利润。

管理框架的第一阶段包括同时进行的两项行动：*以用户为中心的设计和业务商情*。

以用户为中心的设计

以用户为中心的设计包含四项行动：(1) 观察用户行为；(2) 将观察结果转化为产品和服务概念；(3) 在这些概念基础上开发产品原型；(4) 让用户介入并对这些原型提出反馈意见。本书第四章和第五章将主要介绍以用户为中心的设计概念和方法。这四项行动的目的在于形成设计的驱动因素——不是为某一产品而是为整个产品线。一家企业可以因为一个新产品而赚钱，但可以因为一条成功的产品线而大赚特赚。

可以从不同层面理解用户：在意识水平，用户可以说出自己的需要，而在更深的水平上，他们不能准确说出其需求。幸运的是，这种深层次水平的理解可以在通过其环境里对用户进行近距离观察，以及把产品原型透露给潜在客户来得到。

在《产品平台的力量》中，Al Lehnerd 和我把这种深层次需求称为“潜在需求”。用新市场应用的每一代产品来一次满足一个潜在需求将为成功的业务打下坚实基础。[5] 这种设计方法非常不同于传统设计方法，后者很快进入性能—成本矩阵进行钻研，专注于“做我们已经在做的，但是做得更好”。这些创新可能会出现在产品、包装甚至产品销售方式上。

产品原型和用户测试可以帮助企业了解潜在需求。Steven Wheelwright 和 Kim Clark 发现，经理们常常狭隘地对待产品原型，只把它作为找到技术解决方案的技术工具。而产品原型能做的远远不止这些。[6] 产品原型和用户测试为产品战略（提供好的、更好的还是最好的产品）和营销战略（优化渠道和沟通策略）提供启示。如果全面实施的话，产品原型化的流程就能帮助确认商业计划的可行性，而开发商业计划需要与以用户中心的设计同时进行。

确定业务商情

管理框架的第一阶段还包括新市场应用的商业计划。我们见过许多商业计划，最好的商业计划专注于目标市场和解决方案，为营销、产品或服务开发、生产和/或执行形成整合的、具体的战略。坚实的商业计划还能解释产品线或服务如何能带来收入和利润，以及业务成长所需的种种投资等。在为新市场应用制订商业计划时，很大的挑战在于最有吸引力和逻辑的新计划在效果上不如企业传统的商业模式的时候。当这种情况发生时，管理层和员工就会倾向于让新产品妥协，使之符合企业的模式，“我们改变设计吧，这样就可以在现有设备上进行生产”。“如果我们使用现有渠道和销售队伍，新产品分销就会容易得多”。对将要大获全胜的产品或服务概念来说，做这些妥协将是无法弥补的损害。新用户可能更偏好不同的渠道，新用途也许能确保更高的价格（与企业核心产品价格相比）被接受，或者企业现有生产资料不能很好地满足更低产量、但却更复杂的产品生产。

在传统新产品开发流程中，高层管理者以独立的步骤审视、批准或者拒绝产品原型和商业计划，通常完成这些步骤要花好几个月。在本书提倡的流程中，以用户为中心的设计是与开发商业计划同时进行的，而且必须作为一个整体得到批准。如果只有其中一个得到批准而另一个没有通过，就会遗留很多风险。改变产品包装很可能会完全改变转换成本，一项渠道决策很可能完全不适合产品原型，目标市场的一个改变很可能使产品概念完全不适合其预设的用途。产品设计和商业计划必须同时进行，在创新团队和在高层管理团队中同时进行。第九章和第十一章阐释了我研究的那些企业如何进行商业模式创新，以及如何采用专门的技术来预测利润和损失以及资本需求。

在这一阶段，团队还需要形成一个专门计划来进行产品市场测试——这是该框架下一步的活动。对软件或服务企业来说，它可以是一个 beta 版的测试场所，邀请几个领先客户在产品问世之前两三个月之内参与新产品开发。也可以是与一家零售商签订专门协议，在十几家商店里对新产品进行三个月的市场测试，作为回报，在测试后的那年对这个产品进行专卖。不管采用哪种方法，市场测试都是快速“面世和学习”的重要组成部分，而创新团队需要告诉管理层他们计划做什么。

第二阶段：产品线/平台开发和市场测试

管理流程的第二阶段也有两个关键活动——产品和平台开发以及市场测试。当第一项活动做得比较完备时，就可以并行地开始第二项活动以节省时间。

产品和平台开发

一旦管理层打开绿灯，开发团队就必须将其概念“产品化”，不仅要开发出产品必要的外形、功能和可供选择的特性，还要考虑产品包装等问题。对面世产品或库存量单位都要进行定义、包装和定价。市场流程中有关产品、包装和服务的部分也要进行定义和执行。

产品原型还不是产品。遗憾的是，缺乏技术经验的经理们常常“逼迫”创新团队尽快将原型变为商品，而没有考虑对产品架构和产品/流程平台进行大量投入。Alan Cooper 曾说过，“产品原型是实验完成后要丢弃的，但它们很少被丢掉……经理们看着这些原型说：‘我们为什么不能就用它们呢?’”[7] 这个产品可能很快就面世了，但它从来没有发挥作用或者很快就因为难用而退出市场。

在我研究的成功企业里，创新团队把产品原型用于特定的客户需求和要求，但是，之后会重新组织团队设计更稳固的架构和所有组成部分——无论是硬件、软件、食品还是药品。

为应用于新市场或现有市场而开发的新产品线很少能靠单一产品或服务获得成功。那些把每个产品或服务看做一次性的企业几乎不可能获得其想要的利润，也不可能在适当时机将不同的产品推向市场。当一条产品线能提供一系列特性、不同功能水平和价格时，它很有可能获得成功。不同的消费者、产业和服务行业成功案例说明，提供好的、更好和最好的产品能帮助企业为顾客提供多种选择，为其产品线或服务扩张市场。更进一步的是，新市场应用还可能要求企业开发产品和服务组合，硬件和软件组合，或者允许商业伙伴提供附件或插件。

开发一系列紧密相关的产品或服务——而不是单一产品或服务——对创新团队提出了一定挑战，包括工程成本、制造成本和面世时间。然而，当一系列解决方案共享一个架构时，这些困难就会被最小化。这个架构能利用通用子系统和制造设备或服务传递机制。在不同产品间共享 ·个子系统或制造流程能形成一个真正的“产品平台。”本书第七章将重点介绍产品平台设计和“好的、更好、最好”的产品战略。在新市场应用中采取特殊行动来确保所创造的知识产权——如何通过专利或商业秘密最好地保护知识产权也是框架中这一阶段的一个必要元素。

从节约费用和时间看，采用现有生产设备制造新产品是最强有力的平台。在接下来关于 Mars 公司的一章中，我们将看到这家企业是如何利用现有儿童休闲食品生产线生产成年人吃的巧克力味健心长条饼干的。在这个方面，本书研究的那些成功生产商在开发新产品时改进了并行工程（concurrent engineering）。这意味着在设计新产品时既要考虑用户功能，又要兼顾制造效率。在我所研究的所有行业中，并行工程是一个或多或少地在使用的概念。对软件企业来说，它是指设计核心的基础设施和服务，为远程诊疗提供支持，为基于网络的客户提供支持和为增加未来无法预期的插件或附件提供支持。对服务创新团队而言，全面应用并行工程在典型的情况下意味着将其整合进现有业务的管理和客户支持系统和流程中去。

市场测试

集中的市场测试是第二阶段的又一重要行动。管理层希望在批准新产品线或服务的商业计划后很快收到一份详细的市场测试计划。就我研究的一些团队而言，这绝对不是小事，这个计划不断演进，几乎要和商业计划书一样详尽了！

几乎没有哪家企业会对没有市场效果的新市场应用投资。市场测试能衡量客户反映和为了解需求提供必要的保证。在所研究的企业中，有的企业用地区的市场测试揭示客户需求的程度。其他的企业在现有客户中测试新用途。另外，还要一些企业利用第三方市场研究企业执行快速的市场测试。无论哪种方法，管理层都必须看到在新的目标市场中真正的客户将愿意为新产品线或服务真正付钱。

我所研究的一些管理者注意到，快速地测试市场是对传统调查方法的一种更有效替代。这些企业曾用传统方法测试新产品被测试市场的接受程度。

选择一个恰当的测试市场也使创新团队有机会纠错，包括对新产品、销售方式，以及预期客户如何评价新产品线或服务的好处等。另外，在我所研究的企业中，有很多利用专门设计的“试验工场”为市场测试生产产品，另一些利用外部联合生产者来生产，还有一些在正常生产外采用加班方式生产测试需要的产品。

市场测试还使创新团队有重要机会了解如何开发和完善特定产品的问世计划，包括渠道选择、沟通信息和销售队伍训练等。在一些企业中，产品面世计划是整个商业计划的子计划；在另外一些企业，面世计划是独立的文件，由营销和销售部门进行特别审查和研究。创新团队还需要依据市场测试结果更新商业计划和财务预测数字。要把市场测试结果、改善的产品或服务样本、修正后的商业计划、产品问世销售计划合在一起给高层管理者审查。此时，管理层要决定是否投入更多的实质性资源，从而在框架流程的下一阶段继续获得成功。

第三阶段：提升产能和扩张以及下一代研发

在管理框架的第三阶段，企业将收获其实验的成果。这包括提升产能，扩大分销，还包括在从市场上获得信息的基础上同时进行下一代产品研发行动。

提升产能和扩张

新市场应用现在进入一个关键时刻。创新团队必须将业务进行蔓延和扩大。如果不采取强势的营销、分销策略，或者不投资扩大产量来满足不断增加的需求，那么其先行者的优势会很快丧失。

通常而言，一款新计算机、一种新软件甚至一种新药，在最初都销售得很慢，只有在接下来的时间通过广告和口碑才能逐渐积累声誉，实现销量增长。在这种情况下，第一年平平的销售业绩很难弥补高额的制造成本。除非企业有几家可灵活安排的工厂，能够分担新产品的生产，否则，扩大产量会成为一个巨大的财务挑战和冒险。在另外一些例子中，汽车和芯片制造厂商必须为随时到来的大规模销售做好准备。这就使并行工程在产品线和平台开发过程中至关重要。在有的零部件还在设计的时候就要进行制造的筹备和新工具的并行开发。

值得警惕的是，许多企业为了新产品更快问世，与其他制造商签订新产品线合同。这些供应协议本身常常就是一个实验。有的团队发现在新产品推出六个月至一年后，合同制造商才是利用新产品线赚钱最多的人。此时要更换供应商也很困难，因为这些供应商参与了新产品关键部分的设计，所以他们有一定的知识产权。这些团队被黏住了，他们的产品命运不保。所以，创新团队必须为这样的可能情况做好计划，要么在一定时点将生产制造引入内部，要么与关键供应商形成更灵活的伙伴关系。否则，极好的产品可能很快变成企业的败笔。

也是在这一点上，管理层要作出关键的决定，谁应该继续管理新的产品线或服务，以及在企业内部新业务应该安置在哪里和向谁汇报。

推出新产品的实用标准

大多数企业拥有的机会多过资源。我在写作本书时合作过的企业管理者建议利用以下标准来判断新市场应用。

— 项目应该有利于企业的技术进步——可以是产品的也可以是工艺的。

— 项目应该以企业核心业务的新目标用户或以企业现有产品或服务用户的新用途为目标。在这个框架下运行的项目不应该是现有业务单元早该进行的渐进性产品开发。若采用快速之路的过程去虹吸这些业务和研发经理要用的资源，将来只会造成不满和对后来的再整合制造障碍。

— 项目开始时，为每个项目安排一名有经验的全时市场专业人员和技术专业人员。消费产品或耐用消费品制造商也许发觉，他们从一开始就需要一名全时的生产或供应专业人员。高层管理者可以随着项目进展确定以后所需要的人员。

— 在一年内不要超过两至三个新项目，即使是收入 10 亿美元以上的业务部门。除了新产品线或服务本身外，一项新市场应用可能需要一个新品牌、新的渠道甚至新的商业模式。即使对新产品和服务开发来说，明智的建议是最好把少数几件事情做好。

下一代产品线或服务开发

理想的情况下，新应用的下一代开发也是从这个框架的同一阶段开始。无论重点是延伸新产品线，还是在架构上的更佳跨越，后续的研究开发必须要规划和投入资金。

遗憾的是，许多企业创造出非常出色的新产品概念，把他们推向市场，但却因为没有坚持，未能成为市场上的真正力量。现有的竞争者看到这些新概念，说："嘿，这是个好主意。我们把它做出来，然后利用我们占统治地位的销售队伍来重新占领这个市场。" Richard Foster 曾指出，除非市场新进入者能不断地创新和用令人激动的营销方法将这些快速行动的追随者抛在后面，否则他们就会发现自己将很快被挤出市场。[8] 管理产品或服务创新的框架不会允许这种事情发生。在我们的框架中，下一代产品线或服务开发是一种必不可少的活动，与"提升产能和扩张"平行地进行。

新市场应用开发的时间点

新市场应用开发的商业流程必须简洁而有力。对这些应用而言，向前的最好方法是快速进入市场并从市场经验中进行学习。但如果创新团队被过多的步骤、行动清单以及官僚作风限制，这些就不可能发生。加里·哈默尔（Gary Hamel）和普拉哈拉德（C. K. Prahalad）提出，"管理层应该支持那些低成本、快节奏的市场进入行动，以使目标客户很快进入视野，并重新定义成功矩阵，从而鼓励经理们在企业核心业务之外创造新产品和服务，就是说，鼓励承担风险"。[9]

要完成从最初创意到产品问世的新流程需要多长时间？——当然，每种情况都不一样。但我们可以进行一些估算。

尽管大部分企业总是在给战略下定义，但是，安全的假设是这里所指的增长战略类型非常特别，它是一个新的、体现市场和竞争研究成效的定义。许多企业投入大量费用并通过经年累月的努力来形成成长战略，但读者可以想想 IBM 公司 ES2000 团队在 1995 年的经历：他们在三个月内形成了强有力的成长战略，成为公司今后十年的指导大旗。本书第三章将阐释简洁却有用的针对成长的市场细分方法。一旦采用这些方法进行市场细分，管理团队就能在常规和持续基础上再审视和更新其市场细分。

第一阶段进行的以用户为中心的设计和商业计划开发不能长于 6 ~ 9 个月，即使是复杂系统也如此。这个阶段的成果就是一个产品原型，不是要投放市场的最终产品。另一个成果就是一个相关的商业计划。

第二阶段的目标是进行细致的产品和工艺开发，并着重于市场测试。产品线和流程开发可能需要 12 ~ 18 个月（尽管我研究的软件企业总是将其开发周期控制在少于六个月）。适当的市场测试需要至少 2 ~ 3 个月。在第二阶段结束时，用于产品生产所需的生产资料必须已经订购和安置好。企业要达到领先地位所需的时间——尽管行业之间有不同——通常需要一年。就连非制造企业也需要时间来等待编码或新服务走向成熟。

第一阶段和第二阶段加起来所需的时间是 18 ~ 36 个月——新市场应用从最初的创意到最初投

放。接下来第三阶段以连续的方式进行，这个阶段中下一代研发工作的时间表简明而雄心勃勃。

很显然，这里对时间的估计只是一般标准，不同行业之间会有很大不同。对要完成的一大堆工作而言，这样的时间节奏确实有些紧，但我研究的很多企业都做到了。当然，它们的节奏也都不同。对资本密集型企业而言，建设一个新工厂需要超过一年时间。对汽车行业而言，四年或更短时间的产品开发周期被看做是野心勃勃。一家制药企业可能需要更长时间完成这个周期，因为需要进行许多不同的动物和患者测试。然而即使是这样，也可以通过把特定化学成分的已知效果用于新市场应用，而大大缩短早期阶段的新药品开发时间。快速面世和学习是在任何行业都简单易行的思维定式。

后面的章节将解释针对新市场应用的管理框架细节以及你如何把它应用到自己的业务中。这个框架的每一部分都是以经验和研究为基础的。每部分都以常识概念为基础，并用非常多的产品、系统和服务的例子来阐释。每一章都提出了特定的计划工具，这些工具包含了这个框架中特定部分所专注的概念和方法。读者可以把这些工具设想为“模板”，用于衡量自己的产品线或服务开发的成效，其范围可以是从市场细分到产品或技术规划，到商业模式和到项目管理。在“读者练习”的标题下，所提供的方法对读者将该模板应用到自己的项目是一种挑战——所有这些方法都是关于将最初的创意转化为真正的商业开发。

注释

1. Doug Cameron，“3M Chief Plans to Release Areas of Trapped Growth,” *Financial Times*，April 22，2006，7.
2. 我和我的同事兼朋友约翰·赫尔弗里希（John Helferich）一起开发了这个图表，后来由一家大企业的资深研发管理人员进行完善。那时我们正在思考那些运营艰难的企业常常遇到的把好的产品创意变为好业务的问题。
3. Derek Abell，*Defining the Business*（Upper Saddle River，NJ：Prentice Hall，1980）. 埃布尔（Abell）根据核心技术（今天通常称为“平台”）、目标客户以及他们对产品和服务的使用把成长划分为不同维度。
4. W. Chan Kim and Renee Mauborgne，*Blue Ocean Strategy*：*How to Create Uncontested Market Space and Make Competition Irrelevant*（Boston，Harvard Business School Publishing，2005）.
5. Marc H. Meyer and Alvin Lehnerd，*The Power of Product Platforms*（New York：Free Press，1997），18 ~ 19.
6. Steven Wheelwright and Kim Clark，*Revolutionizing New Product Development*（New York：Free Press，1992）. 这本书最著名之处是作者对整合项目计划的描述，包括使研究开发组合平衡，比较轻权重和重权重的团队。然而，读者可能更希望仔细读读第十章有关原型测试周期的内容。
7. Alan Cooper，*The Inmates Are Running the Asylum*：*Why High-Tech Products Drive Us Crazy and How to Restore the Sanity*（Indinnapolis：Sams，2004）.
8. Richard Foster，*Innovation*：*The Attacker's Advantage*（London：Macmillan Books，1986）.
9. Gary Hamel and C. K. Prahalad，“The Core Competence of the Corporation,” *Harvard Business Review*，69（4）：81 ~ 92.

第三章

为了成长而细分市场

在市场细分网格里定义新用户和新用途——建立以设计为中心的产品开发战略——定义好的、更好的和最好的新市场应用——采用市场细分网格揭示变化的产业人口统计学特性——细分市场的技术——来自航海和建筑产品、药品和软件产品的例子——新目标用户的新价值主张——读者练习

在酒店行政套房里，企业计划制订者们在用五年的战略规划、支持预算、实施步骤和业绩标志等文件塞满一个个厚厚的文件夹。[1] 为什么所有这些都不够引发企业内在的成长呢？观察家们如罗素·阿可夫（Russell Ackoff）谈到，正规的企业战略规划对真正的成长作用有限。他说，在企业制定完成正规的战略规划时，企业的竞争环境已经改变了，因此战略规划也过时了。对那些寻求成长的企业，如果它们拥有一定技术而其管理者想在两三年内获得新收入流，其战略不需要很复杂。

阿可夫认同的战略规划系统是关注“设计师马上想要开发的，而不是将来某一天要设计的。这样，整个系统运行的环境不需要进行预测，它就是现在的环境”。[2]

阿可夫的建议为新产品线或服务开发提供了实用方法。管理者们可以确认少数清楚的市场目标，然后迅速地构建阿可夫所说的解决方案的“理想设计”，以利用可以获得的最佳零部件快速制造出能进行市场测试的产品。理想设计采用现存的，而不是未来的单项优势元素（best-of-breed）或子系统。当然，必须首先发现目标市场机会。许多企业采用不同的方法来划分目标市场。最简单最实用的细分市场方法是根据用户和产品或服务的用途划分，而市场细分是理解他们之间区别的关键。

市场细分是新市场应用开发中的第一步（见图 3.1 中涂黑的方格）。不同客户群有不同的需求和对价格的承受能力。他们会有非常鲜明的购买行为。我们把这些鲜明的顾客群称为市场细分。市场细分定义的这些细分有利于产品和服务开发、品牌和沟通。如果管理层仅仅根据现有客户定义细分，那么新用户应用的出现只会是偶然出现。然而，如果一个公司的市

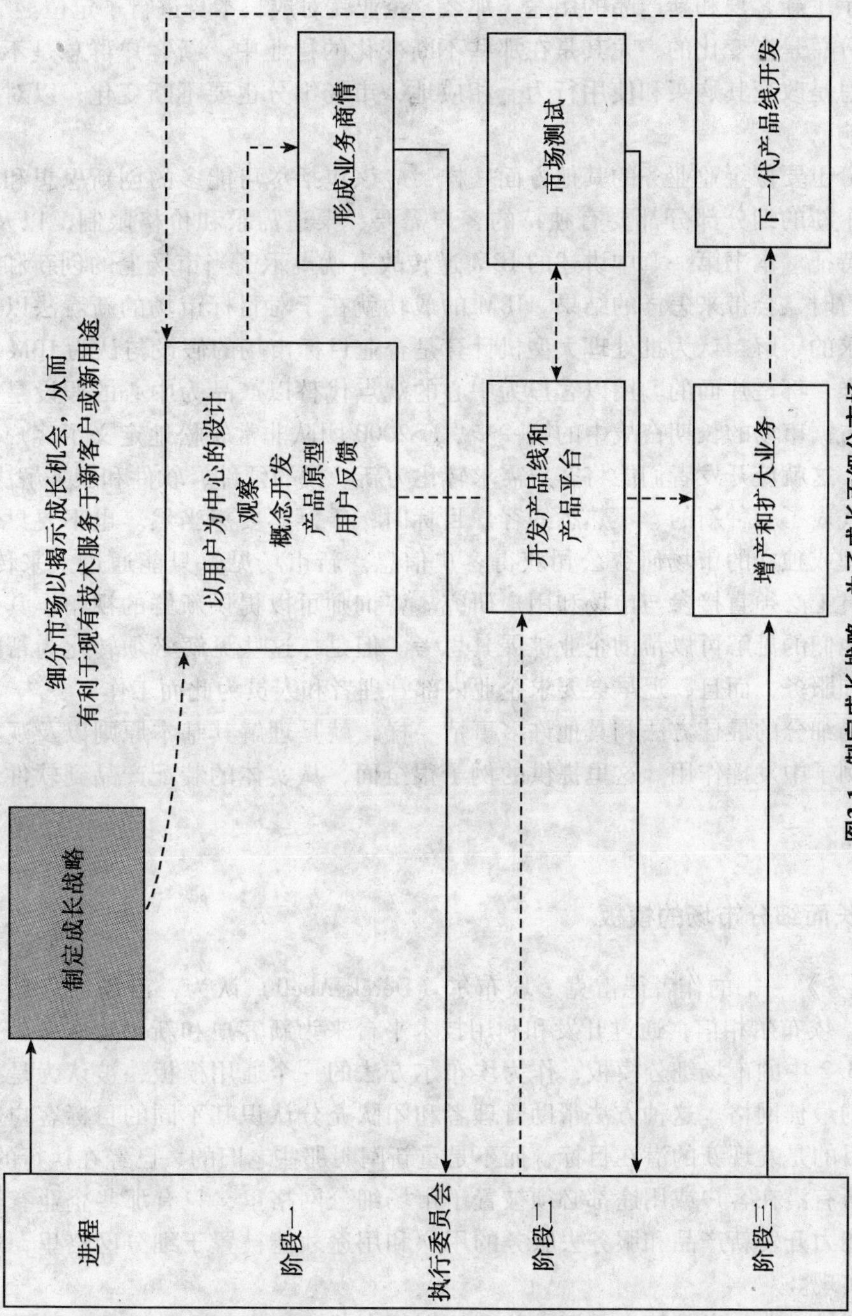

图3.1　制定成长战略：为了成长而细分市场

场细分还显示了新客户和新产品的用途，那么，企业就对成长本身进行了定位。

市场细分总是在变化的，尤其是在那些不断变化的行业中。新客户群总是不断出现，现有客户群也总是改变其购买和使用行为。相应地，市场细分也要不断变化，以对企业成长产生持续的影响。

市场细分也要像企业业务的其他方面一样，应该包括尽可能多的创新思想和尽可能多的研究。每一个新的细分部分都要有独特的客户需要、渠道需求和价格限制，以及不同毛利、规模和利润特征。本书第一章中讲述的 IBM 逆转故事就揭示了当市场上的创新和技术前沿的创新同时进行时，会带来怎样的结果。IBM 的成功就在于对目标市场的新看法以及对这些市场中客户需求的了解。认为批处理大型机计算是企业目标市场的假设与认为 IBM 的任何技术都过时了一样，都是片面的。用以客户为中心的观点代替以产品为中心的假设是使企业重新恢复赢利和占据市场的长期奋战中的第一步。ES2000 团队非常轻松地定义了客户的急迫需求和竞争定位。这就使开发者们能将客户需求转化为新一代的硬件、软件和服务解决方案。

当用户代表了一种新的、不熟悉的客户目标时，千万不要想当然。也不要只依靠咨询公司、广告代理或独立的市场研究公司获得客户信息。新市场见解只能通过人来传递；因此，企业经理和员工必须直接参与市场和用户研究。咨询师可以提供新鲜的视角、其他公司的经验和报告。他们的见解可以帮助企业扩展其思考。但是，这些见解必须转化为帮助企业成长的实际产品和服务，而且，迟早会要求企业内部管理者和人员为此而工作。

理解市场细分的最佳方法和其他许多事情一样，就是理解其基本原则以及观察这些原则如何在不同例子中发挥作用。这里提供的例子很全面，从实体的装配产品到软件和系统、生物技术和服务。

为了成长而细分市场的模板

《界定业务》一书的作者德雷克·埃布尔（Derek Abell）认为，市场细分是一种用户和用途的组合。[3] 埃布尔相信，通过开发和利用技术平台来为新客户和新用途服务，企业就能获得成长。图 3.2 中的市场细分模板，作为埃布尔方法的一个通用模板，被认为是按用户和用途细分市场的最佳网格。这种方法帮助管理者和团队充分认识其不同的目标客户。成长导向的市场细分目的是发现新的潜在目标，而不是重新阐明那些老旧的、已经在执行的市场战略。同时，不是所有潜在客户或用途都必须被置于市场细分网格里，只有那些企业有合适机会利用其技巧和能力开发新产品和服务去服务的用户和用途才能被置于细分网格里，这样才使成长战略有效实现。

对一家软件企业如微软而言，用户范围从家用台式机用户到电脑游戏用户，到企业台式机用户和到企业 IT 商店。用途范围从操作系统到编程应用、人事管理、网络、数据库和数据挖掘以及开发游戏等。微软的成长战略一直是要利用一系列软件平台（操作系统、中间系统

	传统用户			新用户	
	细分A	细分B	细分C	细分D	细分E
用途/应用3					
产品/服务					
市场规模					
市场成长					
领先者/份额					
用途/应用2					
产品/服务					
市场规模					
市场成长					
领先者/份额					
用途/应用1					
产品/服务					
市场规模					
市场成长					
领先者/份额					

图 3.2　市场细分模板：确认用户和用途（马克·梅耶）

或软件开发工具以及应用程序等）开发以用户为基础的新用途。一开始是关注家庭用户，然后扩展到大企业和小企业。类似地，我们可以在后面一章看到，本田公司也利用其发动机技术为不同消费者的用途服务，包括运输、休闲和家用等。轿车、四轮越野车、汽艇和除草机都是使用本田发动机的一些产品而已。

制药企业也可以采用用户和用途方法来考虑其市场应用。此时，用户就是患有各种疾病的病人，而用途就是预防、诊断和治疗。通过扩展其市场应用范围，这种细分能帮助制药企业避免“一鸣惊人”式的战略，而现在有许多制药企业都采用这种战略。

这种市场细分模板也适用于指导服务企业的成长。比如商业银行，通常将用户分为消费者和企业，每一类都有一系列用途：贷款、投资和现金管理。大银行将这种范围扩大为包含抵押、共同基金和人寿保险——所有这些都是针对不同的用户和用途进行设计。针对 20 ~ 30 岁年轻一族市场的特定金融产品现在越来越流行。

虽然有的新产品出现是偶然的，但大多数产品线都是经过良好规划、精心尝试才进入新市场应用的。管理层制定目标，组织团队来开发新产品，进行生产以及制定营销战略来实现它。这个目标必须在整个企业的战略地图上，否则，就不可能安排应有的研发、生产和分销资源。企业成长的“市场创新”从在企业战略中加入这些新目标开始，重要的第一步是对市场进行重新细分。

应用市场细分模板：一家食品企业的例子

让我们假定有一家几十年来主要为儿童生产零食的食品企业。这些零食一般是由母亲为全家购买的。尽管这一战略能为企业带来实质性收入——比如每年十几亿美元——但它仍然只是一个细分市场，即儿童零食。在这个细分部分里，市场人士可以试图了解一些不同行为，如儿童满足饥饿的需求，吃食物时同时感受乐趣，或者与朋友分享食品。然而，由于消费者是一样的——儿童——研发的大部分投入都用在现有产品的增量上，对口味和包装的改变很小。

现在，我们假设企业高层希望能有真正的成长。为了实现这个目标，管理层开始将潜在用户市场进行细分，标准很简单但却很深刻，即不同年纪的客户群一旦“年龄”形成了一个细分维度，新的见解就出现了。图 3. 3 显示了从这一练习中或许可以得到的结果和产品战略。用户年龄是横轴，纵轴上是三种不同的基本用途：饥饿（满足），社会情境（送礼）和个人目标（健康）。今天，成人健康食品细分市场使许多企业的食品开发者们非常兴奋，他们致力于开发含有特定营养的休闲食品和主食。送礼也是食品创新的热点。

采用这种方法，市场细分网格图成为有组织的成长的产品战略地图。图中的三个椭圆从理论上代表 3 种不同的设计重点，每一种都是针对一个不同的细分格子。其中一个是针对儿童和少年的非常美味和有趣的零食；另外一个是针对年轻人的优质礼物；还有一个是为那些有健康考虑的成年人设计的含有维生素和其他健康元素的零食。

在这些产品线的每一个当中，管理者可以考虑开发“好的、更好的和最好的”几类产品。对食品企业来说，这些不同是以不同包装单位（Stock-keeping units）出现在商场的货架上。好的、更好的和最好的差异不应该只局限于不同的配料。包装也可以起到很大的作用，比如可以使保鲜期更长或者更便于料理等。例如预备微波炉食品时，包装创新就可以看做是一种比传统包装“更好”的特性：因为它更方便。计算机企业也可以提供好的、更好的和最好的产品，如在性能、网络附件和软件方面有所不同。例如针对每一个新的小型机型号，IBM 公司在其销售清单上提供几十种专门配置，每一个都有更多的微处理器和输入输出通道。

好的、更好的和最好的分类为新产品或服务开发提供了一个可以使用很多年的发展地图。例如，可以在第一年提供好的产品，第二年提供更好的产品，第三年提供最好的产品。对这三种标准的定义也经常与生产成本和价格相联。可靠的地图帮助创新团队了解从哪里着手第一步，以及后续的工作开展等。在一些例子中，当前情况下只能定义什么是好的和更好的产品，而另一些情况下，这三种不同的层级都可以定义出来。一些企业可能发现只有两个层级对新市场应用有用；另一些企业可能要求开发四个或五个层级（优质级和超级优质级）。

从道理上讲，创新团队最初的开发目标应该是好产品，之后再投入更多力量和努力在更高级别的产品上。比如，IBM 高层决定利用其新的 CMOS 架构（G1）快速进入市场，达到

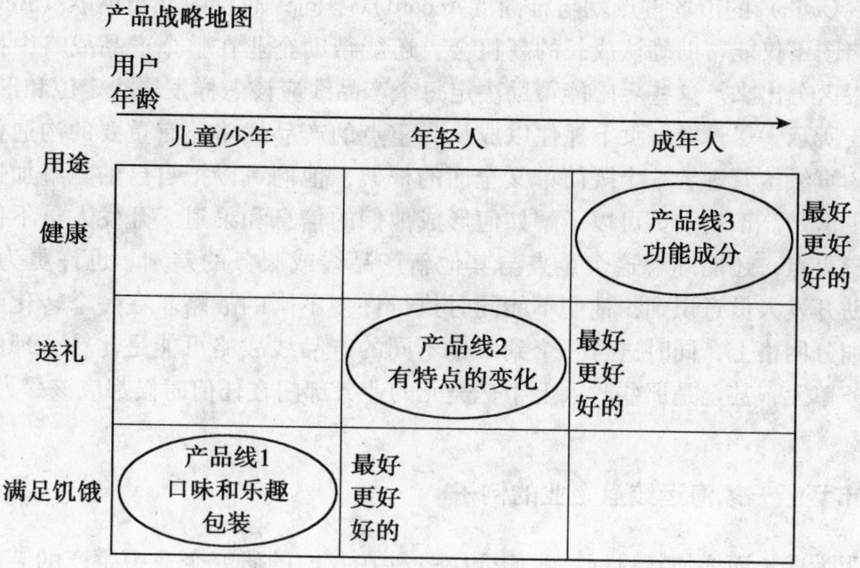

图 3.3　一个产品市场战略模板

（基于市场细分模板）

100MIPS，而不是等上几年再开发其更好的 500MIPS 机器。这个看起来很简单的决策在企业处于危机之中的那段时间其实是最具争议的。波基普希的工程师们希望能立即推出 G4。这种意见分野并不是不同寻常的。产品开发者总想一步登天，对每个项目都希望开发出“最好”的产品。然而，一开始就追求“最好”有很严重的缺陷。

- 要实现“最好”可能需要好几年时间。同时，竞争者可以推出“好的”产品，发展其品牌，成为市场领先者。
- 不是所有顾客都需要“最好”的产品，也不是所有人都愿意为此埋单。
- 对于一项新市场应用来说，什么才是“最好”级别在一开始很难知道。一个比较谨慎的做法是快速推出产品，然后从领先用户那里了解什么是“更好的”和“最好的”。

从好产品开始做第一次市场测试，接着做商业销售，有明显好处。这样做在技术上更容易成功，这种成功可以给团队带来很好的气氛以及成就感。先推出产品可以为开发更高性能和顾客需要的附件等特性提供可靠和可扩展的架构。在好产品进入扩张和提高产能阶段（scale and ramp phase）时，创新团队就应开始为“更好的”版本而工作。显然，这一行动步骤在成长管理框架的最后阶段是作为平行活动进行的（图 3.1）。

产品战略地图的每一部分都能帮助创新团队集中其注意力和工作。比如在本田公司的轿车中，思域（Civic）的市场重点就与雅阁（Accord）不同，而雅阁又与讴歌（Acura）不同。市场细分网格图不仅能帮助确认成长的新机会，还能帮助企业在整个产品战略中把不同产品线之间的界限区分出来。这些界限能帮助决定每个产品线应该怎样发展、定位和形成品牌。

如图3.3所示，尽量在一页上抓住以成长为重点的产品战略还有重要的沟通益处。把产品战略置于一页纸给管理者一个既简单又全面的框架，他们可以把自己的见解加进去。目标的优先性也更清楚。市场人员可以了解如何形成他们的信息和渠道。开发人员不仅能了解每个创新的客户重点，还能理解这个重点与其他新产品线或服务的差别。也许更为重要的是，这个框架帮助开发人员意识到，他们不能同时执行许多不同的战略。在一个转化为产品战略地图的市场细分网格上，同时进行三个到四个不同的产品线战略可能是比较合理的。这可能是大多数业务单元，甚至是那些收入上十亿美元的业务部门在任何时候都应该尽力做到的。

进入新市场：一家海运绞盘企业的例子

为了说明为成长而增加新目标，我们介绍一种在我们的研究企业中生产的装配产品——绞盘。在船舶世界里，绞盘是用来拖拉与船帆相连的“帆脚索”（绳索）的。这家企业有很稳固但是增长缓慢的业务，同时拥有帆船市场的较大份额。在20世纪90年代中期，渴望增长的新管理层上任。为了加速收入增长，公司成立了专门团队来设计一种新绞盘生产线，这种新绞盘内置了可替换的发动机。这种新设计使绞盘免受海水和雨水影响，船主自己也可以很容易地替换发动机，这种设计还为零售商开辟了一个配件市场。同时，项目团队还切实研究了公司生产绞盘的原材料和流程，发现可以通过更有效的流程降低成本。经过一番努力，新绞盘可以装配到更小的船里。这一改进在图3.4中的第一个圆圈中有所体现，标记为“船舶绞盘”。这张图表在一页纸上揭示了企业的整个成长战略。图的最下方显示了高水平产品线的架构。创新团队还打开了一个全新市场：它设计了一些新的外部接口，把有动力的绞盘安装在船边，成为一个卷扬机，吊起机动船的锚。卷扬机和绞盘使用相同的模块架构，包括可替换的电机。在图3.4中，第二个圆圈名为“卷扬机”。这对公司来说是一个新的市场应用。因为机动船的数量比帆船多，这就极大地扩张了潜在销售。而且，新产品战略使公司进入北美市场的主要分销渠道，这些主要是大量销售需要更换部件的零配件渠道。

公司还想在传统海运应用之外的地方利用其技术。例如，直升飞机和木材搬运机都要使用卷扬机。这些还只是公司管理层的许多新市场应用中的两个而已。

仅仅在一年时间内，这个曾经昏昏欲睡的制造商变得更加关注市场，并且以顾客为导向。公司产品经理和工程师们现在成立了特殊团队，专门从事特定新产品的开发和推广，用观察家的话说就是，“正在从事极为有趣的工作”。新市场开发对整个公司有着难以置信的强大影响。

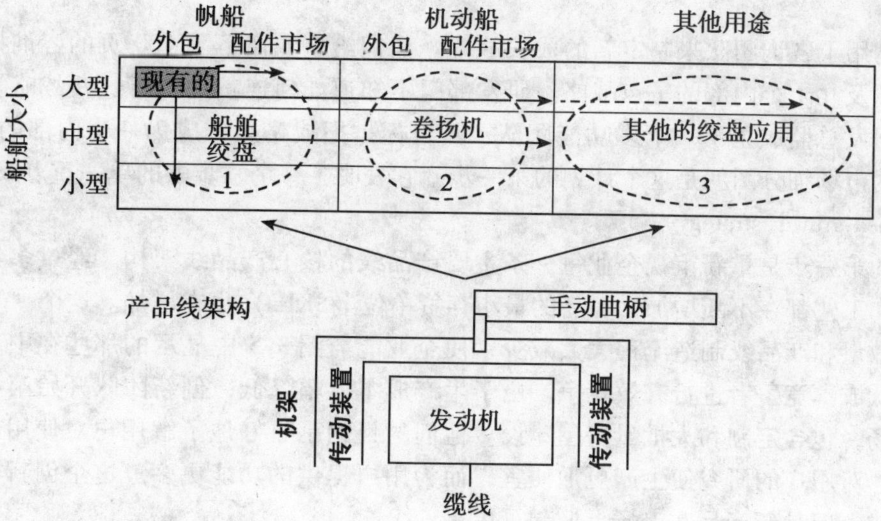

图 3.4　有利于卷扬机架构的新市场应用

用行业人口统计学特征确认成长机会

市场细分框架可以用来揭示主要的行业趋势。在这些趋势中，可以发现富有吸引力的成长机会。图 3.5 显示了一家建筑用品生产商面临的市场。这个网格图包含了三个主要的细分部分：新家建筑、房屋修缮以及商业建筑。每个细分都被企业创新团队看做是不同的领域。这个团队是由企业主管研发的副总裁召集的，希望能在为新住宅建设提供高端产品的核心业务之外进行扩张。不同细分部分的区别除了体现在产品自身外，还体现在其他方面。分销渠道是不同的，平均的购买和安装额也是不同的。不同细分市场之间的支持服务也不尽相同。在这些主要细分部分之间还有独特特征的子分类。比如，在新家建筑的分类中就包含有定制的房屋建造者（custom homebuilders）和大批量房屋建造者（volume builders）。房屋修缮分类里包含自己动手修缮的业主和专业房屋修缮企业。

当创新团队开始利用其销售人员、子细分市场的份额、细分市场的领导者等建立网格时，显而易见的是，企业正在其中竞争的细分市场中，新产品销售要么平平，要么下滑。其销量最大的子细分市场——高端家庭新建筑市场销量以每年 4% 的速度下降！这就意味着不管研发人员如何努力，新产品销售会直线下降。实际上，在过去五年中，企业的销售基本上持平，即便整个行业销售有非常好的增长率。管理层意识到企业必须扩张现有市场并进入新市场，比如商业建筑。企业一直以来将研发专注于其传统市场，诸如构件市场和商业建筑等细分市场，一直没有机会进入。当管理层决定将相当资源用于开拓市场机会时，这种情况就会得到改变。管理层的目标是利用“旧业务”的构件、材料和工艺来开发新产品，从而获得新的收入增长源。

公司聘用了咨询团队来制定新的成长战略。他们给企业留下了100页的咨询报告、一些并构目标以及几十个内部的重点战略。研发部门不知道如何连贯地执行这些战略。在总裁的支持下，研发总监成立了一个多功能团队：其目标是把战略运作成为一个内部的发展计划。图3.5中的市场细分图就是这个计划的第一步。它表明了一个三步骤的单一重点成长战略（a single focused growth strategy）。

战略的第一步是重新审视企业每一条主要产品线的核心产品线架构。经过多年发展，材料、零件和工艺都在不断增加，而新的最小存货单位（SKUs）也在增加。这个“平台”项目使得零件数量和产品线制造流程大大减少，使企业能与图3.5中显示的那些在中高市场中地位稳固的低成本竞争者进行有效竞争。由于生产成本大幅降低，创新团队开始第一次考虑家庭建筑市场，包含定制和大批量房屋建设。他们的目的是更好地了解用户对使用、安装和服务的要求。对用户的研究使生产更加便宜，而为用户提供的功能更多。这个创新项目花了好几年才完成，但是新产品在市场上掀起了风暴。

第二步是关注新兴的房屋修缮市场。第一步中开发的产品也非常适用于这个市场，但需要采用新的营销策略和渠道开发策略。同样地，创新团队还是紧密地与用户一起工作——亲自动手——以便了解如何调整企业产品以最好地服务这个巨大市场。战略的第三步是针对轻型工业和商业建筑的建筑师和建设者，调整产品线架构和用户研究方法。

深挖以先觉于细分市场

我观察的企业有一些非常有效的市场细分方法。关于寻找成长的细分市场决不只有一种方法。每个企业都必须在自己的特定环境下确定最佳方法。

你的企业如何进行市场细分？或者你根本不相信这种做法。我曾经听过一家数据存储服务提供商的营销副总说：“存储就是存储。银行、政府部门、制药企业——他们的优先性都是一样的，他们所需要的产品也是一样的。”在他看来，为特定用户群开发解决方案和营销方案都太费钱了，而且没必要。这种完全不加区别只有“一个市场”的想法非常有局限性，而且很危险。相反，提供存储服务的一些领袖型企业，如EMC公司，就致力于开发不同的营销计划、产品包装以及适合不同行业的服务。他们认为，不同企业的CIO们的需求是不一样的。前面提到的那位副总裁需要提升一下自己的想法。

按销量的市场细分数据												
		新家建设			修缮和维护			商用建筑			
		定制	大批量 非定制	低销量	全面服务	自行维修	专业维修	零售	医院	租赁	工业
超级优质	单位：百万 年增长 A公司 市场领先者	0.6 未知 0 多家	0.2 未知 0 多家	0.2 未知 0 多家	1.1 未知 0 C公司	0 未知 0 多家	0.2 未知 0 多家	2.1 1% 0.2 K公司和L公司	3.3 3% 0.2 K公司和L公司	1.4 5% 0.2 K公司	0.7 3% 0.2 L公司
优质	单位：百万 年增长 A公司 市场领先者	1.5 -4% 1.3 A公司	1.5 平稳 0.3 A公司	0.4 平稳 0 A公司	3.5 平稳 1.1 A公司	1.8 平稳 4 A公司	0.8 平稳 未知 A公司				
中上品牌	单位：百万 年增长 A公司 市场领先者	0.6 4% 0.1 B公司	0.1 19% 0.2 A公司和B公司	0.3 平稳 0.2 A公司和B公司	2 3% 0.05 B公司	1.3 平稳 0 B公司	1.1 1% 0.05 B公司	5.8 1% 0.03 K公司和L公司	6.0 3% 0.12 K公司和L公司	2.5 5% 0.08 G公司	1.4 3% 0.004 K公司和L公司
中档低端品牌	单位：百万 年增长 A公司 市场领先者	1.1 2% 0 D公司	1.2 8% 0 E公司和D公司	0.5 4% 0 D公司	4 平稳 0 未知	2.6 -1% 0 F公司	2.1 4% 0 F公司				
一般价格	单位：百万 年增长 A公司 市场领先者	1.9 -1% 0 H公司	5.8 -3% 0 H公司	1.9 -1% 0 H公司	8.6 未知 0 H公司和J公司	5.5 未知 0 H公司和J公司	6.2 未知 0 H公司和Alenco	6.5 1% 0 多家	2.1 3% 0 多家	1.6 5% 0 多家	2 3% 0 多家

1　2　3

目前的目标

普通材料和构件平台

图3.5　成长三步法的市场细分实例

由 CEO 特许的创新团队带着这位副总裁实地考察，拜访不同纵向市场的领先客户，希望帮助他拓宽开发解决方案时的视角。这些（存储）市场包括银行、保险、制药企业、健康服务和政府。经过一个月的密集访问，这位副总裁相信了客户之间的差异和客户细分的重要性。他的单一市场观念得到改变。甚至在客户组织里，首席信息官、负责计算处理的经理们、技术人员也都有不同需要，但这些需要还没有被存储软件业务人员认识或发现。使用该企业软件的传统用户中，一个是层面是系统管理员，他们要知道数据放在哪里。更高一个层面是计算机部门的经理们，他们想了解在产品转移过程中被创造、接触和转移的数据数量。这些被存储的信息在聚集起来后，能帮助计算中心的经理们对计算资产进行决策，并用更强的性能稳固服务器上的数据。最后，这个团队发现客户中的首席信息官们的特殊需求，即他们可以通过存储信息进行“退款”（charge back），从而使自己的用户部门合理使用磁盘。图 3.6 中左边的行显示了这三项特殊用途，而整个图形显示了指导这家企业进行新产品开发的市场细分。最上边一行是不同的行业群体。第一组是我们在上一章中看到 IBM 使用的行业纵向分类。第二组是那些寻求外部资源进行数据存储和管理的企业。这些提供存储服务的企业，以现购现付（pay-as-you-go）为收费基础，包括 IBM、惠普、EMC、Sun 公司和电子数据系统公司（Electronic Data Systems）。企业对其软件进行修改，使这些提供外部存储服务的企业能够为他们的客户开设独立账户。

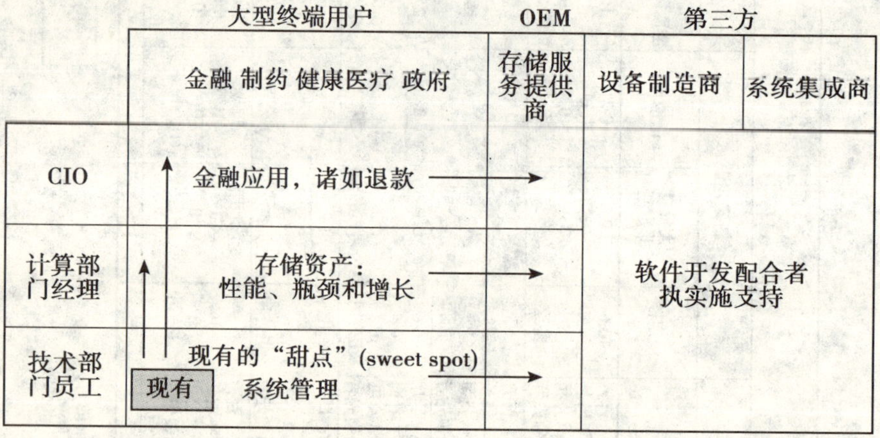

图 3.6 以用户水平和行业进行的市场细分

图 3.6 中最后一组客户群是第三方软件和存储硬件制造商。这家软件企业非常想“感受”与网络相联的任何类型的计算机或设备中存储的文件和数据，于是改进了自己的数据输入/输出软件路线，并雄心勃勃地向硬件制造商标榜自己为“软件开发配合者”。它还为系统集成者提供额外的数据接入以及报告写入特性等。

因此，从一开始没有细分市场的观点到“细分出一个市场”，这家软件企业对客户和产品用途有了更加细微的了解。通过这些了解，发现许多特别的产品机会。针对成长的细分改变了这家企业的产品开发方法，带来了一系列创新，最终使该企业在被收购时卖到了四亿美元。曾倔强一时的营销副总现在变得很快乐！

采用市场细分进行平行的产品线开发

市场细分的基础可以是任何用户或用途要素：人口统计特征（年龄或收入）、行为（滑雪爱好者）、职业（计算机程序员）等。现在转到我做的现场研究中另外一家企业，看看两个因素——性别和医疗情况——如何用来进行平行产品的开发活动。这家企业采用一种特殊分子来解决多种不同的医疗问题，其中一种广泛影响男性疼痛，另外一种广泛影响女性疼痛，还有一种是对两种性别的疼痛都有影响。图 3.7 显示了这家企业的产品市场战略。

我们通常认为制药企业都是大型的、上市的和高度资本化的企业，这家企业却是不同的。它是私营企业，最初由创始人在 1982 年以私人存款起家，用收入资助自身的研发，包括在诊所进行六种新药测试。这些举动在这个行业里的确很惊人，因为一种新药的研发周期一般超过 12 年，每种药品的研发成本超过八亿美元。

这家企业创始人很早就意识到产品平台的力量，当时他还是吉列公司剃须系统分部的一名经理。在吉列公司，经过专门包装和营销一代代不断改进的刀片设计用于不同的细分市场：男士（Mach）和女士（Venus）。当这位创始人离开吉列公司时，他意识到如果把这些原则运用到自己的企业中，将会大大增加其成功的可能性。对这家企业而言，其“刀片”是一种特殊的聚乙二醇（PEG 3350）成分，用于一系列相关的针对不同人群的药品。图 3.7 显示了这家企业的产品战略地图。

PEG3350 的第一种市场应用是用于一种新的灌肠清洗剂，为病人进行结肠和直肠检查准备时使用。由于检查前的准备把血液中的电解质排干了，从而使某些病人受到伤害。失掉电解质可能引起心衰和其他严重问题。这家企业在 PEG3350 中添加了电解质，在使用中不会影响病人血液中的化学成分。PEG 作为一种化合物已经多年用于在其他多种药物提高其生物可利用性。这家企业的创始人组织了许多医生来开发其新用途。

第一个产品名为 GolYTELY，是一个保持患者电解质的品牌。该产品是 PEG3350 与电解质的混和物，一种与水混和的药粉。GolYTELY 很快就成为结肠镜检查准备时的优先用药。

任何用过 GolYTELY 的读者可以了解为什么企业在“更好”版本的产品中强调了可口的味道。这一举措使美国食品和药品监督管理局（FDA）批准了 NuLYTELY，它有各种不同的口味（比如橙味）。企业下一步开发的是“最好”版本，2005 年 FDA 批准了其剂量只有 NuLYTELY 的一半的 HalfLYtely，口服剂量只需一半，但疗效与 NuLYTELY 一样。现在，该企业的灌肠药是美国市场的领导者。如果你已经 50 多岁而且接受很好的医疗服务，很可能你已经或者将会是这种药品的使用者！

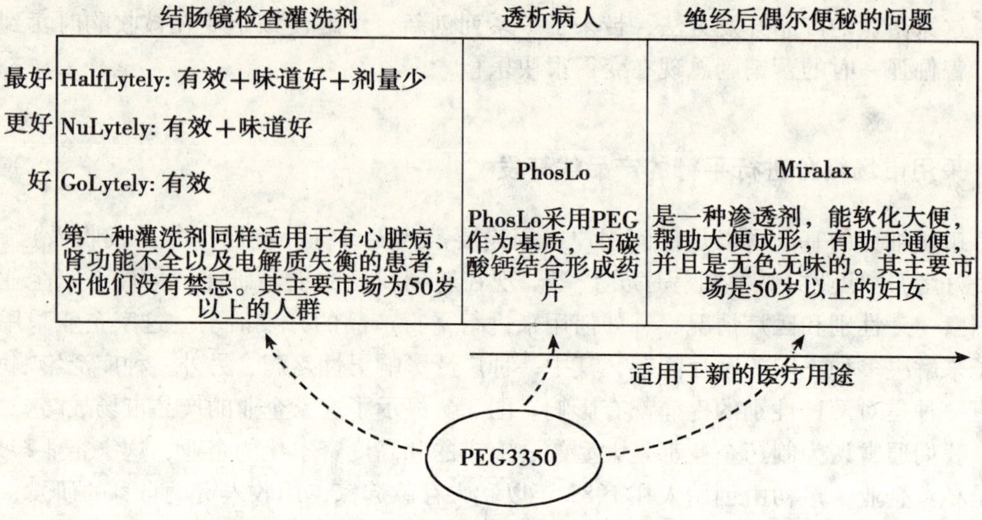

图 3.7　利用一种化合物应对新的医疗用途

在这家企业开发第一代灌肠准备药品的时候，就已经在同时进行相关药品的开发，试图以 PEG3350 作为一个平台，开发几种新的市场应用。第一种新的市场应用就是为那些肾脏病末期的病人提供一种磷酸盐结合剂，使磷酸盐能有效地被从血液中移除。具体做法就是给病人提供能够与磷酸盐相结合的二氧化钙。这些磷酸盐能够通过粪便排出体外。然而，这些钙也会被血液吸收，对有些病人来说会带来另外一些严重的问题。

参与这项工作的一位医生认为，将极少量 PEG3350 与醋酸钙混和时，可以作为药片基质使用。通过对几名儿童进行透析试用，这位医生有极大的动力找到更好的解决方案。采用醋酸钙结合磷酸盐的方式能使血液对钙的吸收减少约一半。这样就产生了 PhosLo，它成为透析病人一种重要的、新的治疗手段。PhosLo 只有一个直接竞争者。在本书写作时，仅全美国就有约 280 000位透析病人。

在开发 GolYTELY 和 PhosLo 的同时，该企业还在为 PEG3350 开发一些新市场用途。正如企业创始人所言，每家成功的企业都有自己独特的关注点，而他的企业关注的就是人类的肠道！因此，较为普遍的妇女绝经期后的便秘问题，就是一个很有前景的市场。现有的泻药有时会带来一些不想要的后果，如腹泻或恶心。有 PEG3350 配方的药品可以以一种更温和有效的方式起作用，并且已通过 FDA 批准。采用 Miralax 为其品牌，患者可以在咖啡、茶或橙汁里加入一勺药粉。PEG 能把水分保留在大便里，使大便更好地成形以及通过肠道。Miralax 成为 24 年来首个经过 FDA 批准，由医生开具处方而进入市场的通便剂！

不同的市场应用可以有不同的价值主张

我们可以把价值主张定义为目标顾客愿意为一种产品或服务的好处支付的费用。企业可能会发现，相对于传统用户而言，其目标用户对新市场应用会给予更高或更低的价值评价，即使产品线或服务是基于共同的核心技术。明导国际公司（Mentor Graphics）在三个不同市场应用方面的成长就是一个生动的例子。其市场应用包括集成电路的设计、验证和制造。

1981 年，三位曾任职于泰克（Tektronix）公司的经理共同创立了明导国际公司。到 1995 年公司已经成为计算机辅助工程（CAE）市场的领先者。计算机公司的质保工程师、电子产品制造商、自动化部件供应商及其他企业都在采用 Mentor Graphics 的软件以确保其集成电路能够发挥设计的功能。设计有缺陷会给生产造成高昂的浪费。比如，对不可恢复的集成电路掩模组（Mask set）而言，工程费用很轻易就会高达 200 万美元。

尽管公司收入和利润都很稳健，明导国际公司的管理层还是希望能开发新用途和新用户来获得成长。为了实现这一目标，在经过数年的开发后，公司开发了两条新产品线。其中一条是向芯片价值链的上游发展，而另一条则是伸向下游。让我们先看看上游这条生产线，在以质量保证工程师（是指在这一用途方面的流片（tapeout）工程师）为目标后，管理层决定为芯片设计者开发软件产品。通过为芯片设计软件提供模拟和诊断工具，明导国际公司能帮助客户在设计阶段更早发现问题这可以为每位客户节省相当的时间和费用。

明导国际公司进行的第二项战略行动是从其芯片设计的主要市场进入另一个细分市场：芯片加工。新的目标客户是处于生产过程中的制造工程师。这些工程师面临一个很大的问题，由于嵌入硅片固定区域的晶体管每 18 个月翻一倍（摩尔定律），生产电路的设备不能跟上这一节奏。[4] 所以，Mentor Graphics 公司开发出一种名为“光学距离校正”（optical proximity correction，OPC）的新技术，它采用预期的设计并进行矫正，使其能够弥补制造设备的局限性。这就使那些细颗粒电路设计能在硅晶片上清洁地进行生产。OPC 使生产者能继续利用并分期摊销其巨大的资本投资。[5]

Mentor Graphics 公司意识到其每一条新产品线都于服务不同的用户：芯片设计者、芯片测试者以及在芯片晶片制造工厂的生产工程师。同时，每一种类的用户数也是非常不同的。在计算机企业或电子产品企业里，每 10 名芯片设计师中就有一名质量保证工程师，但在晶片工厂里的芯片工程师就比整个行业的芯片设计师或质量保证工程师要少得多。对每一类型的用户来说，解决问题的价值也是不同的。因此，这三种不同市场应用的市场价格结构就有根本不同。

如图 3.8 所示，当 Mentor Graphics 按其产业价值链向下延伸时，对其软件使用许可收取的价格费用有很大增长（基于每个软件或用户数），而其潜在用户的数量却在下降。但对这三种不同用途的用户数来说，其价值定位就从每个用户 10 000美元变化到 100 000美元以及

1 000 000美元。

Mentor Graphics 由于其创新和相关表现，被用户大为赞赏。其收入在 1997 ~ 2005 年增长了 11 倍。如果管理层没有意识到三种不同市场应用的不同价值，其结果很可能就大不一样。

很少有产品像食物、海运卷扬机、建筑产品、软件和通便剂这样互不相干（尽管许多用户发现很难在最后两种产品中找到任何相同之处）。然而，从市场创新和细分市场以获得成长的角度来看，本章描述的几家企业就好像亲戚一样，他们的创新都是基于相似的想法和动机。在每个例子中，管理层都知道自己应该利用共享平台技术进行同步产品开发。为了成功，每个企业都需要开发新的用户和用途。这些看起来都很简单，但是大多数企业都不是以这样的方式在运作的。相反地，99% 的人员和资源都用在了——用一名管理者的话说——“仅仅是给大理石抛光”。他们把市场看做没有区别和高度一致的，不能了解细分市场未满足的需求——无论是现有的还是新的细分市场。

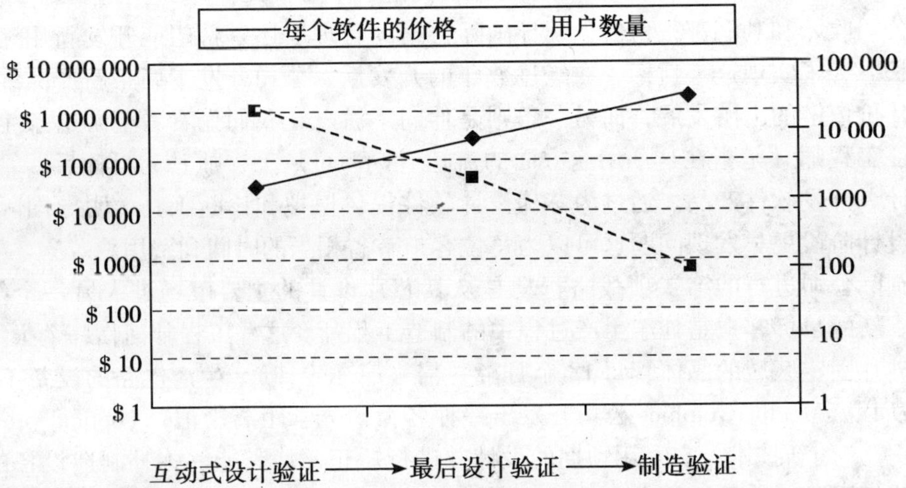

图 3.8 三种不同市场应用的不同价值主张

读者练习

本章练习包括进行市场细分以及形成基于细分市场的产品战略。

练习 1：本章中提及的几种市场细分技巧，哪一种对你的企业最有用？利用图 3.2 的网格为你的企业创建一个市场细分网格图。确保在现有用户和用途的基础上，找出那些新用户和用途。否则，你的产品战略将只能关注现有产品线的改善。在你创建市场细分网格时注意以下要点：

- 避免根据企业现有产品进行市场细分。大型计算机和小型计算机是显著不同的市场，这在20世纪七八十年代是合理的——这也是主要导致IBM没能提供集成解决方案的原因——其不同类型的客户可能会使用其全部不同的计算机和软件。只有当你的企业管理层开始采用用户和用途来细分市场时，业务才有可能得到成长。
- 避免使用地理因素作为主要的细分标准。通常，企业为不同地区或国家采用不同产品线和不同的生产过程，每个地区和国家都有自己的架构、基础平台和元件。
- 采用用户和用途这两个标准来定义两维网格。三维网格尽管可能更有用，但很难操作和理解。大多数管理者不能准确地利用三维方式来思考其战略。因此就只利用两维网格。这样你可以比较容易地向企业管理层和团队成员解释你的想法。

练习2：利用图3.3作为模板，在你的市场细分框架图上画圈，创建一个产品战略图。试着标出你们企业能够开发的当前和新的特定产品线的设计重点。重点指的是这些产品线的根本主题、特征和价格业绩特征。如果针对这些不同产品线的设计看上去是相同的，说明你的细分要么不对，要么是没有对不同目标客户和产品使用者的不同需求进行深思熟虑。你可以向同事展示你的结果。不要只向同一职能部门的同事展示这一成果。企业成长是内在多功能的。给那些想法类似，关注成长且应该知道你团队的主管和经理展示你的工作成果，从而解决市场细分不清的问题。

练习3：在你对自己的市场细分网格和在此基础上形成产品线战略比较满意后，开始为图里的不同格子和区域收集行业数据。这会帮助你和管理层确定优先行动、进行市场分析、竞争分析和商业计划书要求的财务预测。新的市场用途应该以那些显示出较强成长水平的细分市场为目标。

营销专家认为，细分市场的差别应该是可以测量且有意义的。这就意味着你必须在图中的不同地方有具体的数据。图3.4就是这些数据的一个好例子。这些数据可以包括以下几类。

- 细分市场的当前销售收入
- 年增长率
- 你的市场份额
- 竞争者及其市场份额

把所有这些放在一页里，可以提供一个有关市场和竞争者的丰富格局。除此之外，写下你想进入的细分市场的领先竞争者的一些核心点。谁是新目标市场的当前“领跑者”？除了产品外，这家企业在多大程度上还进行其他竞争？另外，为了取得成功还有哪些营销需求？很显然，大多数成功的新市场进入者都是依靠有力的营销方式和令人兴奋的新产品或服务——可能是训练有素的直售力量，强有力的品牌，或者是有活力的促销战。想想 Bose 公司为其 Wave 音乐系统或者苹果公司为 iPod 和 iTunes 开展的强有力的沟通计划。

一旦你在细分网格上确定了产品战略后，开始考虑那些可以使你领先的某个或者某些特征——商业计划、产品开发和市场营销。大致描绘一下产品应该是什么样的，或者列出产品或服务应该有哪些特征。下一章将会提供一种简单但却有效的方法来更全面地开发这些新产品概念。但从现在就开始思考你希望开发的产品线应该有哪些特征或重点。此外，除了技术以外，还要考虑那些能帮助你取得成功的市场因素：价格、分销、促销和定位等。

当你对这些工作觉得满意后，开始和不同职能部门的同事讨论你所形成的产品战略。在某些情况下，你可能希望能首先和主持产品开发的主管进行讨论；或者，你可能希望能由下至上地讨论这些改变。在现实中，要进行一项主要的战略变革，你可能需要这两种方法。本章中关于最初（以及后来的）市场细分举措的模板为开始这些讨论提供了一个简单但却有力的方法。这些讨论结果可以形成一系列行动步骤，其中的一些步骤突出了对新的和有深刻见解的客户的研究。我们现在就转向这个话题。

注释

1. 近年来，有不少研讨型的书籍和文章在指导传统战略的制定。我比较欣赏的一些经典文献包括：彼得·罗润之（Peter Lorange）和理查德·凡赛尔（Richard Vancil）的《战略规划系统》（*Strategic Planning Systems*）(Englewood Cliffs，NJ：Prentice Hall，1977)；迈克·波特（Michael Porter）的《竞争战略：分析行业和竞争者的技巧》(*Competitive Strategy：Techniques for Analyzing Industries and Competitors*)(New York：Free Press，1998)，以及亨利·明兹伯格（Henry Mintzberg）的《战略规划的兴衰》(*The Rise and Fall of Strategic Planning*)，(New York：Prentice Hall，1994)。
2. Russell Ackoff，Designing the Corporate Future，(New York：Wiley，1981)，105.
3. Derek F. Abell，Defining the Business (Upper Saddle River，NJ：Prentice Hall，1980).
4. 在我写作本章时，Intel 和 IBM 都宣布在晶体管设计方面取得了巨大的突破性进展，制造出只有 70 纳米的元件，并且有望在接下来几年内把晶体管元件的宽度再减少一半。IBM 在 2006 年 2 月宣布，其科学家采用紫外线制造了 30 纳米的电路。这就使芯片可以有更强大的运行速度并且使用更少电能。2007 年 1 月 Intel 在电能消耗取得的突破是在芯片中使用高 K 绝缘材料。
5. 在接下来几年中，这三条产品线的每一条都在继续发展，领导了在重要的新性能能力的开发：为芯片设计师、最终设计验证开发出产量分析（一个硅片区域上的芯片数量）和为过程工程师更先进的制造验证开发出更好的互动工具。想要更进一步了解这些发展的范围，读者可以访问该公司的网站。

第四章

理解用户需求

以客户为中心的设计——挖掘出潜在需求——形成用途使用情境——形成有关用户的清晰图解——不同类型用户的差异——在闲散和压力情况下观察用户——学习的情绪和新产品采用——建立学习模型——和用户进行创意测试——读者练习

为了增长而细分市场可以为企业扩展其核心技术和其他经营资产提供一个或多个清晰目标。回溯到之前提及的新市场应用概念，这些目标是新用户、新产品或新服务与企业现有顾客和产品的结合。下一步就是确定这些目标市场的用户需求。图 4.1 中阴影部分的格子图里就显示了这一举措的重点。

为了确定用户需求，企业必须首先全面了解目标用户的诉求、行为和偏好。一定要全面地了解！这就需要创新团队不仅进行市场调研、获取咨询顾问的报告以及进行与渐进性产品开发相关的 20 个问题的问卷调查，而且需要做的比这些要多得多。

创新团队需要身体力行并有意识地深入到用户的世界里——这样整个团队就可以直接感受用户所处的环境。这种行为——经常被称为人种志（ethnography）——是了解潜在顾客需求和焦虑的最佳方式。这种了解可以让整个团队开发出富有吸引力且令人满意的产品和功能。正如唐·诺曼（Don Norman）在《日常用品设计》（*The Design of Everyday Things*）一书中指出的，这种令人满意的产品和功能的结合真正表达了用户体验。[1] 多萝西·伦纳德（Dorothy Leonard）在这方面还有更好的表述。他指出，那些不能深入用户世界的创新团队会招致耗费巨大的失败，并且扭曲高层管理者对创新的态度。[2] 我们在后面还将看到，在新产品或服务面世后，这项工作还将持续，整个团队将有更多机会来了解用户需求和想法——这些机会使他们可以为下一代新产品或服务开发做好准备。

尽管对进行创新的企业来说，一项新的市场应用是“全新的”，但用户看中的不仅是这点。他们需要有更优质和上等的产品或服务来替代自己现在使用的。这种优质性不仅仅体现在成本方面。

克莱顿·克里斯滕森（Clayton Chirstensen）在《创新者的困境》（*The Innovator's Dilemma*）一书中指出，新产品线对现有市场有破坏性影响，其带来的好处不仅有成本优势，还有功能方面的。[3] 确定这种功能性的重点和目的需要有洞察力，而较好地利用现有平台和技术则可以降低成本。

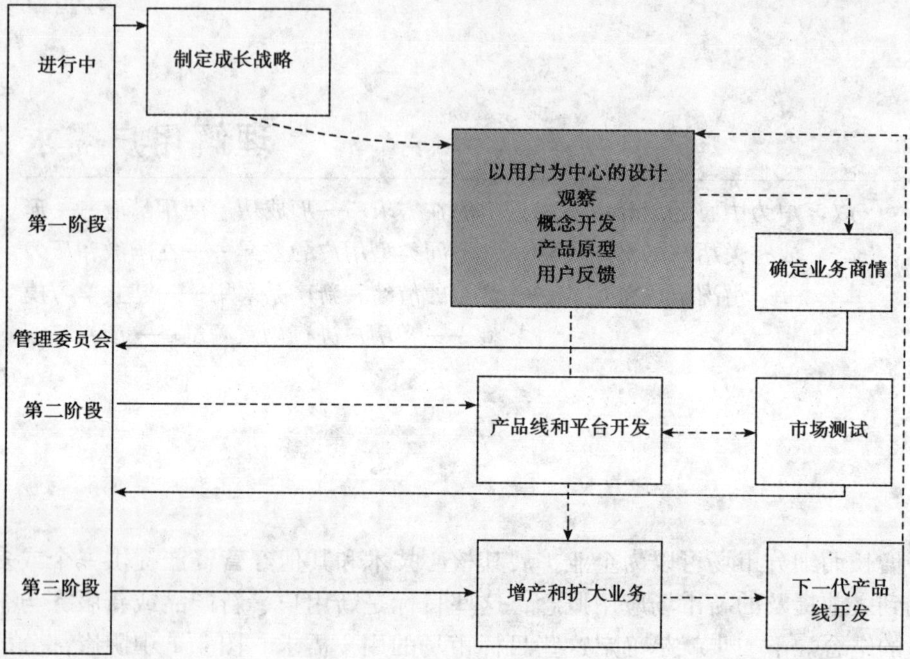

图 4.1　专注于以用户为中心的设计

把以用户为中心的设计作为指导哲学

以用户为中心的设计将目标用户的需要、目的和期望与新产品和服务联系起来。图 4.2 是以用户为中心的设计的一个概念模型，其思想来自我的朋友哈里·维斯特（Harry West）。他任职于 Continuum 公司，一家世界领先的设计企业。这个模型是经过我多年观察的最佳创新团队所采用的设计途径。

如图 4.2 所示，令人信服的设计要反映两方面的学习流：在产品范畴方面的技术学习（左边）和有关目标用户和用途的深度知识（右边）。它将希望与实用结合起来。希望部分主要是为了消除用户的焦虑，带给他们新的兴奋点。实用部分则能带来稳健的架构、原料的有效使用以及一流的制造品质。

每位读者都可以从个人经验判断出这种方法是多么有力。当我驾驶我的马自达（Mazda Miata）时，它是优质性能、质量和成本的综合体，带给我快乐。同样地，我的儿子也认为他的 iPod 是外形、功能和成本的完美结合。这些产品对我们来说，比其他产品更“特别”。我的儿子喜欢我的马自达车，但他更希望能拥有本田 Element。我则认为他的 iPod 是设计美观的电子产品。如果马自达试图给每个人设计带车篷的汽车，这种想法操作起来肯定会大打折扣；就如同 iPod 如果把包装变得不那么时尚，试图销售给年纪大点的客户一样，这种想法看起来会很傻。在系统方面，我使用微软 Visio 画图或者用 eBay 的 Skype 与世界各地的同事通话会有同样的快乐。

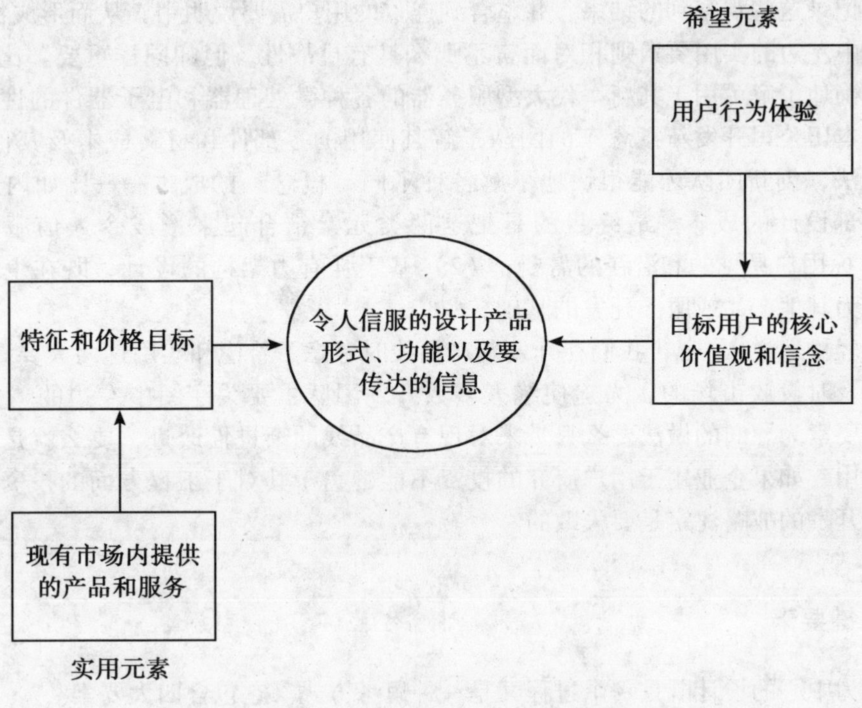

图 4.2　整合实用元素与希望元素

（马克·梅耶，哈里·维斯特，Design Continuum。授权使用）

创新团队的责任是将希望元素（Aspiration Elements）和实用元素（Pragmatic Elements）结合起来，形成强大有力的信息集合，并将这些信息反映在每一代新产品或服务中。为了实现这一愿景，创新团队必须首先塑造愿景。这不仅需要深度理解如何取悦目标用户，而且需要深度理解企业的技术和财务能力以及可用于解决方案的现有材料、元件和服务的局限性等。

在这两个知识流中，希望元素是最具挑战性的，且经过技术训练的产品开发者们最容易忽视它。大多数产品开发者都是直接开始写产品说明书，并且把它与现有方案进行对比。理解用户希望并将用户行为和信念转化到产品设计中包含了大量不确定性，以及对人类行为的探究。很少有技术人员受过这方面的训练。

如果我们可以访问目标用户、了解其需要和得到直接答案，产品开发突破就是轻而易举的事情。遗憾的是，用户并不能总是准确地描述他们想要什么、需要什么，于是创新团队就需要在用户的环境里观察他们工作、生活以及与他们进行交流。文森特·巴拉巴（Vincent Barabba）曾写道："顾客自己不是总能指出（产品的）方向。如果有人要求他们描述他们的需要，顾客很少能跳出现有偏好的框架。更有可能的是，他们只会在现有产品的基础上提出一些改进意见。"[4] 我们必须经过对客户的询问和观察，真心沟通，才能梳理出最需要的信息。用户的一些暗示——焦虑的皱眉、满意的微笑——都代表了他们对现有产品或服务的不满或愉悦。必须记录这些观察到的结果，并整合到连贯的用户需要说明中，从而形成特定设计。

图4.2中左边的实用要素则相对而言不那么具有挑战性，但却同样重要。比如，IBM的人员非常准确地了解可用于其新一代大型服务器的各种微处理器和电子器件的性能和成本参数。同样，本田公司开发新概念车的团队了解其使用的零部件和材料成本及其他关键信息。通过这些做法，创新团队才能很快地了解各种不同"概念"的成本——比如内部（座位设置）或者外部设计的成本。最终目的是把这两类元素结合起来形成令人信服的设计——（1）满足目标用户易见的和潜在的需要；（2）基于强有力架构的设计，既在生产成本上有效，又能作为其他产品或服务开发的基础。

我们很轻松地说："嗯，我们在开发新产品线时考虑了希望和实用这两大要素"，但在现实中，由于及时投放市场的压力迫使绝大多数开发团队主要关注图中左边的"实用要素"。这种以实用要素为导向的做法要么只带来对现有产品线的渐进性改进，要么就是不能开发出新的市场应用。如果企业用于用户研究的投资不能媲美于其对于工程方面的投资，那么对于新市场应用开发的战略注定是要失败的。

四大关键要素

以用户为中心的设计既是一个过程又是一种思考方式。它包含四大要素。

1. 理解用户的痛苦和欢乐。这来自对用户的观察：他们在干什么，他们为什么这么做，他们遇到的问题是什么。很多我曾经一起工作过的企业采用多媒体技术包括录像等来捕捉和转播用户经历，向团队成员和管理层进行展示。通过近距离观察得到的表面的和潜在的用户需求成为新产品或服务开发的动力。

2. 创造概念。创新团队必须找一个地方来回顾和分析与用户在一起的体验，并为用户创造一系列潜在解决方案。这个地方必须减少干扰：没有电话进来、没有其他会议。同时还要配备相应的工具：活动挂图、白板以及从实地考察得到的数据展示等。现有产品或服务的样本也同样需要提供。只有当营销人员和技术人员坐在一起进行讨论，把图4.2中的两大要素真正结合起来，才能最好地为创造概念而工作。通过头脑风暴，得到可能的解决方案，用图表表示出来。对实物产品而言，可能是一些概念草图；如果是系统业务，改善工作流程的图表可以展示出新系统的功能。

3. 开发原型产品。如今原型产品开发是如此简单，以至于我们没有借口不做它。在软件行业，新工具使得原型产品开发如此迅捷。如果要开发的是一种新的休闲食品，就进入企业“厨房”。如果要开发的是一种耐用消费品，就进入模型车间。对那些范围更广的产品而言，计算机辅助设计和其他图形设计形式可以用电子形式传到三维模型设计公司，采用三维形式展示样品。服务同样也可以进行原型开发。消费者可以接收到这种服务体验，可以采用新的流程或计算机系统来提供这种服务，或者服务的包装等。一旦完成原型产品开发，创新团队必须在用户环境里比较每种原型产品，并且利用收集到的竞争者信息来进行比较。如果开发团队能把这些工作较好地完成，至少会有一种高潜质的产品概念浮出水面。

4. 在更广的目标用户范围里验证原型产品的合理性。本书研究的成功企业通常花费一至两个月时间和未来用户及销售团队一起研究原型产品，得到反馈意见，进行验证。IBM 和本书提及的软件企业一起向领先的客户展示原型产品；本田公司向目标客户的调研对象组展示新车型概念；消费品企业也进行类似的调研对象组座谈，有些时候他们请大型市场研究公司把产品概念实际展示出来。不管采用什么方法，让原型产品迅速得到测试是尽快得到反馈意见的关键。睿智的建议“不要让完美阻碍了优秀”很适用于这里。

本书所研究的企业中，那些严格按照这四个步骤操作的企业，在将其技术和市场应用结合的实践中，其成功率要高于不这么做的企业。一旦确定潜在客户并开发出产品概念，他们就迅速地进入一至两轮原型产品测试，并根据用户反馈进行修改。所有企业都可以这样做。最大的挑战可能在于从日常平淡的工作中“解放”那些有才干的营销和技术人员，让他们能走出办公室，去干这些有挑战性的工作。

让我们再来回顾一下这四个步骤，对其进行深度挖掘。

深度挖掘潜在需求

如本书前面所述，真正理解目标顾客及其尚未满足需要的唯一途径是浸入到他们的世界中。你必须不受个人偏好阻碍且不能带有对用户需要先入为主的看法，这样才能进入他们的世界。绝对不要假设那些能使你兴奋的想法会激活其他人。绝对不要错误地认为你的问题就是他们的问题。你的目的在于发现他们喜欢什么，他们需要什么，什么使他们觉得沮丧。

有一个经典的例子是，1920 年 3M 实验室的一个年轻研究者迪克·德鲁（Dick Drew）到位于密尼苏达圣保罗（St. Paul）公司总部附近的一个汽车修理厂进行访问。他那天的任务是去测试一种新砂纸的配方，那时砂纸是 3M 公司的主要产品之一。德鲁碰到了两名又沮丧又怒气冲冲的工人，他们搞坏了一项新的油漆工作。他们用劣质砂纸涂抹油漆，试图用一种颜色遮盖原有的两种颜色。然而，这种纸上有黏性很强的胶带。为了除掉这些胶带，他们不得不剥去刚刚上好的漆，这样一来，一天的活儿就白干了。他们的沮丧给德鲁带来了灵感，他立即回到实验室，开始一种新的低黏性胶带产品的开发。最终，他开发出遮蔽胶带❶。这种胶带注定成为3M公司一条成功的产品线，并且在接下来的80多年里成为公司收入的丰富来源。[5]

深层次的信念和感觉往往就在意识层之下。托马斯·雷纳德（Thomas Reynolds）和乔纳森·古特曼（Jonathan Gutman）建议采用一种他们称之为“爬楼梯”的访问技巧来挖掘这些信念和感觉。“爬楼梯”是了解购买动机根源的一种过程，它通过（1）对最初的反映进行深度挖掘；（2）将客户反应和特定产品特征、这些特征带来的结果或好处以及这些好处如何与用户自身的价值相联系等之间的关系绘制成图。[6]

比如，对一种宠物狗食品，用户可能对看起来像骨头的产品反映不错。当问及为什么骨头形状的产品不错时，顾客可能回答因为宠物喜欢。然后，当被问及为什么宠物喜欢这点很重要时，顾客可能回答因为狗狗是受全家重视的成员。在这种情况下，狗狗的快乐与健康同等重要。

当目标顾客与传统顾客非常不同时，深入到他们的环境中就倍加重要。猜想他们与传统顾客有相同的需要是莽撞行为，就像不能感受新产品或服务与老产品或服务之间的不同一样。市场细分应该清楚地区分不同的目标市场。用户研究则应该在市场细分图的每个格子里找到详细的需要，并进行有效设计。比如IBM公司就惊奇地发现，为银行提供解决方案就不同于为生命科学企业服务，就像制造商和供应商之间的电子商务不同于较为传统的在线交易处理过程。在下一章可以看到，本田公司了解到年轻男性对于个人交通工具的需求不同于年轻女性，也不同于中年人。

为了新产品或服务开发而必须了解的用户需求，其跨度很大。从显而易见的层次到不那么显而易见的水平甚至于连用户自己都想象不到会有解决方案的需求。让我们把第一种需求称为易见需求，而把最后一种称为潜在需求。用户很容易表述其易见需求以及相关产品或服务的解决方案；相反地，潜在需求通常被表述为一种挫败或沮丧，用户很难想象会有一种弥补方式。

要想理解这种不同，让我们来看一个软件的例子。没有错误并且安全被看做是对软件的易见需求。能够和同事一起在线工作，对同一个文件实现无缝合作的软件可看做是潜在需求。许多共同合作项目的职业人士很需要软件的这种功能，但他们不能想象这种软件该如何运行以及如何使用它。

对于现有市场的新进入者来说，认为现有竞争者都专注于易见需求的满足是比较安全的。他们的新产品通常会着重于性能、价格以及质量，因为用户不断要求他们以更低的价格提供更好的产品。同样的顾客群希望产品和服务更可靠和一致。因此，为了区别于竞争对手，创新团队必须满足现有的易见需求，同时满足那些缺乏有效解决方案的需求和问题。提供这样

---

❶ 作画或喷漆时盖住不需颜色或油漆部分之护条。——译者

的解决方案会让顾客感到兴奋，同时给新进入者带来竞争优势，能够取代那些成熟的供应商。

为了在新市场应用中获胜，创新团队必须使其产品或服务能够至少满足一个潜在需求。比如，能够为准备文件提供实时无缝合作的第一家软件企业就能在下一代办公工具软件中胜出，就像为某些垂直应用提供语音识别的软件企业——比如为医生提供笔记记录——就站在主流成功的浪尖上。

让每一代新产品或服务能满足一个潜在需求可能是企业持续成长的最终答案。如果创新团队能发现目标市场应用的一系列潜在需求，针对这些需求进行开发和营销，就能不断有新产品线问世。随着新市场应用不断问世，会使竞争对手紧随其后，而不断升级这些产品线或服务就能一直领先于竞争对手，并且保持自己的市场份额。

我们如何才能发现那些连顾客自己都不能清楚表述的需求？答案就在于要对目标用户和购买者进行近距离和直接观察。你不可能只坐在办公室里就能发现潜在需求。就如间谍小说家约翰·勒·卡雷（John le Carré）曾说的，“如果只从桌子后面观察世界，那将是危险的”。创新团队必须接近顾客，分享他们的感受。他们必须带着谦逊的态度来完成这一任务。我曾调研过的一家计算机企业的一位“牛人”说道：“我们公司有许多人认为自己比顾客聪明。这种傲慢给我们带来了麻烦。我们没有人比顾客更聪明！对于产品的新市场应用而言，我们必须聪明到能把顾客需求和烦恼转化成可以实现的解决方案。如果能做到这点，我们就能售出很多产品，而且很有可能卖出一个高价。但如果我们只是坐在桌子后面，立刻动手开始写程序，这一切都不会发生。”

需要指出的是：我曾调研过的大型企业营销部门并不总是热心于进行观察式的市场调研。他们更喜欢阅读人口统计学研究和行业研究，进行顾客问卷调查等。这些都是市场研究领域的标准工具。那些进行市场研究的人和使用市场研究的人从事着不同的工作。工程师是市场研究的使用者，“被绑在桌子或凳子上”，很少有机会去访问顾客并和他们一起工作。如果仅仅是由市场人员去观察顾客，然后回来向待在实验室的工程师描述顾客的烦恼，那几乎没有什么意义。由于工程师对技术可能性更有感觉，他或她必须亲自看到和“感受”用户的痛苦和焦虑。开发团队必须对顾客进行观察和与之互动，某些时候他们自己要变成新的目标用户。“使用它”是“了解它”的最佳方式。很显然，这种方法会花成本，也会带来不方便，但只要开发团队深挖顾客体验就可以得到大量信息。

使用案例情境揭示顾客需求

发现目标顾客的易见需求和潜在需求的一个途径就是采用案例情境。一个案例情境包括用户在使用一个产品、系统或服务时的全部行为。IT 人士和软件开发人员可以把案例情境设想为用户的工作流或业务流程。本书中有很多企业都采用不同的案例情境开发出有趣的新产品和服务。IBM 在系统集成方面开发出大量业务。存储系统制造商 EMC 公司则将其目光瞄准

“从摇篮到坟墓”的信息管理：信息的产生、提炼、归档和磁盘储存。本田公司在设计新型SUV时，研究了用户在运动模式、聚会模式以及搬家时如何驾驶车辆。所有这些不同行为都不仅仅是“驾驶车辆”。考虑用户的这些不同经历十分重要。你常常可以在这些邻近的领域找到利用现有技术的机会。

充分考虑一项产品或服务的应用已经成为一些行业普遍接受的做法。比如在软件业，许多人认为在编写具体产品说明书前进行案例情境分析是最佳做法，它有助于开发一个更为全面的软件应用。[7] 我们现在来看看一般而言，这种做法将如何帮助开发新产品线和服务。

图 4. 3 是使用案例情境开发的一个模板。三个圆框代表了开发的三个不同阶段：之前、之中和之后。开发团队必须在每个阶段都了解客户的易见需求和潜在需求。对建筑材料生产商而言，就应该关注设计房屋的设计师，关注进行安装的承包人和关注进行维修的房主。通过在不同阶段深挖顾客需要，创新者才能形成全面完整的系统角度。

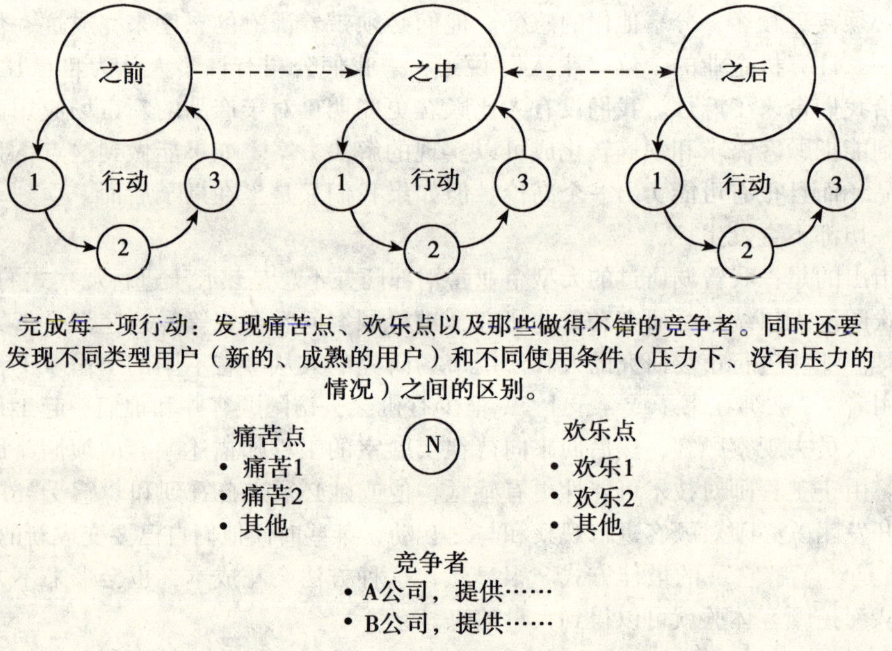

图 4. 3　形成案例情境

出于简洁的考虑，这个图表只给出了每个阶段一个层次的行动。在现实中，很可能有多个层次的活动；研究者必须不断挖掘下去，直到进一步的挖掘不会有什么发现和成果为止。一条经验法则就是，你的挖掘要限制在两到三个层面。你要记住，要让高层主管明白你在干什么；不要给他一些不需要的细节信息。同样地，如果你所处的环境十分复杂，比如开发防御系统，整个团队就要对案例情境进行总结打包，得出一个较为简洁的版本。一旦确定了案例情境的所有流程，就开始近距离地和用户一起工作，看看在每个阶段用户的体验是什么。发现他们的行为、信念和需要。试着在每一步中找到以下几点。

- 痛苦点。用户的痛苦点很有可能带来特定的潜在需求。比如，经常开车出差的销售人员的痛苦是需要一边开车一边打手机，这对汽车工程师团队来说，就可以考虑开发不用手拨键的手机以及在车里安装喇叭进行通话。当然，如果痛苦点是高成本，也可以用更便宜的原料（比如用塑料代替木材）来满足这种易见的需要。
- 欢乐点。通常，目标细分市场现有的一些解决方案能提供清楚的价值。创新团队必须发现这些方案中令顾客愉悦的特征和功能，并在新产品中加入它们。一个极端的情况是，创新团队发现现有产品几乎不能令顾客感到愉悦，他们就必须在用途案例情境中找到其他点来利用企业的技能和资产进行开发。
- 开发团队必须对市场中现有的、做得不错的竞争者进行研究，这样做很可能会带来新的合作伙伴。比如，目标市场的一个高效服务提供商很可能成为新产品线的绝佳合作伙伴。

用户的痛苦点和欢乐点可以转化成特定的易见需求和潜在需求，促进产品和服务的进一步开发。

图 4.4 是关于尿布案例情境的一个简单例子。多年来，我要求学生为尿布设计新的结构和用途，这是一项课堂练习（使用者包括新生婴儿和大小便失禁的人以及在医院和工业中用于清洁用途）。图中数据是最近一次课堂练习得到的 MBA 学生做出的结果。[8] 这些学生假扮父母进行体验，他们给尿布制造商提出改进意见，有些已经被采用，有些将要被采用，从而满足顾客易见的和潜在的需要。

比如，避免由于使用尿布而长疹子是很清楚易见的需求，尿布生产商已经为此添加了化学成分。而第一次当父母的顾客，尤其是我那些对此很新鲜的学生更多寻找的指标是“改变自己”。接着的经典潜在需要是，使用后可以直接丢进马桶不会对环境造成损害的生物降解尿布。一些学生为了这项练习访问了一些父母。一些年长的父母有大小便失禁问题，这是一种完全不同的尿布需求；对他们而言，隐私是一种潜在需求。一位年长一点的顾客说：“我可不想别人看见我买尿布或者知道我带着尿布。”

另一个类似的例子可以看看马萨诸赛州的美军士兵系统中心（U. S. Army Solider Systems Center）的战地配给制。拿破仑曾经说过，“军队靠给养”，这句话激励一代代食品科学家为战地给养开发和改进可携带的、更有营养的食品。实际上，罐装技术据说就是在 19 世纪早期为了给拿破仑军队提供给养而发明的。

如今，Natick 的系统中心就在不断努力，为士兵改进食物——更清淡、方便、可口、能自热——使士兵在激烈的战斗中能够保持健康。中心目前提供的“第一击定量”（First Strike

Ration，FSR）包括两块三明治（烤牛肉和烤鸡肉），两种口味的能量增强条、富含能量的两份饭菜、优化葡萄糖混合饮料、乳品棒、小吃或面包、涂满奶酪的食品、两条牛肉干、一盒干制水果以及改良苹果酱。

> 微软公司采用案例情境方式
>
> 2005 年，微软公司收购了麻省 Groove 网络公司，这是一家开发合作软件的新兴企业。通过协商，微软让公司创始人雷·奥兹（Ray Ozzie）留任为首席技术官。奥兹是软件界的神童，以开发出 Lotus Notes 和 Symphony 而著称。
>
> 奥兹在微软工作了一年后，比尔·盖茨在接受《波士顿环球》（*Boston Globe*）采访时说："他给微软带来了情境为基础的软件和服务开发方式。雷是世界级的工程师，但更为重要的是，他关注人们想要达成的任务是什么，然后预见可以促使这些任务达成的技术。正是这种端对端的思考方式，以及对简洁和清晰的强调，使雷成为如此有价值的人才……"
>
> 注意盖茨的用词：关注人们想要达成的任务是什么；预见可以促使这些任务达成的技术；端对端（比如系统）思考；简洁和清晰；这些是以用户为中心的设计和案例情境的关键词。[9]

开发这些和其他给养，给士兵带来了欢乐点和痛苦点，其中特别关注的是士兵对包装、食用和丢弃处理的需求（图 4. 5）。

采用案例情境可以揭示一些机会，用于消除服务中那些花费高的步骤。一个例子是，公用事业公司采用无线感应器驱动的读表（Drive-by meter reading）说明了如何利用案例情境分析顾客欢乐点和痛苦点，使创新者看到在为顾客创造价值时应该消除的步骤。在采用驱动读表技术前，公司员工必须访问每家，假设家里有人，获得允许进入屋子，去读煤气数、用水度数以及用电度数。如果主人不在，员工就会留下一张卡片，要求屋主自行读表，然后在一至两天内给公司打电话，告知相应的数字。但屋主并不总是会这样做，于是公司只好估计使用的读数，然后出账单。这种古老的方式——以及与之伴随的成本和烦恼——都随着无线技术而消失了。实际上，这种驱动读表技术已经很成熟，是节省成本的创新——只需要在邻里几户人家安装"无线网络"，即可进行公用事业管理。

开发出一个水晶球般清晰的用户图画

我们已经看到，用户研究需要敏锐的眼睛和耳朵，良好的倾听技巧以及把用户行为、态

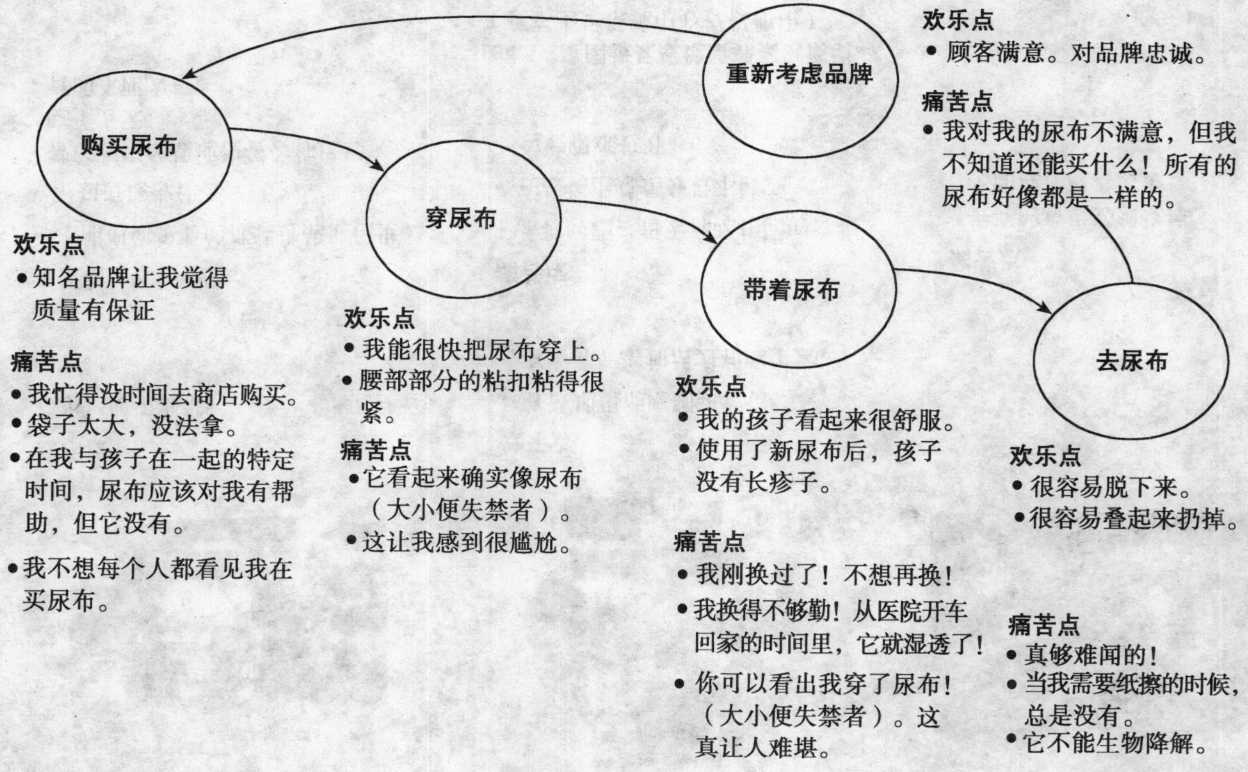

图4.4 尿布的使用案例情境

包装

欢乐点

- 小，便于携带。

痛苦点

- 不能把你想要的都装进战地包里。
- 不知道该带什么。
- 带了相同的战地快餐，你已经吃了五天。
- 背的东西太重。

食用

欢乐点

- 在战地里能吃到热食物。
- 有营养、增加活力和维生素。

痛苦点

- 品种问题：每天都吃相同的食物。
- 在战场上总是分量不够。
- 包装很难打开。

丢弃

痛苦点

- 丢弃的垃圾必须烧掉，不能埋掉或者运走。

图4.5 美国步兵战地给养案例情境
（美军士兵系统中心授权使用）

度和信念转化为具体产品和服务的能力。对创新团队来说，最佳的开始方式就是在用户环境里花时间与他们交流。如果能在领先顾客的办公室或会议室里与他们会面当然是不错，但也许实地碰见他们会更好。如果目标产品是食物，就安排在顾客的厨房里见面或者在吃东西的地方见面。如果产品是一种新材料，到实验室去会见那些和不同材料打交道的工程师们。换句话说，在适当的环境里去会见顾客。如果你专心倾听和观察，需求和焦虑将会是显而易见的。

不要采用访谈小组的方式开始你的第一次顾客访问。小组会面常常不能提供密集的互动，所以得不到概念方面的突破。小组讨论距离顾客的环境太远，距离欢乐点和痛苦点也太远。相反地，采用面对面交流，可以在用户工作中或者家里。当你有草图或样品时，再使用访谈小组的方式。

当你对顾客进行观察时，鼓励他们描述其欢乐点和痛苦点。然后采用“爬楼梯”的方式进行深度挖掘。如果他们表达出对产品、系统和服务的正面或负面的反应，试着找出背后的原因。当你使用案例情境方法时，记录下顾客体验的关键时刻。这些关键时刻可以用录像、拍照和录音等方式记录下来，因此要确保至少有两个人在现场：其中一个热情友好地与顾客交谈，另外一个负责录像拍照。在向高层管理者汇报业务计划时，这些有关顾客的录像或照片都是非常重要的元素。

使用这些用胶片或仅仅是只言片语捕捉来的时刻，是为了实现阿兰·库柏（Alan Cooper）所说的得到目标顾客的“印象”：他的需求、信念、经验、感情和准则。所有这些综合在一起，成为我们在下一章将要讨论的产品概念和设计的最终影响因素。[10]这种印象可能是工厂里的机器操作师、飞机驾驶员、试图与保险公司合作的保险经纪人、正在驾驶的年轻人甚至可以是正在吃东西的宠物——从我所研究的企业中仅仅举上述这些例子。他们发现以用户为中心的设计是新产品线或服务开发成功的关键。

库柏曾经给出的睿智建议是，“如果你想为大范围的用户开发满意的产品，逻辑会使你在产品功能方面尽可能做得宽泛，以满足绝大多数人。然而，逻辑是错的。如果你只为一个人设计，你会有更大的成功”。进一步说，“你的目标越广，你越有可能失去关注点……你可以只关注整个市场中10%的用户，努力使他们得到100%的满意和狂喜，这样你会更成功”。在下一章，我们可以通过本田开发新SUV的例子来看这种做法多么重要。当本田公司坚持采用对目标顾客的印象（Persona）做法时，又出乎意料地发现，有更多顾客对自己的产品感兴趣。

所以，创新团队需要形成对目标顾客的“印象”——比如在研究中发现的一位领先顾客，有关他的一些多媒体信息或者是理解新市场应用精髓的一位顾客，等等。把这些发现带回车间或办公室，挂在墙上，在旁边写满相应的说明。顾客印象成为开发团队和营销团队关注的重点，努力的方向。

有了案例情境分析和顾客印象，开发团队可以开始确认易见的和潜在的需求以及现有产品或服务为什么不能满足顾客。之后他们可以提出这些问题：如果我们只做一件事来取悦顾客，让他得到特别体验，这件事是什么？答案可以激励整个团队为新产品线或服务进行开发设计。接下来要做的事是设计草图和产品原型。

细分不同类型的用户

不是所有的用户都相同。有些用户对技术要求高；有些则不那么关注技术。创新团队可以从这两类顾客中学到东西。在市场细分中，你不能假设所有用户对现有产品或服务都有相同的需要、愿望和苦恼。一个好的方法就是区分那些最早试用的消费者以及后来才开始使用的用户。杰弗里·摩尔（Geoffrey Moore）曾做过极佳的描述，“最早试用的那些顾客是热衷于尝试新事物的”。[11]这些有创新精神的早期使用者很愿意进行试验、分享想法并帮助企业找到途径来将新产品线或服务整合到现有环境中。埃里克·冯·希贝尔（Eric Von Hippel）甚至建议，这些早期使用者——用他的话说，叫“领先用户”——是企业新产品或新服务概念的来源。领先用户作为创新者的概念在某些行业已经得到验证。在系统和软件行业（用户总是为了自己使用的方便而进行一些新用途的原型产品开发）这种做法是成立的，同时在一些消费品行业（新食品的开发就是一个例子）也是如此。[12]

然而，认为早期使用者能代表后来使用者的想法可能是灾难性的。后来使用者或者落后的用户——一般而言，他们是整个市场的大多数——通常总是对新技术持怀疑态度。他们喜欢电子设备的功能，但对小玩意不感兴趣，所以他们只想要简单、清楚的界面和互动。有些时候，后来使用者可能只想要新产品提供的服务而不是这个新产品本身。例如，如果新产品是一种软件，后来使用者可能只想要其功能，只要能在网络上使用而不需要在其他地方运行这个软件。摩尔的假设是，企业不要试图把那些针对早期使用者的新产品或服务（具有一定的复杂性）卖给占据大部分市场的后来使用者。

创新团队应该以访问早期使用者开始其调研，这些使用者是市场中比较有自我意识的人。他们可能比创新团队成员更能意识到具有竞争性的新产品或新服务能触及到市场中哪些不同的地方——至少在最初是这样的。早期使用者还能引导创新团队了解其他使用者，因为他们在用户关注自己关心的内容之前或之后能对其体验和使用过程有更好的把握。这些做法很重要，有助于完成案例情境的其他内容。

之后，创新团队应该访问那些不那么“聪明”的用户以及那些对新产品和新技术前沿不那么关心的用户。这些后来使用者可能不那么有趣，但他们代表的是目标市场里最大多数的潜在收入。

这一基本想法在我研究的企业中有各种各样细微差别。一家农用产品企业想要更好地了解其客户中的最新变化。这家企业总是用“农场大小”来细分市场。这种细分方法影响了产品包装、购买数量折扣以及一些服务的提供。最近的一些业绩显示，对顾客类型进行不同的细分可能会带来更适合的产品和服务。

负责重新细分市场的团队开始对几位常常和农夫待在一起的“明星”销售进行电话访

问。他们很快就了解到客户的行为和购买偏好。团队成员然后进行实地考察，和农夫们一起进行日常劳作。他们观察农夫们如何使用不同产品，如何作出购买决定，农作物种植、培养和收割技术如何以及农夫们遇到的财务问题等。那些最初看起来差不多的农夫们其实有非常不同的行为和信念。其中一些对去年的业绩、决策和收获后的销售有非常复杂的分析。这些农夫被看做是领先用户。

其他一些人则遵循不那么复杂的做法——“如果还没有坏，就不用修了”。如果不把他们当做落后者的话，就把他们看做后来使用者吧。还有另外一些人，被看做“日落客”，他们把农活看做是周末度假或者副业。他们对新技术很感兴趣，但是没有迫切的试用需要。这三类不同的农夫对新技术、新产品和新服务有完全不同的需要和偏好。

开发团队将对这些不同类型顾客的领悟融入产品包装、服务和价格中并且为其渠道合作伙伴提供量身定做的营销计划。

观察在快乐和压力环境下的用户

唐·诺曼（Don Norman）曾说过，产品和服务所使用的不同条件会影响其设计。因此，研究者应该对每种情况进行仔细观察，看看使用情境是欢乐的还是充满压力，是随意还是紧急。[13]那些为压力情境进行的设计应该特别关注用户需求——比如火灾的逃生出口——和有助于采取适当的行动。开发紧急应用用途的创新团队应该在设计中对方便、实用赋予优先性。

比如，本书所研究的一个医疗设备制造商有两类产品：诊断设备和重症监测设备。对每一种产品来说，开发团队都花费了相当时间了解终端使用者——一方面是心脏病专家和放射线专家，另一方面是重病护理护士。诊断设备使用者希望所有机器能迅速提供各种信息，而细致的护士们则希望机器能简单直接，很容易与病人连接上，装有可发声的、计算机控制的警报器。每种产品设计都极大地反映了所访问的放射实验室以及重症护理室使用环境的影响。

为非压力环境——比如休闲或充电时——开发的新产品或服务也促使设计者关注除功能以外更广泛的方面。诺曼认为这是与用户环境形成一体的应用。产品外观对用户来说有更显著的影响，因为这些用户有更多时间来欣赏式样。在访问结束时，创新团队必须在形式和功能之间找到平衡。正如诺曼所说，“好的设计意味着美观和功能的平衡”，而使用环境在决定这种平衡偏向哪方面起了重要作用。[14]

了解顾客情感与新产品采用

当开发团队深挖顾客体验时，应该留意顾客情绪以及他们对现有产品和新原型产品有什么样的情绪反应。在很多案例中，情感是发掘潜在顾客的潜在需求的入口。

本书所研究的许多技术和系统企业在提供产品和服务时很少有情感方面的内容，比如数据存储企业。但对其他一些提供消费品的企业而言，顾客情感很重要。杰若德·查尔曼（Gerald Zaltman）采用试验和重复的方式研究了顾客情感在购买决策中的作用，所得结果是传统的市场调查研究不能得到的情感内容。[15]案例情境方式，尤其是痛苦点和欢乐点能帮助了解顾客情感。我所研究的一些消费品企业比较深入地理解、描绘和利用消费者情感开发新产品。

看看食品生产商玛氏公司（Mars）的例子，我们将在本书后面做进一步研究。其宠物食品部门为宠物狗开发了一种新食品，它看起来像骨头，但同时也是一种有营养的主食。宠物食品部为该产品进行了顾客研究。开发团队必须考虑许多种不同类型的用户。首先是宠物狗——不同品种、大小和年龄，每一种都有自己独特的营养需要。然后是宠物狗的主人——男性和女性——每个人都有不同的行为和需要。对宠物狗主人的案例情境研究揭示出一个复杂系统，包括不同的情感和许多冲突，包括在宠物狗可能喜欢的东西和宠物狗主人认为可能最有营养的东西之间获取平衡，在全部自然成分和经过加工的东西之间取舍等（图4.6）。最后，宠物食品的零售商也应该被看做是“用户”，而零售商也有很多不同类型。比如，沃尔玛就与一般的杂货零售商有很大不同，而杂货零售商又与宠物用品专卖店不同。玛氏必须对这三类零售商进行观察，了解他们，并提供相应的解决方案。宠物狗的需求会影响营养和其他与健康相关的决定，宠物狗主人的需求会影响产品包装和设计，而零售商的需求则会影响销售和库存决策。

玛氏公司人员和这些不同的用户一起购物。他们尾随宠物狗主人，看他们给宠物狗喂食，带宠物狗散步。观察结束，团队成员聚到一起，把观察结果进行汇总。主人们在购买宠物狗食品、给宠物狗喂食以及与狗狗玩耍时的特殊需求、烦恼和快乐，还有顾客们的评论等都写在记事帖上。这些笔记被贴在墙上，然后整理成一组组顾客情感汇总（图4.6），是一幅人们对他们宠物狗的情感“路径图”。

开发团队发现了用户丰富的情感世界与冲突。第一个冲突对任何小孩子的父母来说都很熟悉——狗狗喜欢的食物不总是最有营养的。食物的方便性和味道之间也有冲突。宠物狗主人最方便喂给狗狗的粗磨食物，味道就不如罐装食物那么有吸引力。就像新产品开发经常遇到的一样，这些冲突和矛盾之中就可以发掘出宠物食品的潜在需求：应该是狗狗爱吃的、营养丰富的和主人方便喂食的。我们将在第十章介绍这些潜在需求是如何推动新产品开发的。

针对目标用户开发学习模式

在新市场应用开发中，学习是双向的。创新团队必须先问自己一些问题。

- 潜在顾客如何了解新产品或服务？他们会对普通广告感兴趣还是需要值得信任的信息源？
- 在决定试用新产品或服务时，什么是用户应该知道的？除了所宣传的产品好处外，价格在用户决定试用的决策中有多重要？
- 一旦用户决定试用，还必须知道哪些信息以最大限度地获取产品价值并了解它？
- 哪些因素会促使试用新产品或服务变成持久行为？

针对用户的系统研究和端对端体验可以揭开这些问题的答案，而这些答案应该成为指导新产品开发和营销的原则。

对复杂产品（如新软件）来说，学习的要求非常高，高到甚至很可能成为创新者和新产品使用之间的障碍——除非用户的学习需求能够被预期并得到满足。当创新团队希望目标用户学习使用产品的新方法时，他们必须理解用户如何使用或者决定不试用这些新方法和技术。

即使本书中研究的简单产品如食品、工具和个人卫生用品等，理解用户的学习模式也至关重要。像前面提到的，由于新产品线或服务代表了一种新的市场应用，这就意味着用户可能已经在使用另外一种产品。实际上，用户通常都在使用另外一种产品，而且他们有足够多的选择。创新者必须知道该如何采取措施来冲破那些阻碍用户尝试新产品或服务的各种障碍：懒惰、害怕、转换成本和/或下游整合因素等[16]。创新者还必须懂得如何冲破竞争对手采取的营销计划。[17]把所有这些综合起来，就得到一个学习模式。

学习模式描述了目标用户有意识学习有关产品、试用它们以及进行选择的过程。一个结构完善的学习模式不仅仅要表述产品设计，还要揭示用户如何决策和为营销沟通和客服支持提供建议。

例如，有一家企业想为20～30岁的消费者提供一种新产品。然而，企业现有产品是为年纪大一些的人设计的。企业成立了一支由营销人员和工程师组成的开发团队，年纪都在30岁以下。整个团队开始对目标用户进行观察，他们通过朋友介绍在波士顿等地招募大学生。团队成员和这些年轻人一起购物，到他们家中进行行为观察。他们回来时有了一些清楚的结论。这个年纪的消费者不相信大众媒体广告，更偏好一些可靠的信息源。他们是很激进的新产品试用者，但如果首次使用效果不满意，就会很快转回到原来的老产品。为了鼓励试用和使用，创新团队采用了与企业现有产品的设计和营销有极大不同的新设计概念和营销计划。

和用户一起测试创意

下一步是在更广范围的潜在用户中测试新产品或服务概念。此时焦点访谈小组是很好的方式，应该在潜在用户群中根据不同亚细分（subsegment）或用户人数形成焦点访谈小组。

但如何看待现代商业中常用的正式的、调查类的市场研究呢？应该如何使其发挥作用呢？也许再也用不着了！我所研究的技术类企业首先创造出新概念，然后开发原型产品，与用户一起改进原型产品，将产品推向市场并帮助顾客形成学习模式。即使消费品企业也知道采用广泛实证的市场研究等新形式对真正的用户进行原型产品测试，而不是对大样本进行产品“概念”的盲测。然而，投入大量资金的制造业进行新产品开发时，创新团队会被要求用实

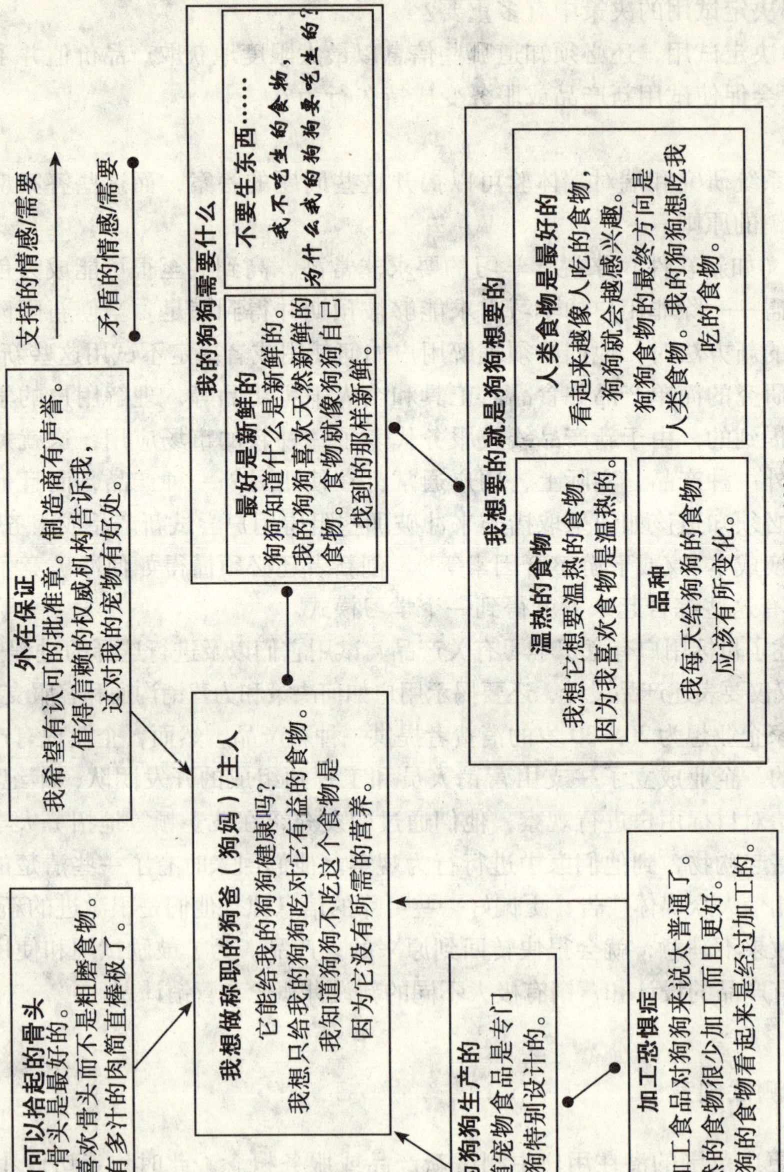

图4.6 宠物狗主人的矛盾情感
（美国Masterfood公司。经授权使用）

证研究预测其财务收入，他们必须这么做。对制药企业而言，实证检测是药品批准过程中必须的一步。每个开发团队都必须确定快速面世和学习流程是否适合新市场应用开发。如果是，就形成一套规则并努力推进进入市场的试验性学习。

让销售人员成为你的同盟

目标用户不是创新团队要交流沟通的唯一人群。他们还应该向企业自己的销售人员学习。遗憾的是，在许多被研究的大企业中，研发人员和销售人员常常不和，研发人员不把销售人员当做公司的一部分。

好的销售人员知道企业现有产品以及竞争对手产品在满足顾客方面存在哪些不足。他们还知道使用户苦恼的是哪些因素以及他们是如何作出购买决策的。诚然，销售人员不可能创造出完美的产品方案，但他们能意识到什么是能胜出的创意。

因此，不要担心向销售人员展示你的原型产品，在产品开发和营销计划方面积极争取他们的建议，让他们成为大团队的一部分。让他们成为你的创新同盟，他们会帮助你了解如何与销售团队、经销商和用户进行交流沟通。

读者练习

现在请你用本章中提及的方法来对你选择的新市场应用进行试用。在前一章的练习中你应该已经得到市场细分网格，并圈出一个或几个区域作为候选目标。将那些最有希望的定位选作你的目标。

练习 1：确定一些个人或企业作为你的新市场应用目标用户。想想用你现有的联系方式该如何接近他们。要求在他们工作或社交环境中与他们共度一天——这两种环境哪种更适合你的产品或服务。在这一阶段试着确定至少两次会面，但最多不要超过五次。

练习 2：在接下来的几周里和这些用户待一段时间。征得用户同意，对与产品或服务相关的场景进行录像或拍照。这些影像会在后来的产品设计中对你有帮助。拍摄精良的照片还会帮助你引导企业管理层进入用户的世界。你的目的是刻画出清楚的目标用户形象。在每一次访问后，形成相应的案例用户情境。使用用户自己的语言形成其痛苦点和欢乐点。不要担心形式。在目标用户的形象周围贴满告示帖或其他用户评论的记录。

练习 3：将访问形成的有关用户信息汇集成案例情境，然后找出易见的和潜在的需求。试着将这些需求与现有产品或服务进行比较。你应该可以发现一个或更多清晰的机会，以开发一个与众不同的产品或服务。它能提供现有产品或服务所不能实现的东西，为目标用户带来欢乐和满足，而这是现有竞争对手不能做到的。

现在，可以为你的产品和服务草拟概念。如果产品是软件，请同事迅速开发出原型产品。现在的软件工具会使这一切很容易！这些需求和潜在产品或服务将成为进一步研究中需要验证的假设。

练习4：总结你实地考察中的发现并展示给那些没有参与考察的同事。在展示中，要集合并汇总案例情境、易见的和潜在的需求、竞争性对比研究、录像、草图和样品等，把这一切做成人类学的和情绪的组合结果。你还需要向高层管理者展示这一切并得到他们的支持。实际上，大多数管理者会像对财务预测感兴趣那样，对用户洞察感兴趣。

在汇报结束后，静下来反思一下，看看这些用户洞察是否值得发展成完整的产品概念和原型产品。我们将在下一章讨论这个题目。

注释

1. Donald Norman，*The design of Everyday Things*（New York：Basic Books，2002）.
2. Dorothy Leonard and Jeffrey Rayport，“Spark Innovation through Empathic Design，” *Harvard Business Review*，November-December 1997，102～113. 对那些开发市场新应用的人来说，这是一篇至关重要的文章。
3. Clayton Christensen，*The Innovator's Dilemma*（Boston：Harvard Business School Press，1997）.
4. Vincent P. Barabba，*Meeting of the Minds*（Boston：Harvard Business School Press，1995），49～50.
5. 3M 公司网站：www. 3m. com/about 3M/pioneers/drew2. html.
6. Thomas Reynolds and Jonathan Gutman，“Laddering Theory，Method，Analysis，and Interpretation，” *Journal of Advertising Research*，February-March 1988，11～31. Also see Gerald Zaltman and R. Coulter，“Seeing the Voice of the Customer：Metaphor Based Advertising Research，” *Journal of Advertising Research*，1995，35（4）：35～51.
7. Dean Leffingwell and Donald Widrig，*Managing Software Requirements：A Use Case Approach*（New York：Addison Wesley Professional，2003）；Kurt Bittner and Ian Spence，*Use Case Modeling*（New York：Addison Wesley，2003）.
8. 西北大学 2007 级高科技术 MBA 项目，2005 年 11 月 5 日管理创新单元，特别感谢刚当上父亲、母亲的 Brad Biswas 和 Nathan Butts 引导了我们的讨论。
9. Robert Weisman，“How Office Got Its Grove，” *Boston Globe*，March 13，2006，E1，E5.
10. Alan Cooper，*The Inmates are Running the Asylum：Why High Tech Products Drive Us Crazy and How to Restore Sanity*（Indianapolis：Sams，2004），124.
11. Geoffrey Moore，*Crossing the Chasm：Marketing and Selling Mainstream Customers*（New York：HaperCollins，2002）.
12. Eric Von Hippel，*The Source of Innovation*（Oxford：Oxford University Press，1988）.
13. Donald A. Norman，“Emotion and Design：Attractive Things Work Better，” *Interactions Magazine*，2002，9（4）：36～42.

14. Donald A. Norman, "Emotion and Design: Attractive Things Work Better," *Interactions Magazine*, 2002, 9, 42.
15. Gerald Zaltman, "Rethinking Market Research: Putting People Back In," *Journal of Marketing Research*, 1997, 34 (4): 424 ~ 437.
16. Everett Rogers, *The Definition of Innovations*, 4th edition (New York: Free Press, 1995).
17. Marty Neumeier, *The Brand Gap: How to Bridge the Distance between Business Strategy and Design* (Berkeley, CA: New Riders Publishing, 2003).

第五章

创造设计概念，开发原型以及验证设计选择

将需求变为设计概念——完整的产品与设计以及与单个子系统的比较——食品和计算机产品的应用——汽车和服务的应用——原型开发和参与式的用户设计：软件产品例子——用联合研究、市场测试和上市前过滤方法来验证原型

以用户为中心的设计的下一步是将需求转化为产品或服务概念。本章要讲述的方法是将用户研究获得的洞察发展成为全面的、经过用户测试的设计和原型。

创造设计概念

如前一章所述，案例情景方法是发现目标用户的易见需求和潜在需求的一种有力工具。通过这种方法，创新团队可以得到一系列相关的特征和益处，并将它们整合进新产品线或服务中。大多数专业人士都用这些特征和益处来开发产品或服务概念，并用草图或图表进行展示。这种创造行为就能产生设计概念。设计概念是指满足用户需要的具有创造性和成本优势的解决方案——给用户带来欢乐和免除痛苦。设计概念可以运用于整个产品或服务。但我们也会看到，许多企业将设计概念用于产品或服务的主要部分或子系统，然后将所有这些进行整合与协调，开发出令用户愉快并可生产制造的产品。他们认为这是最好的做法。

形式和功能是设计概念的重要元素。唐纳德·诺曼曾明确表示，好的设计在形式和功能之间找到平衡，而不会牺牲其中任何一个。[1] 人们总是希望产品能有漂亮的外观，同时又非常实用。在设计师努力将形式和功能进行平衡时，简洁就变得越来越重要；许多设计师现在认为简洁是为用户获得更多功能的办法。优雅的设计将干净清晰的外观和高度实用性结合在一起。

优雅设计必须是各个层次的，不仅仅停留在表面。产品的整个外观——触摸和感觉——

很重要，但这只是满足消费者需求的多个子系统中的一方面。进一步说，每个层面都有自己对优雅的要求。比如对汽车来说，优雅的外观很关键，但是乘客车厢设计的优雅也很重要，传动系统也是如此。每一个子系统对整辆汽车来说都很关键。如果其中一个过时或不够标准，就不可能成为一辆好汽车。对服务来说，也是如此。比如，亚马逊网站的服务就不会让消费者觉得不够标准。我们很容易找到相关标题、阅读客户评论和评分，在付款和填写送货信息后要求亚马逊加快发货。它是一个简单却强大的购物网站。

连接需求和子系统

在野中郁次郎（Ikujiru Nonaka）关于组织学习和知识创造的理论中，隐性知识是可以转化成显性知识的。[2] 在开发新产品或服务的环境中，隐性知识是整个团队对目标用户信念、价值观和需求（包括说出和未说出的需求）的理解。在产品开发最后形成的有关产品（或者采用计算机系统来开发的新服务）的工程说明就是显性知识表述的最终点。如何将 A（创新团队理解的有关用户需求的隐性知识）转化为 B（工程说明）是一项挑战。野中认为，组织一支多功能团队是实现这一转化的主要方法；他们能够多样化地思考，从而开发新产品概念。

本书所研究的那些最成功的企业很好地掌握了如何将隐性理解转化为显性表达。他们将用户需求与产品或服务的一个或多个子系统连接起来。一旦确定了这种连接，就能开发出一个与之对应的子系统设计概念。将需求与子系统设计概念连接起来，有助于解决内部关于哪个特征应该与哪个子系统对应的争论。

什么是子系统？子系统就是在整个产品或服务中，能和其他系统一起提供某个特定功能的部分或几个部分。比如，可丢弃尿布就有很多不同组成部分。其主要子系统的一个较小部分就是其吸收部分、网面和扣件。它们是尿布功能的主要元素：吸收部分用于吸收脏物；网面能容纳脏物；而扣件能使尿布系在身上。在每一个子系统里，又有次级子系统，比如围绕在吸收部分外部和内部的阻隔物等。这些次级子系统也由特别材料和化学物质组成。子系统以及子系统里的其他部分通过工程化的界面连接起来，在尿布中是不同层之间的化学黏合剂。

主要子系统和连接面一起构成了产品或服务的架构。由于我们讨论的是一条或一系列相关产品或服务，架构其实就是一条产品线或服务的架构。在下一章，我们将介绍如何最大限度地利用架构——形成平台——快速有效地开发出产品线服务架构。不过现在，我们只需要了解：没有什么产品是单一的，它们有自己的子系统和称为界面的这些子系统之间的连接。

图 5.1 显示了如何将用户需求和设计概念以及与子系统创新连接起来的一般方法。越来越高的模块化程度使产品和服务在满足用户需求方面有了更大的灵活性。如图所示，左边是用户需求，其次序是随机安排的。中间是一系列满足用户需求的设计概念。右边是产品线架构的主要子系统。图中箭头表示设计概念与需要特定子系统创新的关系。尽管看起来其关系是一个需求需要一个设计概念和一个子系统，但这是一个例外，大多数需求都需要有一个以

上的设计概念提供支持。

我所研究的每个创新团队都找到了不止一种方法来满足用户易见或潜在的需求。他们逐层挖掘系统和子系统，将它们分别与需求相连。比如，“味道”可以用配方来满足，“容易打开”用包装来满足，“容易使用”通过用户界面来实现，“耐用”由产品结构来实现，“经济性”通过元件设计和/或材料来实现，等等。整个产品设计就是许多特定子系统设计概念的综合。

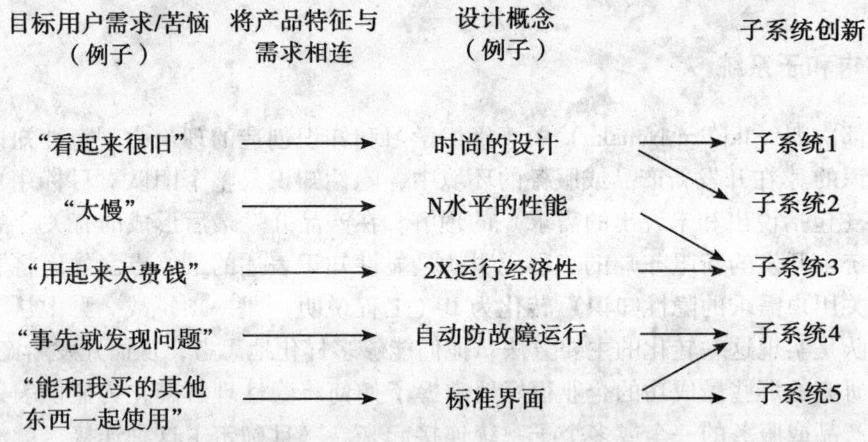

图 5.1　将用户需求与设计概念和子系统创新连接起来

两个应用：食品和计算机

我们来看看玛氏公司如何利用图 5.1 中的方法来开发一条产品线。我们将在第九章更详细地讲述玛氏的故事。玛氏在 2004 年开发出一种能量棒，这其实是一条有四种不同产品的产品线。新产品线的整体概念可总结为“美味的巧克力条”。公司对消费者试验组（Consumer panels）进行了多次概念测试，看看这个概念是否具有吸引力。这是个很棒的主意。但是如何才能把消费者需要的高热量和美味转化成设计概念呢?

如果你是巧克力条创新团队的一员并被要求转化这一概念，千万不要急着得出最后的设计。相反，你应该问：“这个概念究竟意味着什么？我们如何将它转化为产品的不同部分?这些部分可能包含巧克力条的配料、包装材料和图案，至在商店货架上的不同陈列方式（比如，如何在众多竞争产品中脱颖而出）。

创新团队先专注于巧克力条的配方和大小，设计出提供 10 克蛋白质但脂肪却少于 3 克的产品概念。这个设计里的配方口味也非常棒，有花生和其他坚果口味。这些口味在玛氏公司的士力架糖果棒产品中已经进行了很好开发和提炼。至于包装子系统，设计概念致力于同时传达高能量和超级美味这两点。通过在包装上印刷独特的颜色和图案来达到这一目的。其他团队成员则通过店铺陈列和销售策略来实现“货架领袖地位”。最后，这个产品获得整体成功——整个团队专注于对三个主要子系统（产品、包装和销售）进行特别的概念设计，并平衡其与成本和货架期的实际要求。

概念设计对高科技产品而言也同样重要。比如，IBM 公司新的主机服务器概念虽然复杂得令人难以置信，但仍然可以分解为几个主要子系统。每个子系统都可以满足一个清晰的需求，但当它们组合在一起，就能得到更大的协同效应，从而满足用户。其同步处理架构使众多微处理器能提升其处理能力，满足用户的高性能需求（需求 1）；高性能输入/输出通道提供了获得更大量数据的通道（需求 2）；特殊处理器能更有效地执行 Linux 和 Java 程序（需求 3）；核心运行系统（zOS）和加密芯片提供了更强有力的、多种水平的安全保障（需求 4）。这四种需求并不是无规则地被满足。相反，它们被融入整个设计的特定部分，并提供清晰和具有决定性的影响结果。

在 IBM 的例子中，用户的迫切需求出现在图 5.1 的左边，包括处理能力、数据存储能力、运行灵活性和安全等。其中一些是易见需求，另外一些是潜在需求。IBM 的系统设计师构建了特定的设计概念来满足这些需求。在第一章中提到的多点转换（Multipoint switching）概念就是为了实现还没有达到的多种处理能力。为 Linux 和 Java 特别设计的处理器与标准 Z 系列的微处理器并行工作，为用户提供运行灵活性。把这两个设计概念融合在一起，并与其他子系统概念结合起来，从而获得高带宽的输入输出性能和系统安全性，IBM 制造出非凡的机器。同时，IBM 还赋予机器时髦、强有力的外观，完全不同于以前那些笨重的机器。

玛氏公司和 IBM 的团队都努力理解用户易见的和潜在的需求，然后创造出特定的子系统概念满足这些需求。最后，每个企业都在事前确定的、严格的架构中制定子系统和全部解决方案。玛氏公司的巧克力条获得不断增长的销售额；IBM 的服务器则成为有史以来销售最好的大型机服务器。这些结果并不是意外或偶然——它们是以用户为中心的设计和平衡的产品架构共同作用的结果。

为什么简单就是最好的

图 5.1 遵循“倾听消费者声音”的原则和方法，但是寻求更简单的途径。“倾听消费者声音”的方法来自质量功能设计（QFD）原理，“质量屋”（House of quality）将消费者需求与实现产品性能的特定工程方法结合起来。[3] 创新团队的工程目标经常以特征为基础，与竞争对手进行比较。

在实践中，我研究的许多企业中，开发者们常常在提高创造的复杂性与维系设计矩阵之间挣扎。许多用户的需求优先性在与不同消费者群搭配时，被证明是非常棘手和低效率的。比如艾比·格里芬（Abbie Griffin）和约翰·豪泽（John Hauser）曾指出，与顾客的访谈通常会得出200~400个消费者需求，[4] 这些需求会被列入需求层级中。六个消费者需求就会带来相当的复杂性。想象一下有成打的甚至上百的需求！再想象一下在消费者需求变化如此迅速的市场里，要将诸多需求与相应的设计矩阵搭配起来将是多么困难。于是，当一种方法要求"以经验为依据进行测量"，而一种特质（比如外观或使用的方便性）又不能以经验为依据被测量时，其实是充满风险的。这种特质往往就会被当做事后想法而搁置起来。图5.1提供了一种更简单、更直觉的方法。

从用户需求到设计概念到子系统创新

本田汽车公司开发新产品的工作可以作为设计概念如何被转化为用户看重的产品特征的范例。在20世纪90年代投放市场的比较早期的雅阁生产线就是将图5.1应用现实的一个例子。

本田公司将关键的用户需求整合进这一代雅阁车中。所有这些需求都来源于用户研究。在雅阁创新团队细分的目标市场中，用户在寻找以下产品特质。

- 一个清洁的环境
- 乘客安全
- 高性能
- 省油
- 足够大的内部空间，既可载客，又能装东西
- 运动型外形和驾驶体验

这些用户需求成为雅阁车概念设计的驱动因素。本田公司还加入了自己的要求：希望这款新车：（1）提升本田提供高价值的形象（性价比高）；（2）超越顾客的价值期望。图5.2刻画了用户和企业的价值观。它们一起形成了雅阁车开发平台的大概念。

创新团队必须将这些高水平的价值观转化成更具体的产品主题，并在产品线中将之转化为主要子系统的特定设计策略。雅阁主要的子系统包括以下几个：

- 外观款式
- 内部款式和固定物，如座位等
- 传动装置，包括发动机、变速器和排气系统
- 底盘，包括车架、悬挂装置和刹车系统等

图5.3展示了这些关键子系统如何被转化为特定设计概念。让我们来看一些具体例子。运动型设计需要（见图5.2"强有力的呈现"）通过特定的外部和内部概念来体现。就外观而言，本田开发出楔形设计且比较靠前的驾驶舱，车尾较长。从后部看，整个车形比较尖。车

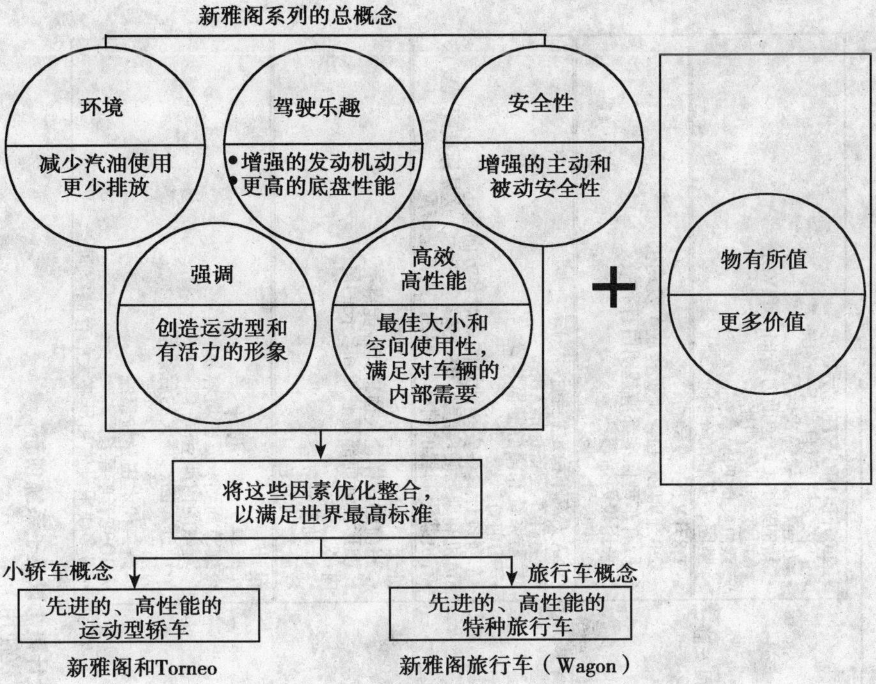

图 5.2　本田雅阁的设计概念

（本田公司，经授权使用）

的内部则安装了运动型的驾驶座，这对形成运动型车的概念至关重要。其元件必须完全重新设计。

另一个重要的用户需求——驾驶性能——则通过许多关键子系统来实现。仔细看看图5.3中“驾驶乐趣”那一行，可以发现本田创新团队为传动系统和底盘设计了特定概念。注意第二列和第三列之间的清晰区别：设计概念是目标，而技术则是实现这些目标的特定手段。“环境”这一行也很有趣，它横跨发动机技术和用于减少重量（同时也提高燃油效率）的新组成材料。

图5.2和图5.3一起展示了本田公司如何将其理解到的用户需求转化为特定的产品开发。花一些时间研究这些图表，思考一下如何将它们应用到你的开发情境中。

以用户为中心的设计使本田公司能够同时在同一个平台上开发两种雅阁轿车和一种旅行车。这个架构能容纳为不同地域设计的、不同的汽车开发。它能兼容北美雅阁的前轮驱动轿车和两人座小汽车，又能适应日本雅阁四轮驱动轿车和旅行车，而在欧洲的雅阁则是前轮驱动的。

主题	概念	技术
驾驶乐趣	• 发动机：结合强动力与低燃油消耗 • 变速器：改进的换挡感觉 • 悬挂装置：高度稳定与乘客舒适性 • 转向装置：极大改善的控制和道路感 • 四驱系统：结合强劲与愉快的驾驶 • 车身：活力十足的性能，富有安全性，同时很安静	• 2.0升DOHC VTEC发动机 • 直接受控4速自动 S-matic • 五连杆双横臂式后悬挂 • 新的EPS（电子助力转向）和VGR（可变转向传动比） • 双缸实时四驱系统 • 坚固、安静的车身
环境	• 低燃油消耗与强动力输出 • 低排放带来低废气排放 • 在能源利用与循环使用方面取得更大进展	• 1.8升VTEC发动机 • 2.0升VTEC LEV（低排放）发动机 • 所有车型标准都清楚明白且有效 • 采用聚丙烯塑料 • 减少重量
安全性	• 主动安全性：基本功能（驾驶、转弯和停车）的改善 • 始终追求车辆表现的稳定性 • 被动安全性：达到碰撞安全功能的世界标准	•VSA（汽车稳定控制技术） •所有样车配备标准ABS •导航系统和漫游警报装置 •HID前灯 •车身设计具备安全性，能应对各方向撞击 •司机和副驾驶座乘客有SRS安全气囊，这是标准配置要求 •有负载限制器的前排紧急锁止式安全带配
强有力的呈现	•外部：超前、动感的形象 •内部：时尚、运动形象	外部 • 超前的式样让人预感其性能卓著 • 楔形设计前部驾驶舱和较长的尾部 内部 • 运动型驾驶室 • 豪华的着色
高效 高性能	• 设计：符合实际的大小和宽敞的内部空间 • 配件：为提高性能和舒适度而对其特征进行全面增强	设计 • 紧凑（5座）设计 • 细节周到，驾驶更容易 • 宽敞的内部空间 • 可进入的、宽大的后备箱 内部 • 新一代本田导航系统 • BOSE音响系统 • 很多娱乐设施和足够大的存储空间

图5.3 本田雅阁将用户需求转化为设计概念以及子系统创新
（本田汽车公司。经授权使用）

在开发雅阁时，其预估开发预算和五种样车的成本超过五亿美元（按 1998 年美元值计算），其中还包括在三家工厂的加工费用。[5] 由于投资巨大，很显然整个产品概念开发取得成功非常关键。

在接下来的样车修改中本田公司也遵循了这种方法。不管从何种角度看，这种做法都是正确的，而且不断获得成功。到 2006 年，由《消费者报告》（*Consumer Reports*）所评选的 20 000 ~ 25 000美元的轿车中，雅阁成为第一名。

此方法在服务行业的应用

本田公司将用户需求转化为设计概念，继而转化为产品特征的做法同样适应于服务行业。在我的研究中就观察到这样一家企业——雇员伤残赔偿金保险公司。在这个行业中，保险公司利用计算机降低成本和找出那些想靠弄虚作假获得赔偿的受伤者，以争取利润和市场成功。但是，我所研究的这家企业采用了一种不同的方法。[6]

这家保险公司是一家健康保险管理公司的衍生公司，其目标是将传统的健康管理方法运用到工伤赔偿中。健康管理的传统哲学就是良好的健康可以减少生命周期内的赔偿成本。这家公司将这个原则运用到工伤赔偿中，其做法就是避免工伤。这家公司认为，如果能理解如何避免工伤并将其系统化，索赔就会大幅度减少。

以此为目标，公司成立了创新团队——包括一名运行主管、一名护士、一名工伤顾问和一名索赔裁定者。他们访问顾客，观察工作中的工人，与那些受过伤的人交谈，同设备主管交流并和财务部门一起就嘉奖避免工伤发生的计划进行商讨。这些开发出来的概念很快就转化为程序、政策、计算机程序和实际的保险合同。他们同样采用了图 5. 1 中的模板。子系统创新如下。

- 避免受伤。为了避免受伤，公司为每个目标市场开发并执行量身定做的“完全伤害避免流程”。这个计划启动后使工伤大大减少。遵循这些行为被写进保险公司与雇主所签订的合同中。
- 事故报告。每家企业都采用汇报流程与计算机技术相结合的手段，迅速将受伤工人转入治疗。这些流程也被写入保险合同中。
- 治疗和恢复工作。这个子系统关注受伤工人的完全恢复和尽快复工。治疗子系统有两个主要组成部分：医疗救治系统（物理的和心理的）和病例案经理，他负责制订工人的治疗计划。就医疗救治系统而言，公司形成了由好几千名医生组成的医疗网络，这些医生对各种工伤非常熟悉和在行，他们也了解工人复工的相关事宜。每个受伤的工人会被送到最适合他们的医疗提供者那里。公司还雇佣曾经当过护士的人担当病例经理，通过安排适当的治疗方案和进行监督，由他们帮助病人加速康复以及复工。

- 索赔管理。这包括受伤索赔的裁定。公司培训索赔裁定者并授之以相应的计算机技术。在这方面，公司只是试着采用业内已存在的最佳实践。

子系统	问题	传统方法	这家保险公司的做法
避免受伤	不恰当的安全指导原则；85% 的工伤来自工作场地的隐患。	出于维护安全的基本原则对工作场所随机检查，但并不进行经常性检查，其原因是为了节省保险公司成本。 由于隐患造成的伤害达到工伤总数的 85% 。	全面避免受伤流程。公司派一组损失控制顾问到各家客户企业，与高层管理者密切合作，发现隐患，设定共同目标消除隐患，执行预先设定好的计划。 由于隐患造成的伤害减少到 10% 。
管理系统和培训	没有及时报告事故。受伤的工人没有得到治疗，或者医生不合适。那些可以及时纠正的问题被遗留下来，情况变得更糟。	保险公司把快速事故报告看做是增加的索赔成本，或至少增加了他们自己的工作成本需求。	**快速报告**。这会减少整体的索赔费用。工作流程确保受伤工人在 24 小时内能得到一名医生的诊治并得到一名个案主管的帮助。
医疗救治系统	受伤工人去就诊，医生通常不是那些知道如何最佳处理他们伤势的医生。这就增加了残疾的概率，以及延长了回去复工的时间。	为了"节省成本"，保险公司会让受伤工人到那些费用可以打折的医生那里就医。 受伤索赔占整个索赔的 90% 。	**管理完善的医疗系统**。建立了一个职业医生网络（现有 2000 名医生），他们的薪酬基于服务合同，并以治疗效果衡量其工作。 受伤索赔只占整个索赔的 10% 。
病例管理	受伤工人独自在家照顾自己。	很长时间内没有一名个案经理去帮助受伤工人。	**回到健康的病例管理**。公司派一名护士作为几家企业的个案经理，在工人受伤的 24 小时内就接触伤者，制订复工计划并监督医疗救治。
索赔管理	索赔偿付总是不及时。工人的对策就是发生了相当程度的欺诈索赔行为。	索赔偿付总是尽可能晚地支付，以减少赔付成本。在经过职能部门处理时，总是会遗漏某些索赔，混乱中又会延迟一些赔付。	索赔经理获得诊断结果和复工计划，负责几家企业的工伤事宜，以及处理索赔欺诈。未处理的索赔会被追查到底，以尽可能降低未处理率。
业绩衡量	雇主只衡量最后的结果，这时要影响这些结果已经太晚了。	大多数保险公司只计算损失率（索赔对保险费的比率）和平均赔付费用。	**共享业绩成果**。采用一整套行为衡量和结果衡量来评价服务团队、医生与合作伙伴的工作。

图 5.4　一家保险公司如何把用户需求转化为设计概念及服务创新（马克·梅耶）

图 5.4 显示了这些概念以及为了实现这些概念而开发的计划。企业创新团队查明竞争对手是如何解决这些子系统问题的。创新团队设计的计划和流程使这些子系统要么可以媲美竞争对手，要么胜于竞争对手。

这种处理工伤的新方法被成千上万的保险公司客户采用，其效果惊人。客户平均降低其工伤赔偿成本在 25% 以上，而 95% 的客户企业都实现了成本节省。雇主接到的索赔诉讼减少了 60% 。更重要的是，平均索赔率比整个行业的索赔率少了三分之一。将健康管理作为一种设计概念并进行子系统创新，这种做法使传统的行业领导者不仅得到惊喜，还找到一种新的商业模式。

开发原型，获取用户反馈

新市场应用开发流程的下一步就是尽快开发原型，并用它们获得详尽的用户反馈。关于原型的基本逻辑依据来自史蒂芬·汤克（Stefan Thomke）。他认为，领先行业设计的企业采用便宜、粗糙的原型，并愿意尝试“失败乃成功之母”，这种做法可以快速剔除那些次优方案，尽快接近可以满足用户的最佳设计方案。[7] 另一个逻辑依据是，好的原型可以在高层管理者面前活灵活现地展示概念草图和商业计划。

开发原型的过程是直接的。创新团队在自己的模型车间里工作，用自己的计算机或者雇佣外面的设计公司来把一些列潜在方案整合起来，将用户需求转化为概念以及子系统，然后向目标用户展示其原型，观察他们的反应，仔细倾听他们的改进意见，并迅速将这些意见用于原型改进。

为了利用快速原型开发的优势，企业必须建立机制，以保证能接触到愿意尝试原型的用户和未来顾客。IBM 建立了计算中心，开发者、市场营销人员、领先的用户可以聚集在一起，测试和评价新方案。本田公司创造出新的模型原型，向实验用户进行展示——通常是在用户所在的环境里。在玛氏公司宠物产品分部里，用户小组包括宠物和它们的主人。某些情况下，测试在企业的设施环境里进行，另外一些时候，原型被送到用户家中进行测试。

每个原型都代表一种试验，而每次失败都提供另一个学习和改进的机会。这些原型还没有成熟的架构，稳定的生产系统或者完整可用的产品或服务。这些都是在之后会有的。在我的研究中，那些通过一系列原型和用户反馈来优化产品和服务概念的企业，总是好过那些只通过客观调查或抽象描述来开发产品的企业。“自己动手”总是会战胜调查问卷和虚幻现实。

一家软件公司开发原型的过程

MathWorks 是市场上领先的计算软件企业，让我们来看看其原型开发过程。企业成立于 1984 年，它相信台式计算机而不是中央服务器，将成为数字运算实际可行的平台。这个愿景现在成为现实，台式计算机成为企业、研究和教育机构里数学模型的主要运算工具。MathWorks 公司上百万的用户使用其语言和工具创造出丰富多样的数学模型和模拟。

这家公司产品的技术核心是 MATLAB，它是一种执行复杂数字运算和模型的语言。它为很多计算工具提供平台，而每一种工具都对应着特定市场。MATLAB 对大型数据尤为理想。它让用户可以解决许多技术运算问题，尤其是那些使用矩阵和向量公式的。只需要很短一点时间，它就可以用非交互式语言（如 C 或者 FORTRAN）写成一个程序。工程和科学研究采用它来进行复杂数据分析、虚拟化和形成系统设计工具等。公司产品的传统应用是控制和数字信号处理系统，这些应用已经在重要行业如汽车和航空工程等领域站稳了脚跟。

在 2000 年就要到来的时候，高层管理者决心通过进行新市场应用来推动企业成长。其中一个新应用就是开发实时数据获取工具，使 MATLAB 能够直接作用于或者与其他技术一起作用于某些工具和设备。这些新工具包在仪器制造商和集成商中间确实非常受欢迎。于是管理层决定将金融服务业作为目标客户，他们是公司传统客户（汽车制造商、飞机制造商和仪器仪表制造商）之外的新客户。金融服务业非常具有吸引力。它们有大量的数据、繁重的运算需求，同时由于不断变化的市场环境，还需要将新的数据流进行分析，转化成数学模型。

金融服务业并不是 MathWorks 公司完全不了解的客户领域。几年前，他们为交易人和投资经理开发了一套软件。这套产品有预设好的程序，可用于资产配置、风险管理、金融工具定价和投资组合分析。这套产品销售得并不好，有几个原因：MathWorks 的软件开发人员对金融和风险管理知识缺乏很深的理解，公司销售人员与金融服务业没有直接联系。更重要的是，行业内领先的企业需要的不是预设好的程序。他们需要灵活互动的工具，能在自己专有的领域和理解客户要求的基础上，编写模型。

MathWorks 没有放弃这一充满商机的市场，公司 CEO 决定重新开始；他决定采用一种不同的概念设计和不同于传统的开发方法。这是 1999 年 9 月发生的事。

公司首先招募了一名在数据库和金融投资方面都有背景的经理。然后，给这名经理配备了一个软件创新团队。这个团队被赋予自主权，并且能得到其所需的资源，来进行快速、专注的进攻。

创新团队的首要行动就是创造一个全新的设计概念。他们没有试图开发出一个解决方案，然后卖给交易人和投资经理。他们将这个新产品重新定义为一种工具，顾客可以根据自己的需要进行调整使用。开发人员认为其目标用户是 IT 专业人士和定量分析专家，由他们利用这个工具为交易人和投资经理编写程序。这些客户现有的统计工具多为 SAS，但在模拟和建模方面鲜有工具如 MATLAB 这样能互动且好用理想。银行、保险公司、经纪公司和投资公司有大量专有的、内部开发的程序来解决即时的问题。新软件必须要能阅读这些程序出来的数据，并将结果与它们进行整合。

创新团队的第二大决策是如何做原型的方法。他们没有开发出原型并在内部进行测试，相反地，他们将和客户一起开发原型。为了实现这点，公司为金融业的“定量分析狂热迷”和 IT 专业人士组织了研讨会。公司在五大金融中心预订了酒店和会议室，在未来六个月内定期安排研讨会。为了准备这些研讨会，创新团队为金融衍生品和管理投资组合开发了附加工具。

第一个研讨会在波士顿举行。只有 25 家潜在用户参加。无论如何，创新团队展示了原型并与客户一起着手改善。整个团队和与会者都对这次经历感到很兴奋。他们都感到自己在为金融领域的定量建模开辟新天地。

第二次研讨会好多了，吸引了 85 人参加。人们口口相传，研讨会上有些特别的事情发生。下一个在纽约举行的研讨会吸引了 120 人。后来在旧金山和伦敦的研讨会就有更多人参加了。

如同教师在教好学生的过程中可以得到提高一样，MathWorks 公司的开发人员在这些研讨会中也学到很多，有了很大进展。与会者通常是极为出色的定量金融分析师，高级程序员或 IT 经理——他们为经纪人和交易人开发专有程序。他们教给创新团队如何改进和调试其领域专有的工具。整个团队还学会如何将其工具整合到金融机构的开发和产品环境中。到第四次研讨会的时候，创新团队就能演示与彭博（Bloomberg）金融新闻和商品交换实现实时数据流连接。经纪人和交易人还想将微软的 Excel 作为他们主要的图表用户界面。这就意味着 MathWorks 必须将其数学模型工具与 Excel 联系起来。MATLAB 作为大型矩阵数学工具确实要比用 VB 或 C 编写来运行 Excel 的程序快得多——实际上，要快 95%。

在接下来三个月里研讨会持续举行。到 2000 年年初，创新团队决定暂时跳开原型，更全面地思考一下整个架构和这个开发工具的性能，以适应更强大的商业应用。这可以看做是新市场应用开发中产品线和平台开发阶段。对 MathWorks 来说幸运的是，这些开发工作是在一个稳定和坚实的平台上进行的：MATLAB 和 Simulink。即便如此，公司还是又花了 18 个月时间才推出了第一款商用产品。在这期间的工作包括在纽约、伦敦和波士顿与领先客户一起进行一对一的开发。

MathWorks 推出第一款产品即获得巨大成功，这款软件成为定量金融界广受欢迎的产品。创新团队没有故步自封，而是即刻开始为产品添加新的工具。这些新成果可见公司网站。MathWorks 下一个成长点是采用类似的进入方法去开辟一个全新而且同样具有吸引力的细分市场：生命科学。[8]

与用户一起验证设计选择

我所研究的许多企业认为，在开发新市场应用时，采用“联合分析”（Conjoint Analysis）来验证产品设计是颇为有效的。联合分析是一种统计方法，用于理解顾客在产品或服务的相关特征（价格、性能和其他不同特征等）之间如何排序或如何进行取舍。采用这种方法，创新团队能很快确定哪些特征是用户最看重的以及他们愿意为之花多少钱。统计方法能测定出他们偏好的权重。[9] 统计结果能提供方向性指导，告诉我们哪种特征比其他特更受用户追捧以及他们愿意为之支付的价格。感谢商用化的软件产品，联合分析现在变得非常容易。任何一个会使用计算机的人都可以在几小时内进行一个原型研究，测试它，然后在网上发布一个调查问卷，这样潜在用户可以在闲暇时完成。[10]

在很多情况下，联合分析最困难和最花时间的部分是找到足够多的潜在用户来参与访问。在每个目标用户小组里应该有100名受访者。这样的样本大小才能带来坚实的调查结果。一些企业利用市场研究公司招募受访者。如果你采用这种方法，仍然需要与调查公司密切合作，建立筛选制度，招募潜在访谈小组成员。参与联合分析的人应该花时间学习企业使用的软件，得到相关数据，对不同产品、包装和价格的购买意向进行模拟运算。实际进行联合分析所带来的领悟是只看别人分析报告所不能得到的。

在《产品平台的力量》（*The Power of Product Platforms*）中，艾尔·莱纳德（Al Lehnerd）和我描述了采用联合分析方法开发的一代蒸汽/不用水熨斗。[11]在这个例子中，制造商在三个不同国家形成了用户小组——美国（500名受访者）、墨西哥（300名受访者）、法国（300名受访者），发现不同国家的用户偏好极为不同。法国人极为偏好很重的熨斗，尽管熨衣效果与重量一点儿关系也没有——是蒸汽使布料纤维平整，并让熨斗工作。美国人偏好熨斗底部平面上有很多蒸汽孔。他们认为，蒸汽孔越多，熨衣效果就越好。他们也存在一个误区：太多孔会减少蒸汽带来的力量，弱化熨衣效果。墨西哥受访者希望在各种特征之间寻求平衡，但对高价位产品没有兴趣。这三组受访者都同样喜欢两大特征：更大的水箱和自动关闭装置。

联合研究为熨斗制造商提供了适合不同地域市场的市场沟通计划和技术规格方向。在同一个产品平台上，他们可以生产不同规格的熨斗，以满足不同地区的要求。

针对服务的联合分析

联合分析同样适用于验证服务设计。为了验证一个服务设计，变量可以基于特征、价格和变量集合——比如，一个活期账户有（1）10美元月费、免费打印支票，利息根据月平均余额计算；（2）没有月费、每打印100份支票需付5美元，月平均余额没有利息。服务时间也可以作为另一个重要的设计特征，比如联邦快递（Federal Express）和UPS及其他公司提供的次日到达或者第三天到达的服务等。

为了理解一个简单的联合研究带来的实际结果，让我们来看看一所大学最近为了重新设计其MBA项目而专门成立的任务团队是如何做的。任务团队是多功能的，由教师、市场营销人员和行政人员组成。

任务团队意识到学校的MBA项目有两类不同的顾客：学生以及最终要雇佣这些学生的企业。他们必须考虑这两类顾客的需求。

为了理解学生的需求，任务团队成员访问了新英格兰地区的几十家雇主，请他们列出希望刚毕业的MBA学生具备的技能。这些学生在入学前曾有过几年工作经验。这些雇主给出了清楚的回答，他们希望的人才要具备很强的人际沟通能力，与团队一起较好地工作的能力，在以下三个可能的职业发展领域中有相关的知识：市场营销、金融和供应链管理。根据这些信息，任务团队设计了一个课程大纲样本，除了标准核心课程外，还在团队合作、口头和书面表达以及谈判等方面提供密集的训练。由合作企业提供的实习也被放进大纲里。

但学校的主要顾客——学生——将如何反应呢？为了得到答案，任务团队开发了网络问卷，并请受访者在两个不同变量的不同组合之间进行选择：（1）有很多选修课的综合 MBA 课程与有一个职业发展方向的特定 MBA 课程；（2）六个月的实习计划与为期三个月的暑期实习。

为了鼓励受访者参与，任务团队得到一个最近毕业的本科生（潜在 MBA 学生的代表）名单，并且把 iTunes 礼券作为完成问卷的奖励。他们调查了 130 名学生。图 5. 5 是调查结果。联合分析得出的结果被再次证实具有指导性，每个变量后的数字没有统计相关性（它们相加的结果是 0）。在这个例子中，研究发现偏好职业方向概念的潜在学生人数是偏好综合 MBA 课程学生人数的两倍。他们认为到企业实习会比在教室里学到的东西更重要。图 5. 5 中，研究变量按照“实用价值”偏好进行排序。然后，联合分析软件根据可选择的方案进行市场模拟运行，其结果在“产品偏好比例”下显示。如果在访问过程中能得到不同用户组的数据，这个软件还可运行相关数据。在本例中，“理想顾客”小组由具有两至五年工作经验的大学生组成。

平均实用价值	
综合MBA	–42.87
特定职业方向MBA	42.87
没有企业实习	–55.19
三个月实习	21.36
六个月实习	33.83
理想顾客的产品偏好比例	
综合MBA	**32.62**
有三个月实习的特定职业方向MBA	34.77
有六个月实习的特定职业方向MBA	32.60
特定职业方向MBA综合	**67.38**

图 5. 5　MBA 项目联合分析研究（马克·梅耶）

利用这些雇主需求和学生偏好信息，任务团队创造了一个新 MBA 项目，强调沟通、团队技能和特定的职业方向课程以及六个月的企业实习。这个项目以“产业伙伴”塑造品牌。[12]

将产品或服务变种交到用户手中

如果让用户在实际原型的不同特征之间进行平衡取舍，就可以把产品概念的联合测试做到更实用的程度。比如，可以请用户在新产品的不同颜色之间进行选择，或者驾驶具有不同传动装置的汽车。

玛氏公司则采用了另一种好方法把不同的原型交到用户手中。其产品是我们之前描述过的像骨头一样的宠物狗食品。采用联合分析，公司创新团队制造出不同版本的产品来测试其设计概念。他们把从全美国找到的300 名宠物狗主人划分成三个不同的小组：小狗主人、中等体形狗的主人以及大型狗主人。每个组人数相同。

在五个星期内，每个参与者都得到了产品原型。在第一个星期里，宠物狗主人要给狗狗喂食一种标准产品，以作为未来进行比较的标准。在接下来的几个星期里，不同大小和质地变化的产品被送到三组不同的受访者那里。宠物狗主人就给狗狗喂食这些不同的产品。然后，他们需要上网填写对不同产品（骨头 X，骨头 Y 和骨头 Z）的偏好。每个报告的偏好当然都是主人根据狗狗对不同大小和质地产品的反应得出的评价。在研究结束时，创新团队认为已经确切掌握了该如何为三种不同目标用户开发不同的产品。

在线调查由 1 ~5 分的量表问题构成，对指定时期的特定产品特性进行评级。例如，第二周调查的问题是产品大小。每个调查还包括偏好问题，要求受访者根据不断变化的特征在不同产品样本间作出选择。在第五周，公司还要求受访者就喂养的用法和习惯做一个总体评价。

第五周时两种样本的差异

图 5.6　家庭使用的测试研究设计

（玛氏公司，经授权使用）

面世前的市场测试

联合分析是一种确定顾客偏好和验证原型的好方法。然而，验证一种新产品或服务的最终形式是市场测试。在这里，不会采用各种有变化的不同原型。相反，产品或服务的首次面世是将其推向整个市场的一个部分——进入到某个特定地区或者采用某种特定渠道。市场测试是一种实践方式：（1）评价一种产品或服务对那些付钱购买的消费者的吸引力；（2）预测未来销售；（3）了解消费者对不同定价、广告、促销计划和商场陈列的反应。市场测试还可用于测试新的市场分销渠道以及新商业模式是否稳健。

在图 2.1 的管理框架图中，市场测试是新产品和服务开发中面世和学习途径中不可或缺的一部分。可以使用许多有创意的市场测试方法，这些方法不会让竞争者察觉，占用很多时间或者花费很多费用。其中一个最常用的方法就是在一个特定地区找一组顾客或者一个分销伙伴。对某些行业而言，较小的独立分销商可能最合适；而对另一些行业而言，网络销售或者其他直销渠道可能最有效。市场测试可能会影响商业计划，帮助改进产品、定价以及与产品相关的信息等。不管采用何种方法，市场测试的正面结果应该作为产品全面上市和市场扩张的前提条件。

在所研究的企业中，消费产品制造商采用一定量的地区上市方法来测试新产品线。设备制造商选取一些关键客户，更多地在现场进行测试。其他企业采用直销渠道，比如通过网络，在产品通过传统渠道上市前对进行测试。软件企业为新产品设定临时程序。不管其作用机制如何，在企业花费上千万美元生产和分销新产品前，上面提到的各种方法对于新产品或服务测试都是非常有效的。

IBM 的方法

当然，还有很多其他方法可用于验证产品设计，从而完成联合分析以及市场测试。IBM 就开发了一套严密而简洁的方法用于测试其硬件和软件产品。这套方法是 20 世纪 90 年代公司重建的一部分。CUSTOMER $ APPEALS 着重于那些能使产品获得成功的各种特质。$ APPEALS 模型改编自彼得 · 马科斯（Peter Marks）的《设计洞察》（*Design Insight*），基于顾客购买决策的 8 个方面：

- 价格（ $ Price）
- 对产品放心和或担心（Assurances and/or fears）
- 性能/功用（Performance/functionality）
- 包装（Packaging）以及顾客对产品的视觉评价
- 使用的方便性（Ease of use）
- 通过各种渠道的易购买性（Availablity through channels）
- 生命周期成本（Life cycle cost）拥有这个产品的真正成本
- 社会影响（Social influences）

如果读者把每项特征的第一个字母连起来，就可以得到 $ APPEALS 这个单词。以这些特征为基础对产品进行评分，1 代表“完全不合适”，5 代表“可以接受”，10 代表“这是所有可能产品中最好的”。

IBM 将其所有市场进行细分，对其新产品或解决方案目标市场的特定顾客小组采用这种方法。它可以帮助组织和评价用户需求以及设计概念如何满足或超越不同开发阶段的需求。在产品上市前还要再一次使用这种方法作为最后的检查。企业员工还对那些现在不是顾客的用户使用这种方法，以不断获得增长的市场份额和收入。

对 IBM 而言，$ APPEALS 是其创新团队在新产品线开发中可以使用的强大模板。IBM 的服务团队还把这种思考训练方法用于自己的工作中。我建议读者根据自己企业的情况，开发相应的上市前验证方法。

其他一些企业采用类似的方法——称为“知觉图”（Perceptual mapping）——用于开发设计概念。这样做是为了在看似成熟的产品类别中发现不同的产品定位。我的同事弗瑞得·克瑞（Fred Crane）认为，知觉映射可以唤醒产品开发者，让他们看到现有市场中的空隙或差距。他使用的例子是一家饮料生产商。为了增加其牛奶销量，这家生产商把现有牛奶饮料市场按营养成分和消费者年纪（儿童和成人）画成了格子图。这张图显示，为成人生产的营养饮料是个空缺。于是这家企业就开发出一种好喝的巧克力奶饮料，富含钙和维生素，其包装设计也非常适合成年人。[13]在第六章，我们将看到本田公司在开发一种新型 SUV 时也采用了知觉图的方法。

我们现在完成了促进企业成长的“市场创新”旅程。表 5.1 总结了整个过程中与之相关的主题和模板。

表 5.1　任务及相关模板

主　题	模　板
细分市场，以确定新用户或新用途	市场细分模板（图 3.2）
定义新产品线和/或服务（组织创新团队）	产品市场策略模板（图 3.3）
了解目标用户易见的和潜在的需求，在整个用户体验中采用“系统角度”精确定位用户的快乐点和痛苦点	采用案例情境模板（图 4.3）
形成关注子系统创新的设计概念，当中心子系统整合在一起时，能给用户带来满足和欢乐	将用户需求与设计概念、子系统创新连接起来的模板图 5.1
和实际目标用户一起对这些设计进行验证	方法/模板 — 联合分析方法 — 实地使用测试 — 上市前过滤验证（如 IBM 的 $ APPEALS 方法）

读者练习

现在你可以把在本章学到的方法用于你选择的一个新市场应用。通过第三章和第四章的读者练习，你已经进行了初步的市场划分以及市场情境和用户描述。现在可以把图 5.1 中的模板应用于你的新市场应用。

练习 1：从第四章得到的用户需求开始。试着将这些需求具体为一系列重要的易见需求和潜在需求。一些创新团队将这些需求写在告示帖上并贴在白板上很有用，然后把它们总结成有逻辑联系的一组组需求。如果对这些需求进行总结有困难，你可以采用 IBM 的 $ APPEALS 方法或者第四章中本田公司采用的需求层级方法。不要把这些需求层级排序弄得太复杂，或者在微不足道的需求上花费太多时间。如果一页纸写不下这些需求，或者挤满了整个白板，就说明你弄得太复杂，接下来的开发工作将无法进行。但是，如果你写的需求看起来和竞争对手为目标用户做的没有区别，就再一次对用户进行“深挖掘”，直到找到那些迫切的、但还没有被发现的需求。

练习 2：有一系列整理好的需求后，就着手开发能满足每个需求的设计概念。设计概念可以是一个产品样式，也可以是产品性能或功用能达到的水平，还可以是一种架构方法——比如软件产品的插入式界面等。让团队成员都参与到概念设计中，“三个臭皮匠顶个诸葛亮”。将现有产品陈列在会议桌上可能会激发他们的思想火花。最佳团队是那些能跳出业界框框限制的团队。比如，SUV 或越野车（cross-vehicle）生产商在式样方面可以借鉴运动用品的设计。休闲食品生产商在创新包装时，可以看看家庭用品的包装设计等。

练习 3：考虑产品、系统或服务的架构。其主要子系统是什么？不要忽略与用户的外部连接界面——如包装。在白板上写下这些子系统。哪些子系统是可以承载你的设计概念的最佳载体？要具体一些。如果设计概念在你的架构中不能得到体现，那肯定是有一层架构或某个子系统缺失了。

练习 4：下一步，审视一下企业里现有的技术以及内部研发能力。与你的工业设计师进行交谈。想想如何把设计概念转化为特定子系统或界面。如果企业内不能提供创新子系统解决方案，看看现有供应商，如果他们还不行，寻找新的供应商。满足用户需求的答案很可能就在你企业研发部门的某个地方或者在其他企业的某个地方。你只需要找到它们，然后为你所用。

图5.1中的连接方法——从用户需求到设计概念，再到子系统创新——会帮助你将新市场应用的策略进行实施。当你完成这项工作后，静下来思考一下，“我的设计概念和子系统创新的结合会对市场产生强大和持续的影响吗?”如果答案是“不”或者“也许”，回到白板前。不要泄气！震撼世界的产品和服务不是一夜之间就开发好的。

注释

1. Donald A. Norman，“Emotion and Design：Attractive Things Work Better,” *Interactions Magazine*，2002，9（4）：36 ~ 42. 从事实体产品开发的读者会发现 Norman 的《日常用品设计》（*The Design of Everyday Things*，New York：Basic Books，2002）一书值得一读。
2. Ikujiru Nonaka，“A Dynamic Theory of Organizational Knowledge Creation,” Organization Science，1994，5（1）：14 ~ 37.
3. 有关 QFD 方法和例子的一个好资料来源是 Glenn Mazur 的网站：www. mazur. net/publishe. htm. 你可以在这里下载《顾客分析的声音：前端 QFD 工具的现代系统以及案例分析》（*Voice of Customer Analysis：A Modern System of Front-End QFD Tools，with Case Studies*）.
4. Abbie Griffin and John Hauser，“The Voice of the Customer,” *Marketing Science*，1993，12（1）：1 ~ 27.
5. Roger Schreffler，“Shrinking Time：Can the Japanese Bring a Car to Market in 18 Months?” *Ward's Auto World*，March 1，1998. See www. findarticles. com/p/articles/mi_ m3165/is_ n3_ v34/ai_ 20393261/.
6. Marc H. Meyer and Arthur D. DeTore，“Product Development for Services,” *Academy of Management Executive*，1999，13（3）：64 ~ 76.
7. Stefan Thomke，“Enlightened Experimentation：The New Imperative for Innovation,” *Harvard Business Review*，February 2001，67 ~ 75.
8. 针对金融服务业的创新是如此成功，高层管理者还想再次尝试！他们要求团队领导带领整个团队利用 MATLAB 和 Simulink 为生命科学行业服务。作为一个细分市场，生命科学成长很快，需要对大量数据进行建模和定量分析。这些数据是由特定化学和细胞生物学的互动产生的。创新团队采用类似的方法进行工作，其结果与在金融服务业得到的结果具有可比性。
9. 关于新产品或服务开发中的联合分析已经有很多文章。我发现其中有两篇很有趣，并且有用。P. E. Green and V. Srinivasan，“Conjoint Analysis in Marketing：New Developments with Implications for Research and Practice,” *Journal of Marketing*，1993，54（3）：122 ~ 140；and W. Moore，J. Louvieew and R. Verma，“Using Conjoint Analysis to Help Design Product Platforms,” *Journal of Product Innovation Management*，1999，16，27 ~ 39.
10. 我鼓励读者看看锐齿软件（Sawtooth Software）公司的产品。我在好几个项目中都使用了这家公司的联合产品（包含几种技术，其中有“基于选择”的方法和“可调整”的方法，公司客服支持人员会根据你的应用给出最适合技术的绝佳建议）。还有好多 MBA 学生采用这家公司的工具来运作赞助企业的项目。它们真能发挥作用！这家公司的网站还能提供很多有用的教育材料. www. sawtoothsoftware. com
11. Marc H. Meyer and Alvin Lehnerd，*The Power of Product Platforms*（New York：Free Press，1997），

105 ~ 116.

12. Glenn Urban 和 John Hauser 在《新产品设计和营销》（*Design and Marketing of New Products*，New York：Prentice-Hall，1993）中也给出了一个 MBA 项目设计验证的例子，他们用的是 MIT 技术方向 MBA 项目的例子。

13. Frederick Crane，*Marketing*，6th *Canadian Edition*（Burr Ridge，IL：McGraw-Hill，2006）.

第六章

本田公司如何创新

自然增长的历史——本田的轻型卡车——理解新的目标用户——为 Element 定位——将概念转化为子系统设计——估计业务的财务合理性——让管理者体验新产品

前面几章已经讨论了市场创新和企业成长中的产品和服务开发概念。我们已经了解到市场细分可以作为成长战略的基础，以及在用户研究中可以将设计概念通过样品和用户反馈发展成令顾客满意的新产品和服务。

本章看一个具体例子：本田公司如何利用这些方法开发一种卓越的新车：Element。Element 在 2003 年年初面世，这种外观非凡的 SUV 震撼了美国汽车市场，年轻人和那些心还年轻的老人都非常喜欢这款车。本田公司开发 Element 的例子可作为以用户为中心的设计和本书所讨论的开发方法的最佳实践。

本田公司的自然成长（由企业内部推动的成长）历史非常丰富。公司在北美、欧洲、亚洲、南美、中东和澳洲有 130 000名员工。公司采用的开发方法可以帮助其系统地确定新兴市场需求，了解这些需求并开发产品去满足这些需求。根植于本田的发明和应用文化帮助其在 2005 财年（截至 2006 年 3 月）获得的全球销售收入超过 840 亿美元，比 2004 年增长 14.5% 。从全球范围来看，55% 的销售收入来自汽车制造，其他收入来自摩托车、动力产品以及金融服务运作等。

就 2006 年的汽车产品而言，这一年对本田公司来讲也是标志性的一年。它获得《消费者报告》（*Consumer Report*）评选的“十大第一车型”中的五个。就轿车而言，本田几乎占据了全部席位：思域获得价格 20 000美元以下级别第一名；雅阁获得价格 20 000 ~ 30 000美元级别第一名；讴歌 TL（Acura TL）获得价格 30 000 ~ 40 000美元第一名。奥德赛成为消费者极度想拥有的厢式旅行车。本田的新牌子 Ridgeline 成为最佳轻型货车。

公司在 2005 年财年生产了 350 万辆汽车，其中 55% 是在北美生产的。这些在北美生产的汽车，其配件大部分也是由北美供应商提供。成功产品开发背后的思想也会在 Element 的故事里揭示。

尽管本章要讲的是汽车的故事，要了解本田公司的创新文化却必须要用全景来看这家发展深远的公司。比如在 1965 年，本田推出了第一款轻便的、省油的发电机 e300。今天，公司已经有一整条发电机生产线，可以为家庭和商用提供不同的发电机。本田公司以其发动机出名，其发电机也和发动机一样有如下优点：省油、可靠和安静，价格极具竞争性。公司还把发动机技术用于其他领域：剪草机、耕作机、推煤机、灌木铲除机、吹雪机、全地形车辆、水上摩托以及四冲程外置航海发动机。2003 年，公司作为喷气式飞机发动机 OEM 提供商大胆地进入了航空领域，同时还生产双发动机小型商务喷气式飞机。这种飞机 2005 年 7 月在奥什科什（Oshkosh）的飞行展览中首次亮相。

简要回顾一下本田公司的历史就会发现，它每隔 15～20 年就会开发一项主要的新市场应用：每次都会利用其发动机技术。在 20 世纪 50 年代，新市场应用是摩托车；70 年代，是轿车；90 年代，是 SUV 和厢式旅行车。这种循环周期现在看起来已经加速为每 10 年一次，现在领跑的是飞机发动机和其他应用。利用核心技术来开发新市场应用是本田公司做得得心应手且经常做的事情。

本田公司涉足轿车领域的历史遵循着一条不断创新和市场成长的道路，并伴随着内部剧变或收购。本田宗一郎（Soichiro Honda）于 1946 年成立了本田技术研究所（Honda Technical Research Institute）。一年之后，他开发了研究所第一个产品，用于电动自行车的小型发动机。到 1949 年，本田的研发团队已经开发出用于摩托车的 98-cc 双循环发动机。本田公司的第一款摩托车 Super Cub 于 1958 年问世。意识到战后美国市场的规模和购买力，本田公司于 1958 年在洛杉矶开设了分公司。这是公司历史上具有里程碑意义的事件：它标志着本田公司开始利用其不断发展的发动机技术满足美国消费者的需求和品位。

公司从摩托车生产过渡到汽车生产开始于 1963 年，那时公司为日本市场推出了一款运动型轿车。之后开始的一级方程式赛车推动了对高性能发动机的需求。1966 年，本田推出了 N360，这是一款高性能空气冷却发动机的微型轿车。现在仍然非常流行且省油的思域是本田在 1973 年推出的。思域在北美海岸获得巨大成功。因为恰逢美国第一次能源危机，时机好得不能再好了。

当思域由于其省油而广受好评时，本田开始着手开发较为大型的轿车，以满足美国家庭的需要。1976 年面世的雅阁很快就得到好评，从汽车杂志《汽车和司机》（*Car & Driver*）《道路与车道》（*Road & Track*）得到很多奖项。在接下来五年里，雅阁连续成为美国卖得最好的汽车典范。为了寻找新用途和新用户，本田开始进入高端轿车和轻型卡车市场。

轻型卡车类别

轻型卡车产品类别包括SUV、厢式旅行车以及小型敞篷货车。本章介绍的Element是本田轻型卡车系列中的最新产品。公司进入这个类别的第一个产品是奥德赛厢式旅行车。

厢式旅行车子类别是非常成熟的市场，有很多强大对手，由克莱斯勒领军。从许多方面来看，奥德赛是本田对家庭用户理解的自然延伸。其结果就是，这辆车的样式能使成年人觉得愉悦，内部空间比竞争者的更大，非凡的驾驶舒适性以及很高的可靠性。第一代奥德赛于1995年推出，第二代和第三代分别于1999年和2004年面世。在首次面世的两年内，奥德赛每年的销量都超过100 000辆；到2004年年底，在美国的销量超过150 000辆。

本田公司接下来瞄准的是五座，售价在20 000美元的SUV子类别。其产品就是CR-V。这款车利用了很多本田轿车的基本子系统，特别是思域。CR-V的可靠性、简洁性、驾驶性能以及价格使它1996年年底在美国一面世就受到追捧。其销售结果非常惊人。到1997年年底，CR-V的销量突破73 000辆。到2004年，本田为北美市场生产的CR-V超过120 000辆。像奥德赛一样，本田公司每4～5年就为CR-V进行一次主要的设计改变。

到20世纪90年代中期，美国消费者渴望有大一点的、为家庭使用的SUV，作为厢式旅行车的一种替代选择。美国汽车三巨头针对这种需求分别推出了切诺基（克莱斯勒）、Explorer（福特）和雪佛兰开拓者（Chevy Blazer，通用）。本田决定首先针对这一市场的高端用户，因为这一细分市场较低排量的需求与公司那时在北美的生产能力吻合。这个新的目标市场使MDX的开发充满挑战和乐趣。MDX第一年的销售为52 000辆。公司接下来在2001年较晚时候推出了更大一点的SUV——Pilot。第一年Pilot在北美卖出了50 000辆，在接下来几年销售成倍增长。到2004年，销量达到120 000辆。本田公司开发其轻型卡车生产线的增长策略引出了小型敞篷货车Ridgeline，于2005年面世。

各种不同的轿车和轻型卡车产品开发（图6.1）带来的集合影响就是本田公司成为北美市场的主要汽车商。从1985年以来，本田的市场份额几乎增长了250%。本田造的汽车不仅有消费者愿意买，而且公司还赚钱。这部分归功于它的产品线架构和共享的平台，比如发动机和横跨这些架构的底盘。

利用技术为新目标用户服务

发明和新产品开发是本田公司使命和文化的一个核心部分。所以我们不用诧异公司在2002年推出Pilot时就在着手开发另一种新的SUV。这款车就是Element（图6.2）。它是公司耗时五年进行了密集的概念设计、产品开发和制造过程开发的结果。它瞄准的是不同的用户和用途。

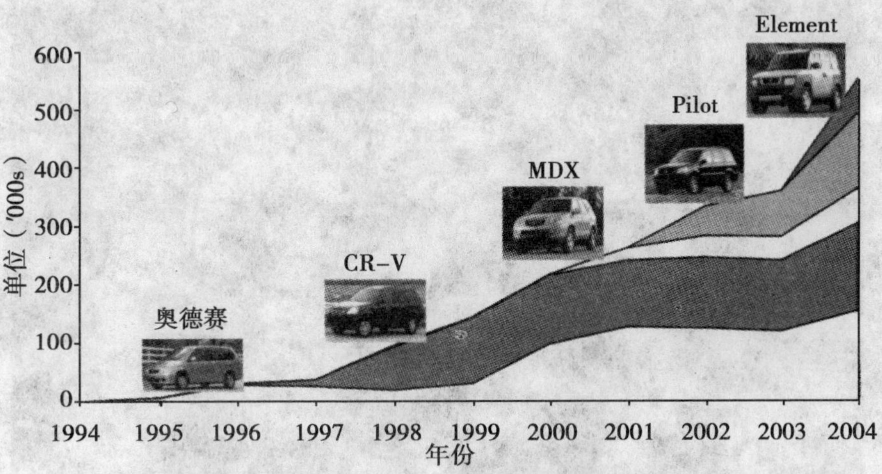

图 6.1　轻型卡车类别的创新

（本田公司，经授权使用）

新用户

如果你曾在路上看到过 Element，你会发现它非常不同于本田生产的其他 SUV，或者其他生产商的 SUV。有些人觉得它看起来很有趣，另一些人则对它的四方外形感到迷惑。本田公司是为第一次买车的 Y 一代男性设计的 Element，他们的年纪在 19 ~ 29 岁之间。这是公司在北美市场的一个新目标用户群。一位高层管理者说："我们有为年轻女性和家庭设计的产品，但却没有为年轻男性设计的车型。"本田公司意识到由于没有这样的车型，公司就失掉了机会让这些首次买车的年轻男性认识本田品牌，并随着他们年龄增长和越来越富有，可以购买诸如 Pilot 或者讴歌 MDX。

四阶段开发方法

本田的新车开发历经四个主要阶段，Element 也不例外。

1. 业务规划。对目标市场、用户需求、设计关注点、可寻址的市场、销售预测、成本和运作成本进行简洁但全面的表述。新车概念经过高层批准后，组织开发团队并确定开发的时间界限等。

2. 子系统规划。对外部和内部子系统的一系列设计评价以及设定生产和销售的时间界限。

3. 原型开发。集成、确定并评价所有与车辆相关的要求。

图 6.2　本田 Element

（本田公司，经授权使用）

4. 生产前评价。确定所有规格要求都是可以制造的。这样才有可能获得批准，进行大批量生产。

在所有新车开发过程中有一名管理者负责业务规划流程。这个人和公司其他管理者一起，定期审察一些新车开发提案。那些看起来最值得开发的提案被交给开发团队，他们大多由汽车工程师和设计师组成。由于这项工作非常密集，管理层在面对众多选择时必须精心挑选，以确定哪些提案得到批准，进入开发阶段。

每个开发团队都致力于精炼产品概念，开发特定的测试车辆（通常是对现有车辆进行部分改进），准备一份全面但简洁的业务计划书。一旦本田高层批准这份规划书，产品概念就要经过密集的产品和制造流程开发，然后到面世。概念开发团队的工程师通常会转移到正式的产品开发团队中，确保早先的市场领悟和技术设计能有连续性。一旦一辆新车面世，团队领导还要在接下来的几个月里碰面开会，进行面世后的回顾和审视，看看有什么教训是在今后的开发中可以避免的。

本田的研发部门有自己的前端营销专业人员，称为产品规划师。这些人在市场细分、明确用户需求，将这些需求转化为特定的产品概念方面非常有技巧。产品规划人员与不同的概念开发团队一起同时进行工作。

了解目标用户

本田在 1998 年年初在加利福尼亚托兰斯（Torrance）的设计工作室成立了 Element 概念开发团队。那时，这个计划被称为模型 X。团队的目标是创造引人入胜的设计，其特征和价格能与目标用户的核心价值观和信念和谐一致。理解用户的核心价值观和信念不是小事，尤其是对一些新的和不熟悉的用户群来说。这些价值观和信念不能从书中得到，也不能从咨询公司那里买到。分析师必须亲自到现场，进行细致入微的用户研究。了解价值环境也十分重要，对用户和用途的领悟成为炫目设计的基础，如前几章所述（读者可以倒回去看看图 4.2 中的愿望部分）。本田的产品设计师们在以前曾多次这样做过。比如，在开发奥德赛厢式旅行车时，本田开发团队就对家庭用户在使用车辆时的情况进行观察，研究他们的欢乐、烦恼和需求。这些观察带来了内部空间和多样性的创新设计。

对 Element 开发团队而言，形成设计概念的第一步就是在 Y 一代男性环境里对他们进行观察。最佳观察场所就是众所周知的进行 X 比赛的地方，充满了各种蛮勇的比赛——比如玩花样滑雪和滑雪板摩托赛车、滑板以及其他让人毛发耸立的极端运动。非常渴望深入了解这个细分男性市场，一组年轻的工程师和市场人员被派去参加 1998 年的 X 比赛。他们带着照相机和摄像机，在比赛前、进行中和事后近距离地观察这些参赛者。许多团队成员自己也在 30 岁边缘。

除了 X 比赛外，团队成员还进行了其他场景研究——年轻人们生活和玩耍的地方——也成为开发特定用途的情境。一些被观察的特定行为包括从公寓搬进搬出，运动以及周末社交活动等。每个观察结果都在汽车子系统设计中得到体现，比如灵活的座位设计。图 6.3 显示了一些情境观察的主要例子。比如，注意看看图 6.3 中左上图中睡垫下面非特定用途的储存空间。在车内设计特别的储存空间成为本田汽车工程设计的一大强项。

经过这些努力，开发团队得出了条理清楚的目标用户概况。Y 一代男性有很强的群体认同感。他们社会化程度很高，喜欢一群人在一起做事。此外，他们很有社区敏感性，对更广的社会和环境事业抱支持态度。他们受过良好教育，许多人是大学毕业生。但是，他们和之前的 X 一代（在进行研究时 X 一代有 30 多岁了）不同，不是事业驱动型。开发团队观察到 Y 一代的男性是“工作是为了生活”，不同于婴儿潮一代的父辈们，后者是“生活是为了工作”。即使 Y 一代年轻人遵循着传统的职业发展道路，他们拒绝让工作占据他们的生活。开发团队为目标用户勾勒出一个轮廓，见图 6.4。如马克·戈贝（Marc Gobe）在《感性的品牌营销》（*Emotional Branding*）中观察到的，能激起 Y 一代男性反应的营销信号非常不同于针对年轻女性和家庭的。[1] 口碑、蜂鸣营销❶好过传统的广告策略。

将对Y一代男性的观察转化为引人入胜的新车需要其设计和特征能代言这些人的人格特征。换句话说，这款车必须在设计上流露出一定的态度和感情，仿佛对着世界大喊，“我是Y一代”。这些表达必须真实、可信而且具有说服力。

产品规划师开始讨论一个“没有尽头的夏天”梦想，这些年轻人可以开车带着一帮朋友和装备，他们一起流浪，充满乐趣：骑自行车、徒步、风帆冲浪、滑雪和在海边开派对等。这款车必须能装下运动装备、家具和朋友，还能为周末远足提供睡觉的地方。令人意外的是，内部设计的灵活性对渴望拥有年轻车辆的年纪稍大的男性来说也同样具有吸引力。[2]

本田产品规划师所掌握的这些对用户的多层面理解由设计师转化到即将登场的Element上，使其成为颇具优势的产品——这些优势超越了一些肤浅的认识，是竞争对手不易模仿的。

积极的生活方式

搬家

周末乐趣

图6.3 观察不同情境，以开发案例情境方案

（本田汽车公司。经授权使用）

❶ buzz marketing，是一种主要通过人们（可以是消费者或企业营销人员）向目标受众传播企业产品（或服务）信息的廉价营销方法。——译者

- 19 ~ 28岁的男性
- 单身
- 积极（有很多爱好）
- 爱社交（有很多朋友）
- 大学毕业
- 常旅行
- “工作是为了生活”
- 45%是第一次买车

图 6.4　Y 一代男性的人格特征

（本田汽车公司，经授权使用）

产品定位

用户研究帮助 Element 有了清晰而与众不同的产品定位，不同于厢式旅行车和其他 SUV。根据对其目标用户的理解，开发团队根据其生活方式和人生阶段对 Element 进行定位。如图 6.5 所示，CR-V 主要针对生活稳定的单身和适度积极的个人；Pilot 则定位于类似的家庭。另一方面，奥德赛要吸引的是那些有安定生活方式的家庭。Element 填补了定位框架中的空白：单身年轻人，有极端或不寻常的生活方式。这成为开发计划要关注的“绝佳位置”。

这个定位矩阵看起来很简单，但产品突破常常来自这样精致简洁的理解。Element 的定位使参与项目开发的几百人都明白在接下来的几年内自己要努力的愿景，这些人包括：管理层、经理人员、设计师和工程师、市场人员以及供应商。

从消费者特征到产品概念

了解了 Y 一代的核心价值观和信念以及 Element 相对于本田其他轻型卡车系列的定位，概念开发团队开始跑步前进。“没有尽头的夏天”开始有了具体的形式，是年轻男性生命中的一段日子。这时他们没有太多家庭责任，有很多个人自由，需要有一辆车来支持这种生活

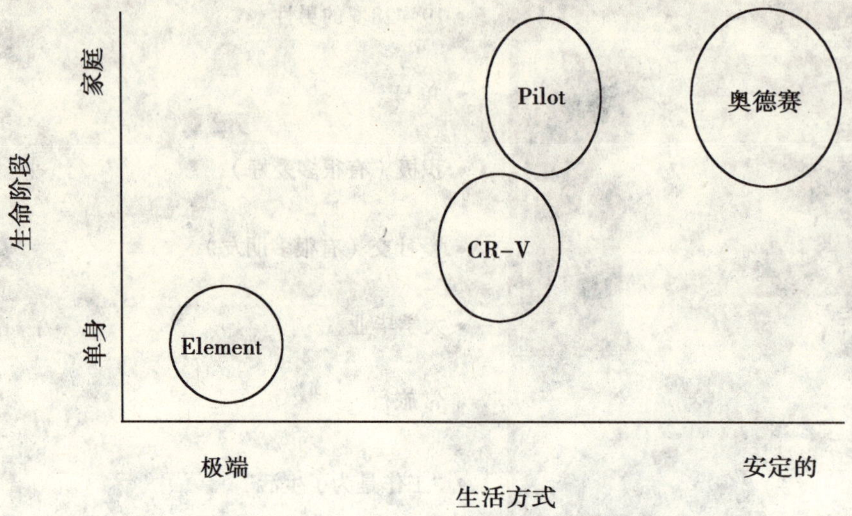

图 6.5　给 Element 定位

（本田汽车公司，经授权使用）

方式。有这种情绪的年轻人想要把很多东西装进车里：朋友、自行车和滑板、从公寓搬进搬出的家具和音响设备等。

车辆外形和驾驶感同样重要。这款车必须看起来结实可靠，又在“浪尖”上。此外，它还必须有让人愉悦的驾驶活力——能快速加速，很快转弯并且有运动式的悬挂装置。

类比很重要，它帮助开发团队形成新鲜和独特的设计。在经过了几个月的以用户为中心的设计工作后，开发团队得到好几个概念，作为下一步设计的灵感源泉。其中一个是海边的救生员站：坚固、能承受 Element 停放、对周围景物有开阔的视野、无拘无束的内部空间可以容纳装备和设备。

Element 团队对观察搜集到的信息进行筛选，总结成四类主要的设计主题。

1. 适应性和模块化
2. 可靠性和纯正性
3. 实用性/功能导向
4. 态度和感情

除了这些以外，还加上了所有本田汽车具备的主题：驾驶性能、安全性以及物有所值。每个设计主题成为设计师和工程师进行方案开发时关注的焦点。其中一些已经存在于本田的现有技术中。比如，传动系解决方案已经在本田的中心发动机研发室里进行开发。其他技术解决方案要从其他产品中进行调整或者从头做起。比如，Element 的外观式样必须是全新的。

让我们看看产品规划团队如何解决“态度和感情”这一设计主题。刚开始，这个主题采用了激进的形式：图6.6中的“轮子上的脑壳箱”（brain cage on wheels）。这个早期设计使它看起来更像卡车而不是载客的汽车。它有很宽敞的内部空间，可打开和分离的顶盖，短而粗的车头。当然，还有很大的轮胎。

他们开发了很多脑壳箱的版本，先是画了很多草图，然后造了样品。这些样品有鲜明而创新的外观式样概念和颜色。除了“没有尽头的夏天”外，还开发出“轮子上的动物之家”和“自由到极致”这些概念。这在汽车业是不常见的。考虑到开发新车的巨额成本，生产商总是希望能稳妥地开发，对那些看起来大胆、前卫或者异常于现有汽车生产线的设计都会泼冷水。那些墨守成规的生产商管理者们会迫使大胆的设计逐步趋向平均水平，于是不久以后，新车就会有“我也是（这样）”的外观了。本田的管理者们却避免了这种行为。如前所述，牢牢地坚守愿景至关重要。这可能意味着为家庭汽车设计较为传统的样式，为运动型汽车设计更激进的式样，在Element的开发案中，则是为酷爱运动的用户设计前卫的外形。主管们采取行动，以确保Element在公司较为传统的式样阵容中能够独树一帜。

概念团队的其他工程师们同时在进行其他核心设计主题的处理。图6.7显示了整个团队将核心用户信念转化为设计主题的进程。这个图展示的是针对“适应性和模块化”这一主题采用的方法。这款车必须擅长搬家使用、运输运动装备以及在海滩上和朋友开派对。对每一种用途而言，这款SUV都必须实用且以功能为导向。在图中，我们可以看看如何通过两个子系统——内部和外部——来满足这些需求。

内部子系统的特定设计概念包括可以灵活折叠的座位。这就使Element有了相当的装货能力、开派对的空间，而且在需要的时候，还可以在这看起来相对较小的SUV里睡觉。就外部子系统而言，开发团队也特别设计了无b－支柱结构[3]，它使蚌壳样式的门可以开到最大，方便上下和东西搬进搬出。后门也有蚌壳的功能，比传统后门更方便进出。可拆卸的天窗也是如此。总而言之，Element的设计融合了许多创新的、功能实用的子系统。每个子系统的草图设计都在开发团队内以及Y一代男性目标用户中进行讨论和审查。

这些草图进入研发部门样品生产车间，主要子系统如框架、后门和内部座位等都塑出泡沫或黏土模子，大小是实物的四分之一。经过无数次检验和调整，这些样品被重塑成实际大小。一个栩栩如生的Element样车成型了。

开发团队对逐步成型的设计很满意。但目标顾客也会同样满意吗？为了回答这个重要问题，团队成员带着设计草图访问了美国不同地区的大学生。在接下来几个月里，他们走访了华盛顿大学、南加州大学、锡拉丘兹大学、得克萨斯大学以及科罗拉多大学，通常利用男大学生联谊会场所作为会谈地点。本田工程师和市场人员向学生展示草图，得到反馈，并迅速进行改进。

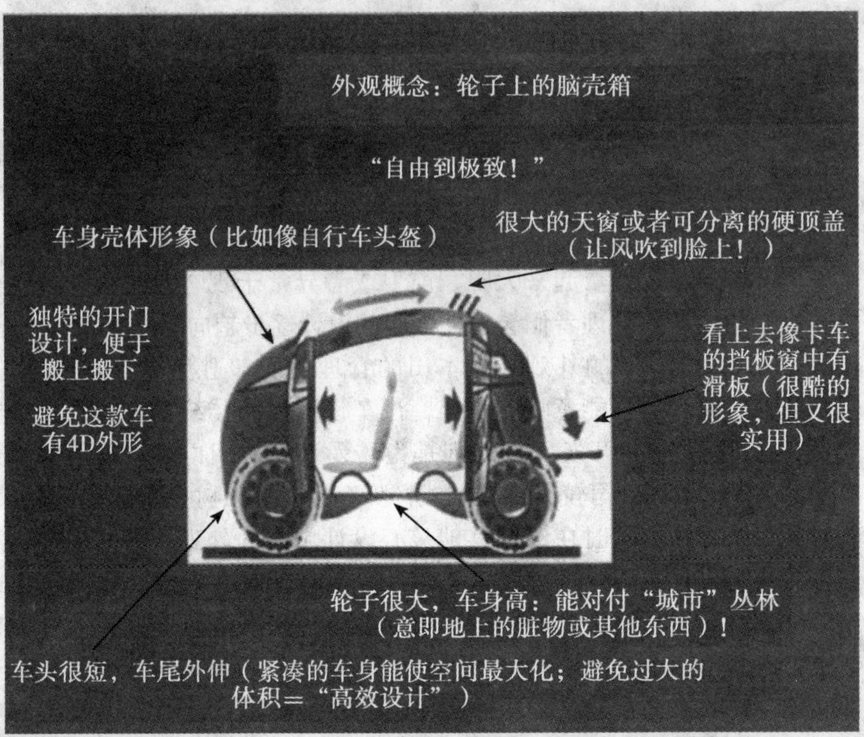

图 6.6　“轮子上的脑壳箱”：早期设计版本

（经本田汽车公司授权使用）

估计业务的经济合理性

在目标用户对设计草图进行评价时，针对 Element 的业务个案也在成型。这个个案依赖于简单却强大的数据。

- Y 一代代表着北美主要的人口扩张，几乎赶得上婴儿潮一代。他们是婴儿潮的下一代，1995～2002 年，这些年纪在 15～25 岁之间的年轻人的人数几乎增长了 719%。到 2010 年，北美将有超过 70 000 000的 Y 一代年轻人驾驶汽车。他们已成为主要的消费群。
- Y 一代年轻人有超过一半（52%）是首次购车。
- 还没有其他类型的 SUV 能直接对 Y 一代男性的胃口；他们能接受的价位是 20 000美元左右。

这些数据成为为 Y 一代男性开发新车概念的强大证据。图 6.8 中有一些与之相关的数据。

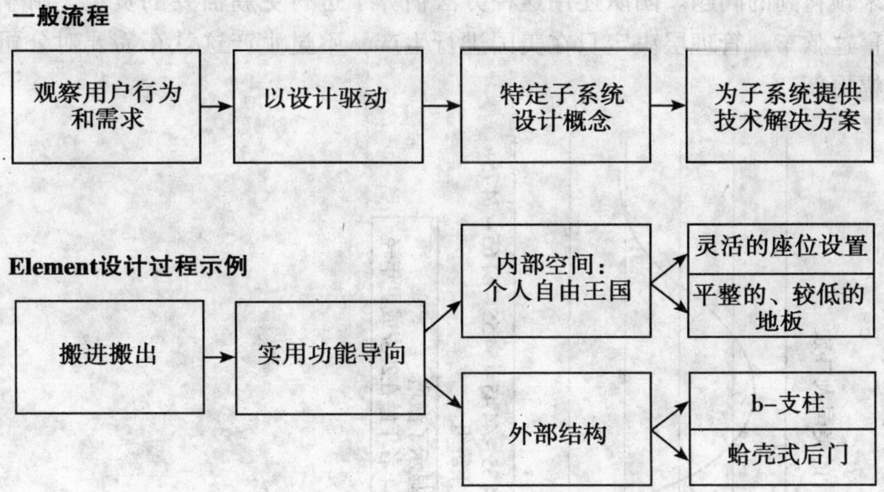

图 6.7　从用户需求到技术设计解决方案

管理层很有信心，一旦这些新用户采用了本田品牌，随着生活方式和收入的不断变化，他们会忠实于本田品牌，升级到本田的其他车型——就像女性从思域升级到雅阁，然后是奥德赛厢式旅行车。今天的 Element 用户随着其成熟、结婚和组织家庭，很有可能会升级到 Pilot 或奥德赛——如果他仍然单身的话，可能会购买大热的 S2000 敞篷车。

财务预测

此时，开发团队需要制订财务计划来预测收入、制造成本和资金需求。第一个挑战就是根据两个因素来预测销售收入：预计的销售辆数和批发价格。本田轻型卡车和 SUV 销售的经验提供了一些指导，因为实际上，Element 和这两类车有些共同特征。最适合的比较对象是 CR-V，此时本田的年产量是 100 000辆。由于 CR-V 的对象是更广的人群——单身人士和年轻家庭——这就意味着 Element 的销量会少些，尤其是作为新兴市场的新车。因此，第一年的预测销量是 50 000辆，相应地做了资金需求计划。管理层知道，如果这个估计过于保守，他们将提高产量；另一方面，如果过高估计实际销售目标，就会使上千万美元囤积在无用的厂房和设备里。

财务预测的内容还包括根据 50 000辆销量预测的各种成本。本田研发部门的数据库里有各种部件的成本以及现有车辆不同生产水平的制造成本。开发团队利用这个数据库进行从成本到产品的估算。由于许多传动系的部件以及底盘和驾驶控制的一些东西都与本田其他产品相同，根据数据库得出的估算较为准确，最终帮助实现了 Element 的大批量生产。

工程开发预算也是用类似方法得出的，用以前的项目做参照，并确保预算有足够的腾挪空间来解决未预料到的问题。团队还用这种方法估算了进行更新需要的资金。由于公司只打算在北美销售这款车，管理层决定只在美国进行生产，不过生产这款车需要对公司的一条组装线进行大幅更新。

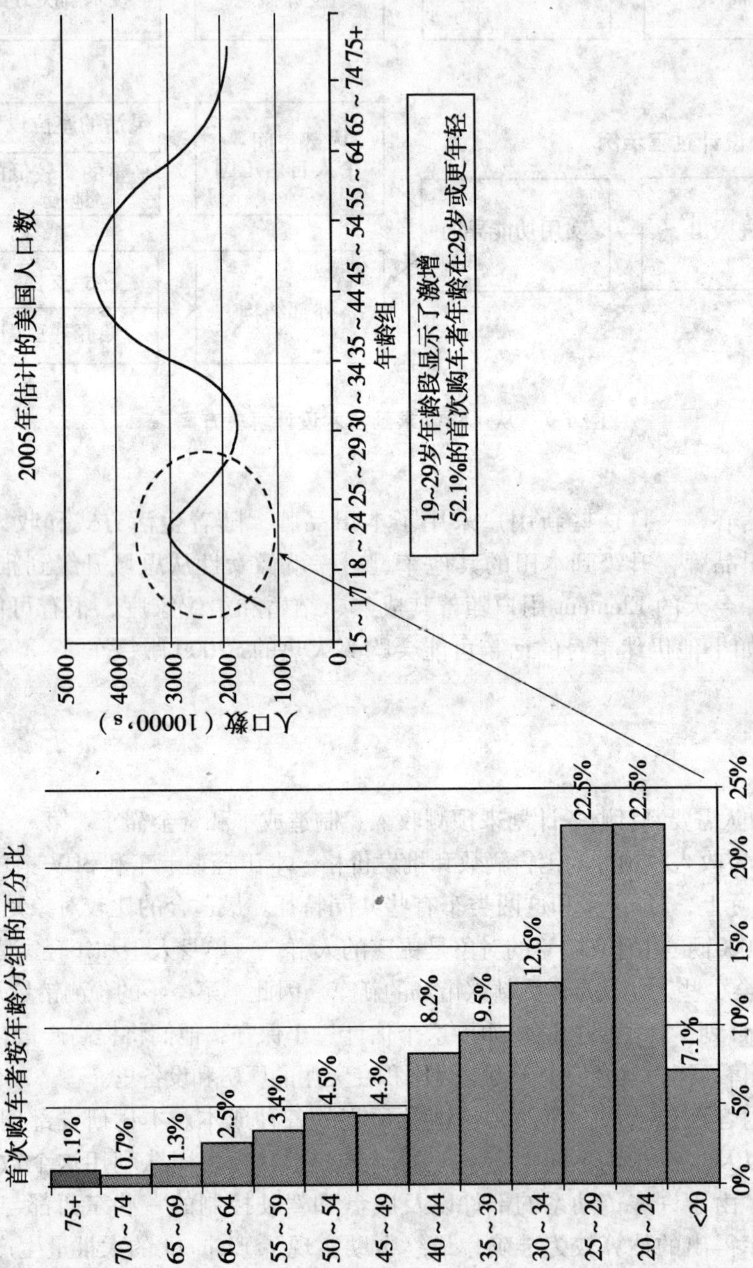

图6.8　首次购买新车的用户人口统计数据
（本田汽车公司，经授权使用）

管理层开绿灯放行

开发团队知道其业务计划的成功依赖于高层的强力支持，这就需要管理者们赞成他们的愿景。由于开发团队进行用户人口调查如此顺利，他们决定让高层管理者亲身体会一下。既是一种体验，又是一种产品，Element 很自然地让这些管理者们进入到目标用户的世界里。这是一个很好的创新者为新市场用途争取管理层支持的例子。

团队邀请高层管理者参加一个周末在加利福尼亚圣奥罗菲（San Onofre）冲浪海滩举行的露营。约 30 位来自公司主要职能部门的管理者（包括美国销售和研发管理者）参加了 Element 团队的这次活动。他们中有日本人，也有美国人。本田的最高管理层——用一位研发主管的话说，“绝对是汽车狂人”。他们对产品富有激情，在开发过程中乐于充当测试司机。他们在圣奥罗菲海滩上谈论对驾驶性能的共同热情，独特的 Y 一代年轻人的生活方式以及这两个因素对 Element 和本田来说意味着什么。这个在海滩上度过的周末使审视和评价会议达成了一致。他们做出了关键人事决策，包括挑选出开发团队领导和关键员工。

另一个关键的管理层决定是在哪里装配这款 SUV。本田在北美有四家主要的生产设施：生产线 1 位于加拿大艾利斯顿，主要生产思域，生产能力接近饱和；生产线 2 也在艾利斯顿，生产讴歌 MDX 和奥德赛（到2004 年，开始生产 Pilot），其生产能力也接近饱和；生产线 3 在阿拉巴马，生产奥德赛和 Pilot，由于这两种车的需求不断上升，这条生产线也快达到极值；生产线 4 在俄亥俄州的东利伯蒂，这条生产线用于思域的生产，也接近饱和，但是公司预计思域的需求量已趋于平稳。

使用最后一条生产线生产 Element 也不容易。Element 比思域要重得多，因此，需要对传送带进行相当程度的升级，其他生产流程也需要革新。不过，东利伯蒂的生产团队有很好的声誉，而且表示愿意接受这一挑战。东利伯蒂离本田在俄亥俄州雷蒙德的工程中心很近，这也是一大优势——在东利伯蒂进行装配就这样定了。

Element 团队现在要开始我们的新市场应用框架中的产品和平台开发阶段了。在 2003 年 12 月之前要把所有事情都完成是管理层雄心勃勃设定的目标。

本田 Element 的概念开发生动地演示了如何以用户为中心进行设计。我们会在后面讨论本田如何把这些设计转化为真正的汽车。但首先，我们必须梳理一下产品线和平台开发的一些重要原则。

注释

1. Marc Gobe，Emotional Branding（New York：Allworth Press，2001）.
2. Element 内部的灵活设计后来被证明对更广范围年龄的消费者具有吸引力。
3. b－支柱结构消除了车头和车门之间从车顶到车底的垂直钢结构支撑。

第七章

产品线和平台开发

新市场应用的产品线架构、子系统和界面——作为共享子系统的平台——子系统和用户界面的力量——大多数企业里血淋淋的现实——为新市场应用制定平台战略——模板——自下而上的资源规划——利用架构来包容互补的创新者——读者练习

如我们在前面几章所看到的，一个整体的产品或服务概念是许多特定设计概念的集合，这些概念满足了特定需求，在产品或服务的主要子系统里体现了这些概念。现在我们来看看如何实施这些技术解决方案。

企业利用其核心技术实现新市场应用依赖于设计和技术实施领域内不断提升的模块化程度。卡丽思·鲍德温（Carliss Baldmin）和金·克拉克（Kim Clark）指出，这种模块化使企业更容易在最后的产品或服务中融合与之匹配的特定技术部件。[1] 如果技术不是模块化的——不像乐高玩具（LEGO）一样——而是一整块不能分隔的，就很难把这项技术用于最初设计用途之外的其他地方。

经验显示，为新市场应用而运用技术的最佳途径就是从开发一个坚实的、模块化的架构开始。这个架构里包含了许多子系统，每个子系统都有特定的目标。我们先来看看这个方法如何适用于实体产品，然后再研究其如何适用于软件系统和服务。

产品线架构显示，主要子系统类似于密切相关的一组产品，也就是一个产品家族。一个子系统是元件、模块或构成一个重要子集所有功能的流程。产品线架构还显示这些子系统在什么地方、如何与彼此连接起来。这些连接被称为架构的内部界面。产品线架构还显示产品的外部界面，如油泵如何把汽油灌入汽车或计算机如何得到电源。外部界面的一种是用户界面，它使用户能与产品互动。还有一种外部界面使一种产品与其他产品进行互动。

产品线架构还能显示如何根据特定用户和用途，在什么地方以及如何实现产品的专用化。架构能表明标准产品经过特定解决方案（更多的加工或服务）而实现定制的界限所在。成本高效的大批量定制需要很强大的产品架构做支持。

然后要考虑的是“平台”——一个很流行但经常被误用的概念。一个产品平台是一个可以为很多产品共用的子系统，通常在一条产品线内，有时则横跨多条产品线。IBM 的 64 比特 RISC 处理器就是一个横跨很多不同型号产品的平台；本田的 2.4 升发动机也是如此，公司的很多轿车和轻型卡车用的都是它。遗憾的是，很多企业错误地把架构当做平台，试着把架构广泛用于其他不同的用途。当企业为了一个新兴市场应用而试图把现有产品线而不是开发一个新的架构来适应这个唾手可得的机会时，他们就犯了这样的错误。

产品线架构和产品平台是不同的，其关注点不同。一个坚实的产品线架构作为新产品的基础，能带来新收入；而强有力的产品平台能减少产品成本、工程花费以及产品面世的时间。这两者都是企业成长所需的。

模块化架构内的子系统能在产品线生命周期内独立升级。比如，计算机是模块化的架构时，它的内存和外设很容易升级。更进一步，这些子系统也很容易适用于新的市场应用。一个刀片服务器（blade server）架构就很容易有广泛应用。

这些例子表明，花在产品线架构和子系统设计上的时间是值得的。从长期看，这些时间能带来更大的生产能力、可靠性以及促使产品更快面世。

从理论上讲，一个产品线架构模块化程度越高，它的生命周期就越长，因为在设计时就考虑到了要对其进行延伸。而这种延伸性对于企业持续增长是非常关键的。一旦这种延伸在工程加工、成本和上市时间方面令人头疼，就应该采取清除的方法来对待这个架构。很快地，产品线架构的绝大部分就会不适应新技术突破的要求。[2] 如果 IBM 在 20 世纪 80 年代而不是 1993 年才采取这种清除的方法，本书第一章所描述的那种濒临死亡的情况或许就可以避免。

遗憾的是，在大多数企业里，为下一代产品线架构和子系统进行研究开发投资都是一项艰难的决策。管理层常常要今天的利润最大，而牺牲了未来的产品线成长。当企业意识到开发一项新市场应用远比更新一条老化产品线重要时，为时已晚，市场份额也已经无法挽回了。正如一个团队领导所说，“很少有人理解架构以及它是如何帮助企业进步的。它是最难向管理层说清楚的事情。每当我试图谈到这个主题时，他们总说顾客不会买架构，只买产品。他们既不理解架构是所有好产品的基础，又想把设计和实施新架构的费用留给继任者”。

这位苦恼的经理没有和吉列公司的高层交谈过，后者清楚地知道架构创新的重要性。吉列在 2004 年为其剃须产品引入了一条新产品线架构。它有三个主要子系统：手柄、刀片套筒以及一个内部由电池带动的、微脉冲子系统，它能实现更贴面的剃须。吉列利用这个架构开发出高性能剃须的新领域，并以此回击竞争对手的四刀片系统。结果非常有效。消费者对这个新产品 M3Power 有很强的需求，吉列连续六个月在美国市场处于份额领先地位，公司在英国的市场份额也有很大提高。[3]2006 年吉列在全球剃须刀和刀片市场的份额超过 70%，是排名第二的竞争者份额的 5 倍。

定义产品线架构

架构是开发一个功能全面产品线的基础，其中每个用途采用共同的技术和性能。它定义了产品、系统或服务中的子系统。架构还是确保产品和服务能与用户环境里的其他产品或服务相连的最佳途径。架构重要吗？它当然非常重要。开发一个好的架构需要精心专注的努力。只有这样才能进行下一步的设计和特征的细节处理。

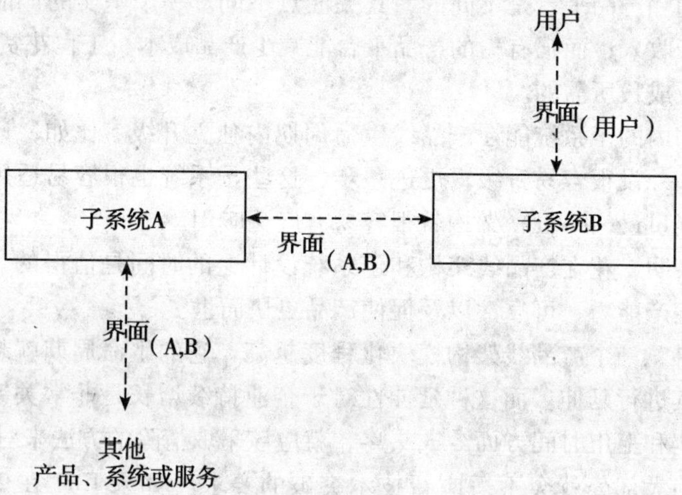

图 7.1　有两个子系统和三个界面的简单架构

如前所述，产品线架构定义了子系统和连接这些子系统的界面，如图 7.1 所示。图中的架构只有两个子系统 A 和 B。每个子系统通过一个界面（称为界面 A 和 B）与对方相连。用户界面被标为“界面（用户）。”

产品线本身有一个结构——架构——定义了关键子系统以及子系统与用户之间的界面。每个子系统和界面都有设计。因此，架构在两个水平上存在：作为整体的产品线和在其中的关键子系统。两者都同样重要。如果做得不错，产品线很容易升级，而关键子系统也很容易被用到其他产品线中。拿 Element 的例子来说，本田公司就准备根据新的市场知识来升级这款车，它还准备把用于 Element 的发动机用于其他轿车和轻型卡车中。

这些思想还适用于系统和服务。系统的架构，比如管理信息系统的架构，不仅显示这个系统的主要部分——比如用户界面、分析路径和报告模块——还显示外部系统如何与这个系统相连。

服务也有架构，如我们在第五章中看到的工伤赔付服务创新的例子。在这个例子中，独创的子系统包括预防受伤、事故报告、诊疗和索赔管理。然而，相对于实体产品而言，服务的子系统是在更庞大工作流中的特定过程。工作流本身就定义了所有其要求的过程、这些过程之间的联系以及支持每个过程和衡量性能的信息系统。工作流常常就是一项服务的架构。

很少有产品线的架构如图 7.1 显示的那样简单，只有两个主要子系统和一个界面来连接它们。但也有一些架构是这样的简单。再来看看我们许多人每天都要用的剃须刀。吉列的产品架构包括手柄和套筒，新一点的产品还有电池。同样的架构用于男性剃须刀和女性剃毛刀。手柄的设计是不同的，这是为了满足两种性别的不同需要和品位。但这些产品线的每一代产品使用的刀片都是相同的。吉列工程师开发的界面架构（手柄和刀片套筒之间的部分）使这一切成为可能。由于两种不同产品线能共享一个主要的子系统，公司节省了成本，获得了资金优势。

在其他例子中，包装是一个很主要的子系统。对许多消费品公司而言，产品包装和产品本身一样重要。在这种情况下，开发团队必须将包装作为架构的一个重要因素加以考虑。否则，就会犯“事后诸葛亮”的错误。

尽管架构可以专注于一个产品（比如为用户专门设计的住处），我们的目的却是帮助企业开发众多产品线或服务。这就是为什么没有采用产品架构，而是使用了“产品线架构”这个术语。产品线架构是产品、系统或服务的基础。产品线中的所有成员都有相同数量的子系统和连接，这些连接在产品线架构中有专门的说明。

架构把一系列独立的、不同的技术模块组合成一个联合的整体，能为用户和用途服务。架构经常是分等级的。比如汽车的传动系架构，包含低水平的子系统：发动机、变速器和排放系统。它们是一个子系统里的子系统。

最坚实的架构是模块化的。它们的子系统很容易被改进或升级版本取代，只要遵循界面连接，就不会影响其他子系统的功能。你们计算机上的杀毒软件就是一个完美的例子。主导程序会自动上网去下载并安装新的病毒探测软件，并清理插件程序。如果软件本身不是模块化的，这点就根本不可能做到。对汽车生产商如本田公司而言，模块化架构是最为重要的。汽车生产商不可能有实力每年为每辆车进行重新设计。相反，他们用改进的版本替代某些子系统，比如发动机控制器、车用导航系统或内部装饰等。每个子系统都是高度模块化的，很容易进行替代，而不需要对整个车辆进行重新设计。在上面两个例子中——杀毒软件和汽车——模块化的架构使其能够随着时间流逝一部分一部分地改进整个产品、系统或服务，而不需要从头做起。

开发新市场用途的企业通常要构筑一个新的产品线或服务架构。除非这家企业已经有一个非常坚实的、模块化的产品线架构，能轻易地调整适用于新用户或用途。比如，本田公司 Element 使用的产品线架构与 CR-V 的没有多大不同，只是许多主要子系统的装配有差异。相反，IBM 在创造 CMOS 为基础的产品线架构时就必须舍弃其现有的两极架构，因为新架构要适用于开放系统和电子商务的 Linux 环境。

子系统界面

无论对实体产品、系统还是服务来说，如果子系统是产品线架构的关键，那么这些子系统之间的互换性就是随后几代产品改进的关键。互换性是这些子系统之间连接（或称为界面）的基础。

如前所述，界面有三种形式：内部界面，将一个子系统与另一个联系起来；外部界面，将产品、系统或服务与其他产品、系统或服务连接起来；用户界面，使用户（当然还有他们的宠物）能与产品、系统或服务实现互动。

用户界面设计的简洁和巧妙是所有行业领导极度渴望的目标，无论是汽车控制器、喷墨打印机可更换的墨盒或者是受伤者的索赔报告等。低劣的、笨拙的产品不能讨顾客欢心。他们不会再像几年前那样忍受设计拙劣、难于使用的产品。

好的用户界面设计的关键在于把它当做是双向和互动的："系统告诉我这样，我告诉它去执行，系统作出反应，我们双方不断推进。"遗憾的是，大多数软件都还是秉持单向反应这样一种错误思想，让用户失落，渴望一种更有帮助的互动性能。[4]

许多产品和服务必须和用户环境里的其他产品和服务联系起来。这些外部界面必须经过精心设计，才能使许多技术密集型产品成为可能。比如，IBM 的软件开发工具必须和其他工具联系起来，它的计算机必须通过存储和通信网络的各种协议获得数据。开发好的界面技术所花费的努力就如同开发好的子系统技术所需的努力一样；实际上，一个界面就是产品或服务架构中的一个特殊子系统而已。

随着子系统技术的不断改进，它们之间的界面经常成为最重要的平台。它们使产品线能以一种渐进的方式不断改进。这对用户来说是一种更舒服的情形，因为他们花了时间和金钱来学习和整合现有的产品线架构——无论是产品、系统或者是他们工作和生活中的服务。

平台

模块化架构使强大的产品和流程平台成为可能。所谓平台，就是可以用于不止一个产品、系统或者服务的一个子系统或者界面。前面所提到的吉列刀片套筒就是一个简单却强大的产品平台。刚开始是一片刀片，然后是两片，现在是五片。这些套筒的构造决定了公司剃须系列产品的更新换代，并在男性和女性剃须（剃毛）产品上使用。

平台还可以是不同动力工具所依赖的动力源或者文字处理器、图表软件和绘图工具共同使用的图形界面对象的资源库。Swatch 手表就设计了一系列共用子系统（使用电池带动和机械动力的），运用于各种不同的手表类型：运动款手表、时装表和儿童手表等。通过平台子系统和用于特定用途的特制子系统之间设计良好的界面，就可以实现高水平的定制。对手表来说，这些定制的子系统可能是手表表面或指针。

平台还可以是服务中的 ·个共同流程。许多保险公司对不同种类的财产险和意外险采用共同的保单签署流程，或者不同的人生和健康险也采用同样的流程，尽管这些险种要使用不同数据和决策规则来得到特定的风险级别。[5]

最强大的平台可用横跨好几个产品线架构。在艾尔·莱纳德和我写成的《产品平台的力量》一书中，提供了好些平台的例子，它们促进了下一代产品线和新市场应用的开发。这些例子包括百得公司（Black & Decker）动力工具所采用的共同的、可升级的马达设计；惠普打印机的喷墨墨盒；EMC 公司存储产品的通用磁盘和电子器件；波音 777 各种大型和较小型飞机通用的结构、机翅、座位和顶上的行李舱等。上面每个例子都是这些企业的新市场应用开发的一个代表。共同的产品流程还是企业利润和收入增长的强大发动机（看下面方框里的例子）。

尽管近年来有许多关于模块化架构的书和文章，这个概念并不新鲜。亨利·福特在《今天和明天》（*Today and Tomorrow*）一书中已经描述过如何将严格的模块化设计用于汽车生产，这是 1926 年的事！[7] 福特描述了座位子系统，其部件和不同的材料（比如布料），生产每个部件采用的流程以及最后装配的流程等。

现在研究产品线架构和平台开发的人又重拾福特的思想。托马斯·约翰逊（Thomas Johnson）和安德森·伯恩斯（Anders Broms）在《超越计算的利润》（*Profit beyond Measure*）中就描述了斯堪尼亚卡车事业部为车队主人定制不同类型的车。他们把四大基本子系统的“好的、更好的和最好的”类型组合在一起，

这些子系统包括：发动机、底盘、驾驶舱以及用于 GPS 导航和通信的电子设备。[8] 每一年，斯堪尼亚工程师小组都会对这些子系统进行改进。如果没有绝对清晰、坚不可摧的界面或连接这些子系统的方法（比如发动机与底盘的连接或者车内各种电子器件的连接），这些改进就不可能如此神速地被应用到车辆上。

子系统的再利用

子系统能够而且应该在产品线之间被共享。为了明白这是为什么，看看我所研究的一家企业的例子。这是一家健康护理和技术领域的领先者，多年来，公司通过内部发展和收购不同产品线获得成长，这些产品线帮助解决医院管理和诊疗活动。遗憾的是，许多子系统之间的用户界面是不同的，比如内部数据库和纠错方法等。为此，一同出售服务以弥补这些系统缺陷。但是，顾客对这种做法很不满。于是公司打算创造能兼容所有产品和服务的技术：一个单一的数据库界面，以一个协议为用户提供所有的应用，以一个共用程序库，构造图表用户界面的等。

作为平台的流程

一个平台也可以是一个流程。对许多企业而言，生产或服务流程是他们最重要的平台。生产线的架构能够整合一些关键流程。比如休闲食品和宠物食品提供商玛氏公司，一条糖果条生产线就有"装糖"流程，接下来是流动"包装"流程；每个流程都使用昂贵的机器，其产量之高令人惊奇，而且这些机器还可以为企业的不同品牌进行生产，只要进行相关部署和调试。另一方面，面包机则有自动流程进行原料准备和发泡、烘烤以及包装。在技术方面，本书所研究的一个例子是一家领先的半导体生产商。企业团队解释了半导体设计和制造中以平台为中心的方法如何有效改进工程周期并创造收入。他们把这种方法与在设计和流程中没有使用平台的或者只是由相关人员进行从产品到产品的开发进行比较，显然以平台为中心的设计方法更有效。[6] 流程方法能使企业强大，就如同发动机带给飞机动力一样。

流程平台有两大优势。一是它让企业乐享改进的设备使用。生产流程通常是资本密集型的，无论是本田公司的装配线还是银行用于管理其账目的计算机、存储系统和网络设备。任何时候只要多个产品或服务之间能共用一个流程，资本成本就可以在更多业务或收入上进行分摊。

二是就如本田的一种发动机一样，共用流程可以成为密集质量控制和改进的焦点。所有经过这个流程的产品或服务都能从这些改进中受益。

	监测器				成像		心脏病室	
	系统1	系统2	系统3	系统4	系统5	系统6	系统7	系统8
实时获取	唯一	唯一	唯一	唯一	唯一	唯一	唯一	唯一
数据检查	唯一	唯一	唯一	唯一	唯一	唯一	唯一	唯一
文件记录	唯一	唯一	唯一	未知	唯一	唯一	唯一	唯一
决策支持	唯一	唯一	未知	唯一	唯一	唯一	唯一	唯一
工作流管理	唯一	唯一	未知	未知	唯一	唯一	唯一	唯一
数据库	Sybase	Sybase	Sybase	未知	SQLServer	SQLServer	Oracle	Informix
网络	TCP/IP	Lan Mgr	TCP/IP	TCP/IP	TCP/IP	TCP/IP	TCP/IP	TCP/IP
运行系统	NT,Unix	NT	NT	Windows	NT	OS/2	NT	Unix

图 7.2　三条医疗系统产品线几乎没有再利用

这家企业并非特例。图 7.2 显示了 20 世纪 90 年代晚期医院为监测病人以及成像所使用的信息系统搜集的数据。图中每一列都是一项新市场应用，基本上是医疗技术针对的一种特定新用途。注意，在这三条产品线中或之间很少有系统是共享的。作为这样一家大企业的一个部门，研发工作是分散的，没有正式的机制规定要共享子系统技术。如果有主要系统技术再利用这样的事情发生，那就是产品线经理自觉自发的。

研究图 7.2 对那些没能利用平台机会的企业人员来说是个不错的练习。图中不同列代表着企业各种不同的医疗设备。在现实中，当我们查看这些子系统的运行时，每个开发团队都采用自己的解决方案。这三条产品线——病床病人的监测、心脏成像和心脏病病室手术有共同的需求：从医疗设备获取实时数据，检测这些数据诊断病人的健康信号，在病人住院期间提供帮助以及记录医生或护士的行为。除了这些共同需要外，每条产品线还有自己的软件模块；它们之间实际上没有再利用的规范。从基础设施的角度看，尽管大家很希望能有共性，但只在网络层面才共用了 TCP/IP。其他剩下的，既便是操作系统，也是不同的。

这样做的后果就是企业开发周期通常很长，而且经常超出预算。购买了这三套系统的顾客希望所有信息能集中到一个共用的病人信息库里，以便医生获取和追踪。由于这些产品线之间较低层面的技术没有什么共性，要实现这种集成要花费大量金钱和时间。管理层中没有人认为这种情况是理想的，但是也没有人采取措施去开发共同的工具和子系统平台。

许多成功企业在相关产品和服务类别中而不是在不相关的产品或服务里实现多样化。[9] 但是，在他们进行和执行产品线决策时并不总能利用这种相关性的好处。相反，每条产品线都被看做是独立业务。他们把位于不同地方的开发团队集合在一起，之前这些团队很少有机会进行沟通。与产品线工程相关的会议总是不能关注产品线架构和这些架构里的共同子系统，其结果就是发现产品线之间共性的机会被忽略了。

界面再利用

高效的产品用户界面常常是缺乏的，更糟糕的是，内部界面（子系统之间的界面）也经常缺乏。这个问题不难理解。当工程师向关键子系统增加新功能时，他们倾向于构造新的、惯用的界面，以进入或与这些子系统相连。经年累月，界面的多重性就成为子系统创新和产品增值的一个巨大障碍。开发时间和成本猛增，即使最简单的产品改进也变得难以执行。

比如我的一个 MBA 学生，是一位中级工程经理。他试图使用现有的代码基础来支持一个新平台。他遇到的挑战是如何在硬件基础结构的编码里进行改动而不会影响剩下的覆盖代码。看图 7.3，这真是工程师最糟糕的噩梦了。这个图不过是这条产品线的缩影，显示了主要子系统（图中的方框）和它们之间的界面（线条）。改变其中任何一个子系统，工程师都必须检查，通常还要修订所有连进连出的界面。当一个子系统影响第二个子系统，而第二个子系统又反过来影响第一个子系统时，情况就变得更加混乱——所有这些系统都有独特设计的界面！复杂系统里的循环流程访问制造出巨大的混乱，因为很难找出问题根源在哪里或者完全

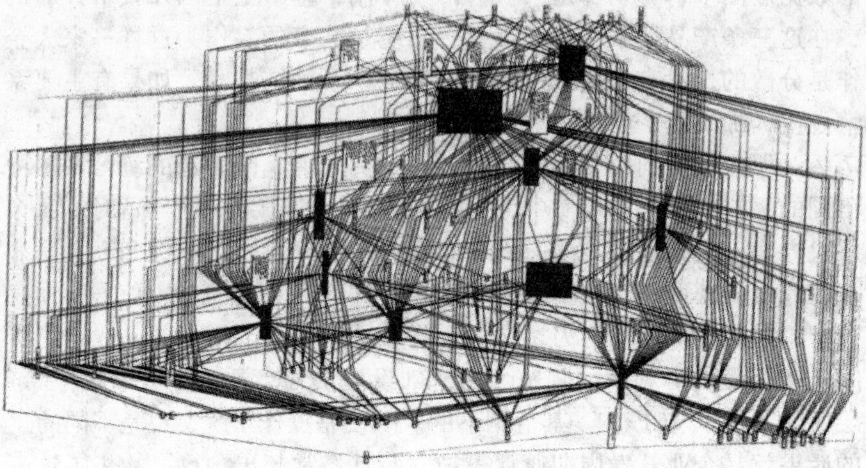

图 7.3 工程师的噩梦：缺乏界面规律性

了解它们的涟漪效应。

这个 MBA 学生很快就明白了这个更大的问题。他使用软件汇编里的一个特征，即从一个模块到下一个模块的流程访问，然后把结果分成如图所示的小块。他使用这个看起来格格不入的图形来确保得到所需的资金，从而能够一个个子系统地清除这些混乱。如前所述，推行这个一样变革很不容易，因为你总会听到这样的议论，“顾客不会买架构，有什么必要自寻烦恼呢?”然而，我的学生说服了高层管理者，采用逐步清除的方法来消除这些“意大利面式的编码”。他的团队清除了主要的界面，开发了一个层级式的接口来进入硬件基本结构的代码。在付出这些努力后的几年里，公司发现就研发生产率来说，效果非常可观。新系统的面世时间缩短了 20%！这位学生由于这项成就而成为公司主要产品线的首席架构师。

本书所研究的所有大企业在开发软件时都碰到各种不同程度的界面问题。像上面的例子一样，另外一家软件企业的这个问题是如此严重，不得不成立了一支十几人的专门队伍来清理乱糟糟的内部界面，消除这些界面之间的冗余，提高灵活性。几年后，企业减少了很多专门用于软件界面的代码，用一名工程师的话说，从“代码山”减少到富有结构和可管理的程度。这样就能更容易和更便宜地添加新特征。旧内部界面的复杂性还使外部用户界面很难使用。经过这次调整后，新软件好用多了。

开发模块化架构和平台的三大步骤

为新市场应用开发架构、平台和界面，可以考虑下面三大步骤。

1. 为新产品线或服务设计模块化架构。这个架构应该有技术或功能的特定层次，这些层次一起构成了整个解决方案。这样做的目的是，随着时间流逝，新技术和/或功能能被添加到特定层次，而不会影响其他层次。这样做就能使产品或服务不断演进和改进，同时把对用户的影响降到最低。

2. 定义共同和特有的子系统和界面，它们必须存在于架构内，带来制胜的产品、系统和服务。开发者必须为这些共同子系统在性能或功能方面设计和执行可升级性，这样才能用于各种用途。

3. 对产品、系统或服务做好升级和演进的计划。这些计划包括为终端用户的解决方案（产品和服务）进行向前推进，以及对这些解决方案的基础——平台子系统和界面进行升级。这两类升级和改进（针对解决方案和基础平台的）应该同步进行。完成这些计划工作需要特定产品开发团队和子系统平台开发团队之间的良好沟通。

现在，我们来逐个说明这些互补的步骤。

第一步：为新产品线或服务设计模块化架构

一个模块化架构可以描述为块状图，显示主要子系统以及它们之间的界面。为了进行定义，开发团队应该在简图中具体说明以下三种类型的界面。

- 内部界面：产品线架构里的特定子系统如何与另一个相连，以及如何通过这种联系发挥作用。
- 与用户的外部界面：对软件产品而言，它常常被称为“用户图形界面”。任何与终端用户相连的地方都是用户界面的某种形式，可以是动力工具的控制开关，或者超市里的货架陈列。
- 用户环境里连接其他产品、系统或服务的外部界面：这些连接对用户对产品的印象有重要甚至是决定性的作用。当我在阿姆斯特丹用手机和在波士顿效果一样好时，我很高兴。当我在巴厘岛上使用银行卡和在波士顿使用一样方便时，我同样高兴。所有这些都是通过用户喜欢的外部界面实现的，但用户从来都看不到它们。

图 7.4 是一个产品线架构的块状简图。把它当做新市场应用开发的一个规划模板。这个架构通过特定界面连接特定子系统而实现模块化。它还显示了在架构中的层次。层次是很多产品和服务的重要组织原则。架构中的每个层次都是一个富有逻辑的子系统集合，它们一起提供某种功能。比如，软件架构的某个层次可能包括处理用户界面的所有子系统，另一个层次可能包括获取数据的所有子系统。分层次帮助开发团队定义某种功并将它分派给特定子系统，以及它们之间的连接。在这个例子中，软件用户给出获取数据的指令，而不需要了解数据库本身的结构或者这些数据所在的存储网络的构成。[10]

分层次还帮助对未来子系统改进有清楚的聚焦。我们来看看玛氏公司永远年轻的牌子M&M巧克力。它有三个主要子系统：糖心、外壳和包装。公司采用分层次的做法进行创新，包括对每个层次的配方、原料和其他技术进行创新。

- 糖心：糖心有很多不同口味，如花生和杏仁。针对可可和花生的各种流程技术形成了生产平台，它们横跨公司多种糖果生产，创造出丰富的口味。公司不断采取努力来提高 M&M 豆糖心的质量和增进多样性。
- 外壳：颜色是外壳子系统的驱动力，也是 M&M 豆粉丝非常看重的。公司定期举行“颜色票选”，由消费者帮助决定在现有色彩的基础上再添加哪些新颜色。上百万消费者在公司网站上投票。在后面的章节中，我们可以看到公司如何利用对这一子系统的创新开发出一项全新业务——在糖豆外壳印上个人信息！
- 包装：M&M 迷你巧克力尤其受小朋友欢迎。这种产品没有使用公司传统的枕式包装，而是用圆筒包装，并且配有特别的图案。

总而言之，我们可以看到玛氏公司如何利用特定子系统创新来满足消费者对口味、颜色或欢乐感觉的新需求。他们将庞大的架构分解成有逻辑的部分或层次，然后将研发对准消费者看重的各种特征。

胶卷和原料生产商也对产品架构采用分层次方法。我曾研究过的一个企业觉得用许多层面来描述他们的产品线架构最合适——在有些情况下，其层次多达十几层。这些层面通过化学物质、温度和精确的时间被结合在一起。图 7.5 显示了一家胶卷生产商核心产品线的块状图，那些化学物质被隐藏起来了。[11]

当你的团队为产品线架构（无论是产品、系统或服务）设计层次块状图时，特别注意那些公司专有的子系统，它们能带来竞争优势，比如那些有可能申请专利的子系统和界面。把那些与知识产权有关的每个子系统用颜色、斜体字或者特别字体标出来。在你的公司有独特能力和不能轻易被模仿的领域进行创新非常重要。确保你有同事真正理解每个子系统的功能，里面所包含的技术，这些技术的供应商或者来源以及竞争对手的战略。

还要记住，架构块状图还可用于与高层管理者沟通。公司管理层必须理解产品线或服务的架构，以及开发模块化和可再利用平台的好处。在一页纸内清楚地描述每一点，并使用足够大的字体，以显示其重要性。后面的几页可以描述每个主要子系统或界面，这些材料可用于团队技术人员之间进行详细讨论。

第二步：定义共用和独特的子系统与界面

图 7.6 显示了如何在多条产品线之间确定共用子系统和界面，以及确定每条产品线独特

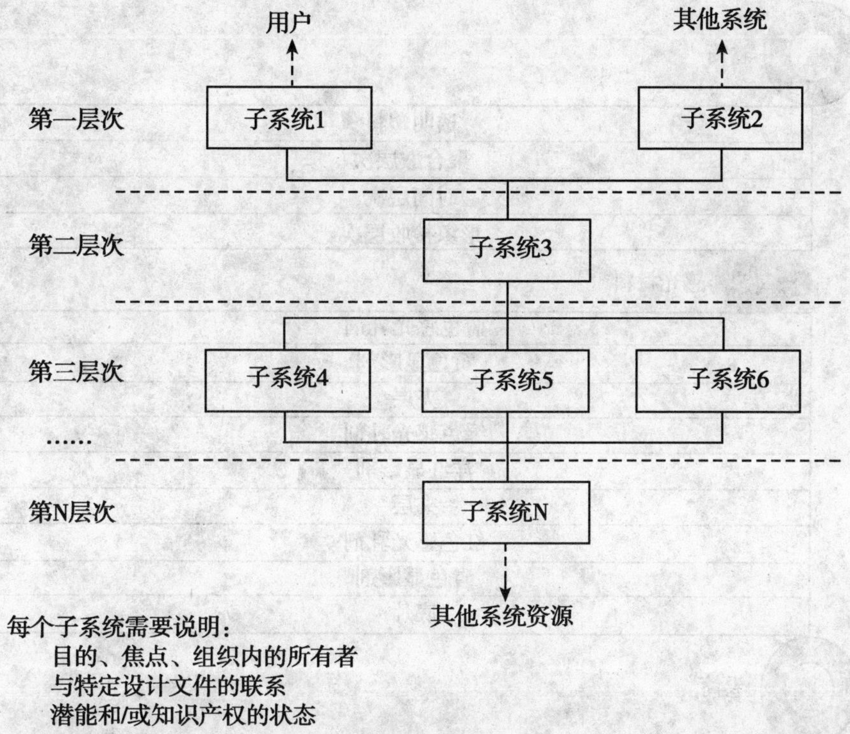

图 7.4　产品线架构模板

的子系统。共用子系统和界面帮助利用企业的技术，以及缩短上市时间。

尽管一般而言通用性总是有益的，但强求新市场应用的所有子系统或界面都具有通用性通常会使用户失望。除了共用子系统外，还要为针对新目标用户的产品、系统或服务创造附加价值。必须在共性和独特性之间寻求平衡。比如在本田 Element 中，公司为 Y 一代用户创造了特别的外部和内部子系统，同时又利用了许多 SUV 共用的传动系技术。我们将在第八章中了解这些细节。

图 7.6 中的模板表达了我如何看待这种平衡，它也是第二章中新市场应用开发管理框架（图 2.2）第二阶段的一个重要因素。当开发团队把样品转化为具体的产品线时，它必须寻求建构稳健的产品和流程平台。

在这个图中，每条产品线都有一个独特的架构。随着时间推移，这些产品线架构不断演进，以满足新用户需求，并包含新核心技术。架构的每个版本都可以看做是一代产品线。在管理良好的企业里，架构创新按一定频率进行，至少要使产品线与竞争者的更新齐头并进。针对单个产品的增值工程实施应该只是整个工程努力的一部分。在有些情况下，主要努力应

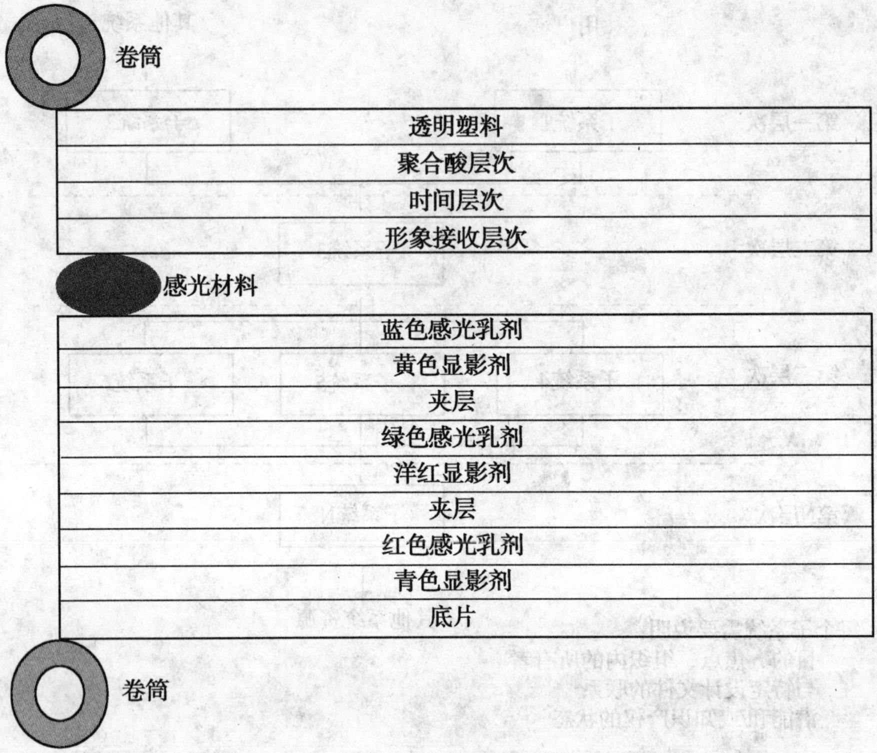

图 7.5 胶卷产品线的模块化架构

（此图最早出现在马克·梅耶和达拉·哈瓦（Dalal Dhaval）的文章《为非装配线产品管理平台架构和生产流程》中，载于：2002 年第 10 期《产品创新管理》（*Journal of Product Innovation Management*）：277～293）

该专注于共享平台；另外一些情况，应该将努力平分在增值工程和共享平台。共享平台和用于特定应用的增值工程之间的平衡应该是管理者和创新团队有意识来决定的。为了讨论需要，图 7.6 中的例子代表了这种“五五平分”的平衡。平衡平台研发和特定产品线研发之间的决策在图中以“设定增值工程界限”标出。

增值工程应该专注于特定子系统或包含一组子系统的技术层次，这很重要。因此，针对年轻用户的新车，外观样式就可以是一个定制的层次。电子器件、传动系、转向装置和其他子系统就可以作为共同平台加以适度利用。要注意：太多共性或再利用是对前几章所述的用户为中心的设计方法的损害。它们可能会降低成本，但却是以牺牲用户满意度为代价的。

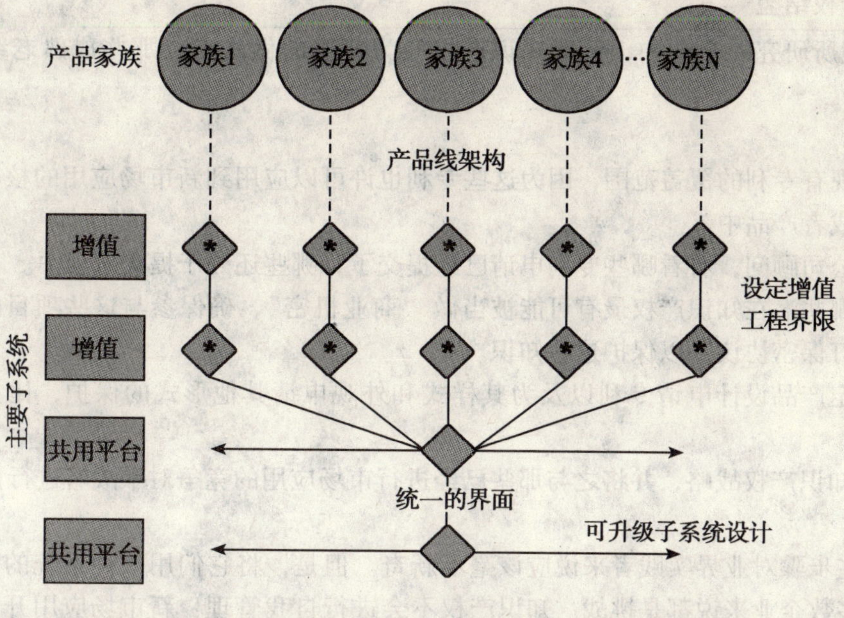

图 7.6　在共用平台和独特设计的子系统之间取得平衡

利用知识产权保护，创造世界级的子系统

采用共同子系统的逻辑非常明白：共用平台使新市场应用开发不需要从头开始，从每个元件的图纸做起，这样就节省了开发成本和时间。但是共用子系统必须是世界级的，不然，所有使用这些子系统的产品线——无论新旧，都会在性能方面受损。比如，第一章中描述的 IBM 新的高端服务器的精神就是多路"智能资源引导器"，其功能是 64 比特 RISC 微处理器的特殊用途固件。这个子系统将任务分配给不同的机载处理器，以极度灵活和可升级的方式来进行运算和输入/输出。IBM 的经理把这个项目看做是业界有史以来进行的最大的微代码开发。如果这个核心子系统有任何不如意的地方，IBM 所有的新机器都会招致顾客的不满。这些机器就会缺乏市场对计算机应用极度要求的速度和可升级性。

与知识产权结盟

在我所研究的企业中，针对知识产权较为普遍的做法来自那些成熟老练的创新管理者。

— 确认现有专利的覆盖范围，因为这些专利也许可以应用到新市场应用的核心技术、子系统或者产品中。
— 咨询公司顾问，看看哪些专利申请已经提交了，哪些还处于提交过程中。
— 决定哪些潜在知识产权最有可能被当做“商业机密”，确保参与这些项目的员工与企业签订保密协议，以保护这些知识。
— 为特定产品设计申请专利以及为其样式和外观申请其他形式的保护，比如版权和商标等。
— 汇编知识产权战略，并将之与那些已经进行市场应用的竞争对手战略进行比较。

这些步骤对业界实践者来说应该毫不新奇。但是，将它们用一种系统的方式付诸行动对大多数企业来说都是挑战。知识产权不会进行自我管理！新市场应用开发团队应该尽可能早并且定期讨论知识产权问题——不仅要在样品开发阶段，还要在产品线和平台开发阶段进行这些工作。

世界级的系统和技术应该尽可能地、随时随地予以保护。我所研究的成功企业总是积极主动地确认其潜在的知识产权，无论是为其核心技术或者产品，以及流程子系统。即使是服务型企业也高度重视知识产权。

有嵌入式界面的可升级子系统

开发团队需要花很多努力才能创造出真正可升级的子系统，在多种新旧市场应用间发挥作用。但是效果是很可观的。看看百得公司（Black & Decker）对其动力工具生产如何进行革新，他们把马达、电枢、电绳和开关作为产品平台。图 7.7 显示了一个通用的马达，其设计可满足 650 瓦以下所有百得消费者动力工具产品的需要。这个马达有一个嵌入式界面，可用于其他所有马达装配线，整个装配线可以进行自动平衡。在这些革新前，整个企业有 120 多种不同的马达，这些马达需要手动接入装配线，而且需要操作员操作机器进行平衡。

百得的可升级子系统促进了多类型马达的生产，只需要通过一个单一的生产流程，采用同样的原料和同样的质量控制流程。这个马达是一个经典的产品平台，结合了可升级的工程升级与自动生产流程，从而降低了产品成本，提高了质量。同样的方法也用于其他产品（钻机、磨砂机、圆锯、钢丝锯）的主要子系统。管理层利用这些方法带来的成本优势将大多数竞争者的产品逐出了商店的货架。百得公司至今还在使用这个原则，在其消费者动力工具生产线和高动力 DeWalt 生产线之间共享许多子系统——后面这条生产线主要为专业木匠和其他商人提供产品。

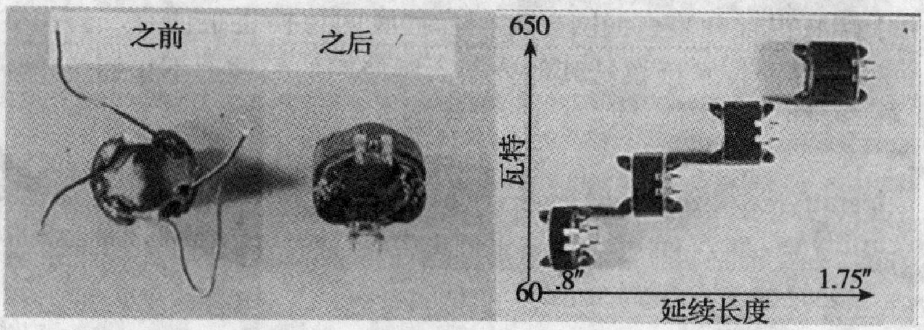

图 7.7　百得公司的一个产品平台

（此图首次出现在《产品平台的力量》，1997 年，自由出版社出版。）

健全的渠道界面

在模块化产品线架构中，与子系统相连的健全界面是很重要的可升级平台。所谓健全，是指任何子系统都有进出通道。界面技术必须有足够灵活性来适应各种不同的外部元素。再回头看看动力工具的例子，试想如果钻机钻头和钻机之间没有单一的、可升级的界面，那会多不方便。在这个例子中，一个可调节的夹头就使一个钻机可以容纳各种不同大小的钻头。如果可升级子系统申请了专利，这种类型的界面也是很有竞争力的资产。百得公司就是这样做的，他们为其第一个以及后来的无缝夹头申请了专利。

设计界面并不会确保进出子系统的通道会自动被其他工程团队使用。必须由研发部门的高层管理者来落实界面准则。比如，大型计算机企业通常有好几个甚至更多相互竞争的界面程序库，因为没有足够的组织力量和投资来使其中任何一个成为“标准”。

我最爱的一个精致、强大的界面设计来自我酷爱的一个领域：飞绳钓鱼（fly-fishing）。我曾在安静的小溪里钓鱼；在滑溜、奔腾的河里钓鱼；在海上钓鱼；在远足后很远的地方钓鱼。为了安全和舒服，每一次我出去钓鱼都需要不同类型的雨鞋：去安静的小溪要毛毡底的鞋；危险的河流里要金属钉的鞋子；有咸海水的海滩要穿橡胶底鞋；去很远的地方钓鱼要穿靴子。除了橡胶底的鞋，其他鞋子在穿过两三季之后就坏了，需要买新的。一家制鞋企业 Korkers 鞋业公司解决了这个问题，他们设计了可更换鞋底的鞋。

Korkers 鞋业公司这个方案的关键是鞋底前部与靴子前部的界面，以及鞋底后部的金属条。在更新一点的结构中，是一个橡胶跟铰链和尼龙钩来实现松开的功能（见公司网站 www. korkers. com）。这种被称为 OmniTrax 鞋底技术的界面架构，使消费者可以很容易地在不同鞋底之间转换，包括毛毡底、钉鞋底、橡胶底、很厚的橡胶底，以及橡胶钉鞋底。靴子本身在远足鞋的基础上制成。远距离、长时间跋涉仍然很舒服。渔夫可以在路上或者小径上穿橡胶底，到河边去时则要考虑是穿平鞋底还是钉鞋底，然后把橡胶底换掉，换上最适合环境条件的鞋子。由于鞋底很轻，装在渔网里就行。鞋底的替换也很便宜。公司在做到这点后更进一步，把 OmniTrax 界面技术授权给其他公司，所使用的领域远不止捕鱼。

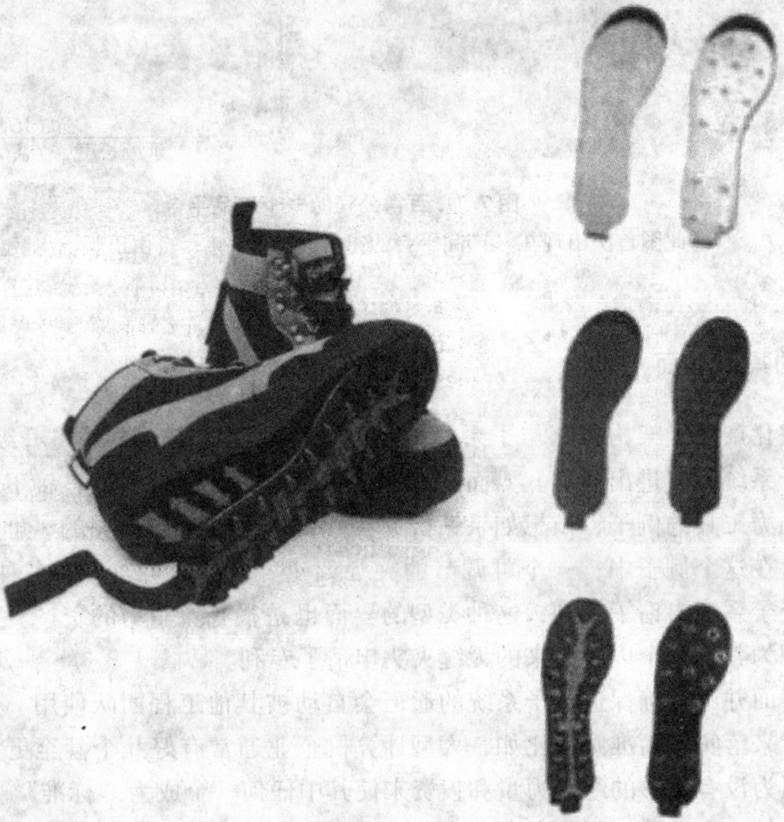

图 7.8 可更换鞋底的靴子：通过简单方法实现多用途

（Korkers 鞋业。经授权使用）

对许多类产品、系统和服务的界面定义远远超出企业自身对其的定义。行业标准常常能满足新市场应用所需的外部界面。这些标准能促进嵌入式模块和系统整合，相当节省开发商和用户的时间和金钱。比如，计算机依赖的行业标准 USB、无线 802. 11 以及蓝牙（红外）界面技术等。如果有这样的标准存在，就要使用！否则，在某些情况下，你会毫无选择。比如，健康服务提供商，必须遵守健康服务保险公司规定的治疗协议，否则就得不到补偿！

第三步：将产品和平台与用户需求变化同步

永远不要期望用户需求和核心技术会一成不变。企业必须通过新的和改进的平台来规划技术演进，以及基于这些平台的新产品、改进的产品和服务。实际上，你需要一幅未来规划图，并计划在整个架构中整合进改进的子系统。

许多不同类型技术的路线图可以在文献里找得到。[12]有些人创造出详细的技术和性能要求矩阵图，因为这些技术和性能要随时间推移而演进。理查德·艾尔布赖特（Richard Albright）和托马斯·卡帕尔（Thomas Kappel）就为这种类型给出了很好的方法和例子。[13]新市场应用的路线图有以下三个核心特征。

1. 随时间推移进行的产品、系统或服务的阶段改进。改进还可以包括新的库存单位、产品线增加或者现有产品的修正。产品改进和增加的创意通常来自产品和业务经理，他们和工程师及市场研究人员一起合作。大家都是创新团队成员。模板的上半部分显示的是路线图。

2. 分阶段对平台及其元件技术进行改进。有些平台是所有产品共用的，最好也能为产品线所共用。另一些平台则是某些产品线或服务独有的。进行这些改进的创意来源有很多，包括中心研发部门、平台团队以及供应商等。参与者不一定是创新团队成员但要是核心开发伙伴。图中下面一半显示了平台改进的路线图。

3. 影响团队市场“空间”的主要市场驱动力（变化的顾客需求、人口统计变化、新技术或材料）。它们对产品和平台有深刻的影响。它们显示在图中非常靠上的部分。比如，如果食品企业了解到健康和营养是未来市场的重要驱动力，其路线图就应该显示满足这种需求的配方平台发展。

这三个特征的整合显然很重要。理想的状态是，一个团队能预期主要的市场驱动力，核心技术和与之相关的平台实施就会很自然地随之而来。利用这些平台且满足市场新兴需求的产品改进。这些改进应该通过测试产品和运行流程平台来开发。

在现实中，上市时间压力使同步非常困难。新子系统和特定产品或服务应用开发同时进行是不可避免的现实。然而，对新产品采用新平台很显然会增加风险。在新产品要使用它们之前，就把新子系统创新和测试完成，这样做要好得多。这就是图 7.9 中那些箭头和顺序的目的所在。

在图中，我还使用了“好”“更好”和“最好”这样的词汇来表明在实现子系统功能目标时应该采取的顺序。在第三章定义新产品战略的内容中，首先使用了这个概念（图 3.3）。如果在子系统技术开发周期内没有达到完美，认为产品不够稳定和吸引人，而拒不将产品上市，这样做无疑是憾事。然而，在我的研究中，确有企业为了追求完美而不让已经很好的产品上市。核心子系统开发者常常想要上天揽月，尽管用户并不想要最高水平的功能——至少现在还没有。好几个月过去了，最高管理层对工作进度很焦虑。整整一年听到的都是“是，

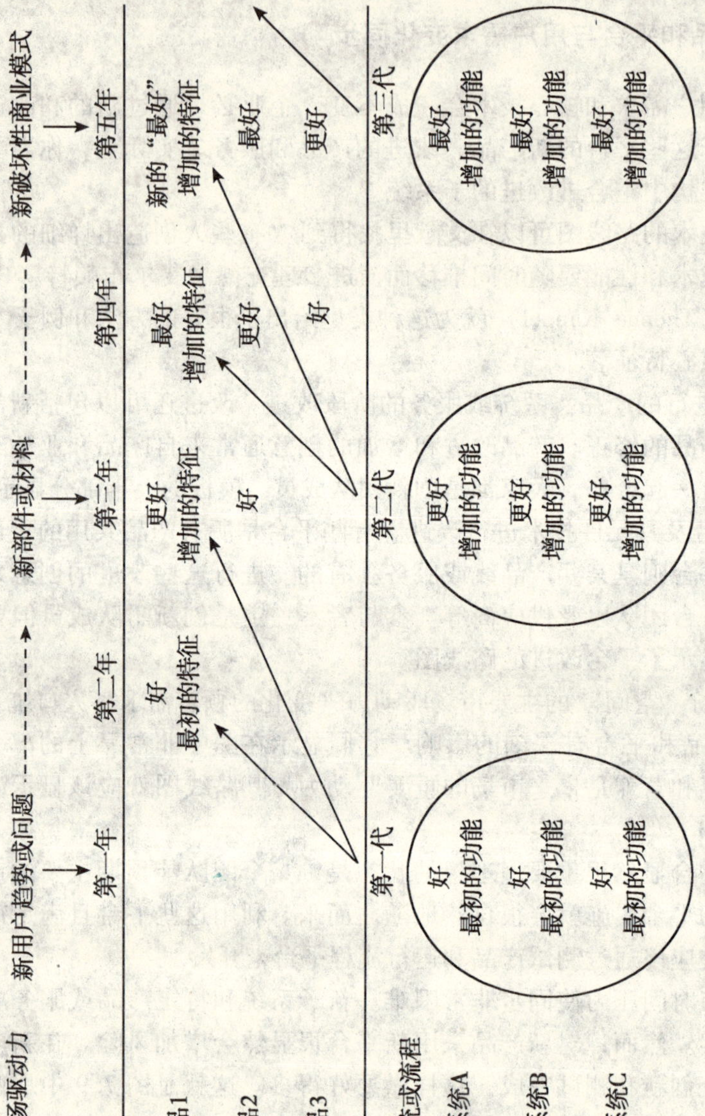

图7.9 让市场驱动力、产品线改进和平台增强同步进行

我们还在努力”“几乎快好了”“比我们想象的要困难”。这些话延误了新产品面世的时机，因为越早推出早期产品，就可以知道哪些特征是需要的，哪些是不需要的，以便进行改进。

读者练习

本章的读者练习要求你把三个关键模板——产品线架构图表，定义共用和独特子系统和界面，产品和平台变革路线图——用于一项新市场应用，以及用这些模板向高层管理者说明。为了最有效地利用这些模板，你应该至少形成了一些初步的版本。

1. 显示新产品线或服务增长领域的细分市场。

2. 有关目标用户的基本描述，随着对用户经验、信仰、规范和需求（易见的和潜在的）的了解而不断更新。

3. 能反应目标市场应用主要活动的案例情境，以及从这个情境中得到的新兴易见需求和潜在需求。

4. 从用户需求到设计概念，再到子系统创新的基本图解。

5. 对可能的产品和服务方案的设计草图。

以上每个都是强大的规划模板。每个都可启动开发计划。规划模板使跨职能的开发团队能一起讨论创意、发现新机会以及启动计划。如果关于新市场应用，你已经有这四个模板了，那么你已经可以开始在下一步的技术中心模板上工作了。

练习1：用下列原则来定义产品线架构。

- 用图 7.4 中的块状图作为模板，创造一个模块化产品线架构。试着定义架构中的层次。确定用户界面以及与其他产品的界面、系统还有用户要求的服务等。这个块状图没有必要有三四页那么长，不必在上面布满许多子系统。现在只需要确定架构里最高级别的子系统和界面，使图保持简洁。
- 专注于内部和外部界面。我们大多数人都会确定界面，但很少注意其设计。这也行，只要你通过整个架构，关注界面设计和每个主要子系统的要求就行。你可能甚至想就这些内容专门写一页。
- 形成知识产权保护战略。在新市场应用的规划阶段知识产权至关重要。专门留出一页来写与主要子系统和界面有关的知识产权目标——或者企业必须申请保护才能致胜的那些解决方案。记住，你进入的市场空间大部分都是有传统解决方案的。如果你的产品或服务的确有优势，竞争者就会模仿。因此在上市前就制定好知识产权战略（专利、版权、商标或者商业机密），越早越好。对产品设计而言，文书工作应该和样品开发及测试同时进行；对流程执行而言，专有的突破通常在管理框架图（图 2.2）中“产品线和平台开发”阶段就很明显了。

练习2：用图7.9作为模板，设计使市场趋势、产品线改进和平台增强这几项工作同时进行的路线图。在开始你的工作前，明确表示出产品或服务线及其技术的发展目标。这张图可以帮助高层管理者理解为什么你第一步开发出的是“好”产品（是为了尽快面世），接下来可能有“更好”和“最好”的产品。你的路线图还可以成为对产品和服务平台技术投资的基础。因此，要说明需要什么样的研发来构建生机勃勃的产品线、系统或服务。

现在你已经理解了架构、子系统和界面以及它们在产品线开发中的价值。我们再返回去看看本田的例子，看看他们如何将准备就绪的独特 Element 引上路的。

注释

1. Carliss Baldwin and Kim B. Clark，Design Rule：*The Power of Modularity*（Cambridge，MA：MIT Press，2000）.
2. 这些数据来自宝洁公司的吉列网站。
3. 在我们所研究的一个企业（工业设备制造商），我们发现了一系列有趣的规律，可以显示当一条产品线架构“缺乏动力”时，工程师就不能很快满足新的用户要求。见《在产品家族环境里管理产品开发的规律》（*Metrics for Managing Product Development within a Product Family Context*），由马克·梅耶，P. Tertzakian 和詹姆斯 M.·厄特巴克发表在1997年的《管理科学》（Management Science），43（1）：88～111.
4. Alan Cooper，*The Inmates Are Running the Asylum*（Indianapolis：Sams，2004），23.
5. Marc H. Meyer and Dhaval，“Managing Platform Architecture and Manufacturing Processes for Non-Assembled Products，” *Journal of Product Innovation Management*，2002，10：277～93.
6. Marc H. Meyer and Arthur DeTore，“Creating Platform-Based Approaches to New Services Development，” *Journal of Product Innovation Management*，2001，18：188～204.
7. Henry Ford，*Today and Tomorrow*（Garden City，NY：Doubleday，Tage，and Company，1926；reprinted by Productivity Press，Cambridge，MA，1988）.
8. H. Thomas Johnson and Anders Broms，*Profit beyond Measure*：*Extraordinary Results through Attention to Work and People*（New York：Free Press，2000）.
9. Richard Rumelt，*Strategy Structure and Economic Performance*（Boston：Harvard Business School Press，1974）；Marc H. Meyer and Edward B. Roberts，“Focusing New Product Strategy for Corporate Growth，” *Sloan Management Review*，1988，29（4）：7～16.
10. Marc H. Meyer and Peter Webb，“Modular，Layered Architecture：The Necessary Foundation for Effective Mass Customization in Software，” International Journal of Mass Customization，2005，1（1）：14～36.
11. Meyer and Dhaval，“Managing Platform Architectures.”
12. 见 Steven C. Wheelwright 和 Kim B. Clark，《新产品开发革命》（Revolutionizing New Product Development）（纽约自由出版社，1992），了解总项目计划。
13. Richard Albright and Thomas Kappel，“Roadmapping in the Corporation，” Research Technology Management，2002，42（2）：31～40.

第八章

本田 Element 面世

Element 建立产品线架构和关键子系统——由用户小组帮助实施用户为中心的设计——外部样式——内部子系统——悬架装置——传动系——发动机路线图——制造更新——在同一地方工作的好处——面世——市场惊喜

我们已经讨论过新市场应用中架构和子系统的重要性，现在来看看本田的例子。看看公司如何利用其他车辆比较成功的子系统和开发出所需的子系统，并把它们整合在一起成为 Y 一代年轻人的梦想。这是一个十分丰富的例子，包含了开发团队如何将对用户的理解转化为创新的设计概念，又如何将这些概念转化为特定的子系统——如同第五章（图 5.1）描述的模板一样。

如同公司其他车辆开发一样，Element 的概念设计和商业计划开发经历了研发产品规划部门中各小组的配合。当产品计划经过批准并确定面世时间后，本田成立了一个大型 SED 团队——SED 代表销售（sales）、工程（engineering，即制造）和开发（development，即研发）。这个 SED 团队直接向最高管理层汇报。[1]

完成产品线架构和子系统

每种现代车辆——轿车、厢式旅行车、SUV 和轻型卡车等——都有自己的架构。架构定义了生产产品需要的子系统以及这些子系统如何连接在一起并运行。本田作为成功汽车生产商的一个关键就是它能在不同产品线之间利用共用子系统，同时又能为不同品位的用户设计不同样式和不同特征的车型。用户的品位受其文化、年龄、生活方式和性别影响。

尽管子系统很重要，但寻求它们之间的平衡同样重要。如果产品线之间没有共用子系统，汽车厂商就不可能有利润；但如果所有子系统都是共用的，则它们的车就会寡然无味，不能令任何细分市场的用户感兴趣或兴奋。因此，必须仔细考虑，在共用和独特之间寻找平衡。

找到这两者之间的平衡可以使股东和顾客都满意。Element 团队就在关注这点。

有了获得批准的商业计划，团队开始积极推进产品线和平台开发，即新市场应用管理框架图中（图 2.2）的第二阶段。这包括以下部分。

1. 巩固产品概念，从第六章“轮子上的脑壳箱”到更实用的汽车，就像我们今天在路上看到的 Element 一样；

2. 最终确定外观样式——整个形状、b-支柱结构、天窗、蛤壳式后门、外部面板、颜色和保险杠等。

3. 最终确定内部样式——灵活的座位设置、驾驶控制器、内部材料和颜色。

造型师画出各种各样外部和内部元件的草图。他们再根据这些草图制作四分之一大小的黏土模型，经过反复修改后，再制作实际大小的样品。公司最高管理层随后召集会议，审视这些设计和样品，然后批准进入下一阶段。这些高层的审视很关键，这不仅仅是为了进入下一阶段，而且还是为了给高层管理者们对车辆最终形式和功能施加以积极影响。

以用户为中心的设计并没有随着商业计划书的批准而终止。实际上，这些行为更加密集了。1999 年，开发团队聚集了一个由 30 名男性组成的小组，他们的年龄在 19 ~ 29 岁。他们都居住在加利福尼亚托兰斯本田设计中心的附近。设计中心的设计师们定期与小组聚会，给他们看一些草图，然后分别看的外部设计和内部设计。通过一个个用户，开发团队一步步地将抽象的“脑壳箱”转化为具体的车辆，让这些年轻人看起来觉得很有兴趣。

这个用户小组一直存在，直到 2003 年 12 月大批量生产开始。组建这种性质的用户小组并让他们在设计阶段就积极参与，这在本田的研发中是首次。组建这种用户小组是合乎逻辑的，因为 Y 一代男性并不是本田的传统客户。现在，本田把这种方法看做是最佳实践，在许多其他类型的项目中也使用它。

Element 团队将其设计专注于四个关键子系统：外观、内饰、底盘和传动系。在适当的时候，管理层就会审视这些子系统设计。开发团队的绝大多数选择都没有遇到阻碍，因为公司高层热切希望这款新车能在既定时间内上市。然而，有时管理层的审视意见也会对设计和时间进程产生影响。比如，当开发团队推出坚固外观的设计时，一名管理者很喜欢这个设计，但认为轮子太小，不太适合这么坚固的车身；他觉得大轮子更好一些。要进行这个改变就必须要一个更大的底盘——约比 CR-V 的底盘宽 30 毫米。团队是基于 CR-V 的底盘来设计的。它还需要更多钢材并会增加重量，这就要求东利伯蒂的装配工厂增添新工具并作一些结构调整。不管这些增加的成本如何，大轮子是最关键的。借用一位 SED 成员的话，“我们都知道这是应该要做的事情，我们也知道这样做意味着很多工作和努力。与其在这里担心，不如现在就开始动手”。

外观

在汽车业中，外部车体是一个主要子系统。其附属子系统包括车架、车壳、保险杠、挡风玻璃、天窗和车门。对 Element 而言，这些子系统的样式许多都是独一无二的——尤其是 b 型无支柱结构。这种设计使用户更容易搬运货物、运动装备和其他玩要的设备。这个样式和颜色相对于本田现有的产品线来说也是独特的：四四方方的样子、短鼻型的车头以及有很多玻璃的独特外形，还有在同类型车里最佳的装货性能。

图 8.1 显示了从最早的设计演进来的外观概念。每个设计概念都是为了满足 Y 一代用户

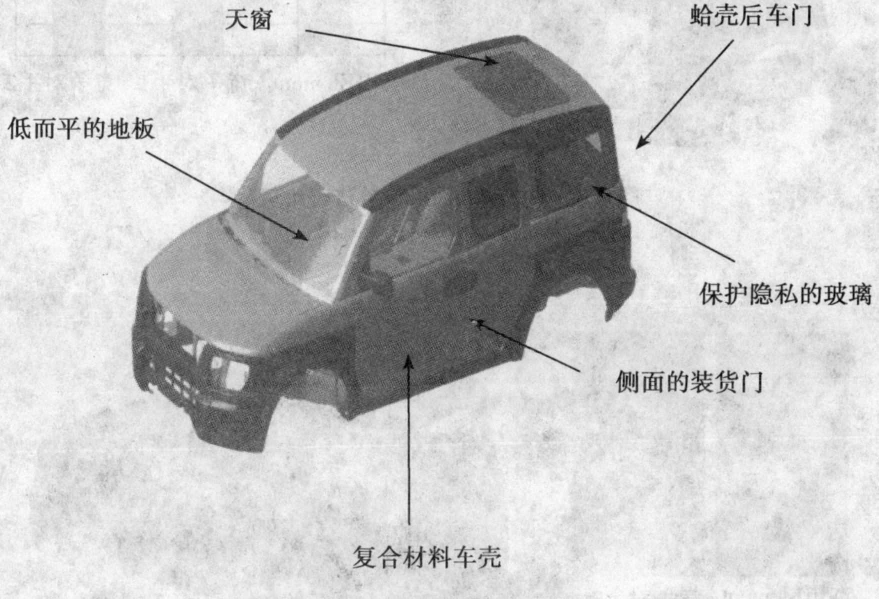

图 8.1　车身和外观概念

（经本田汽车公司授权使用）

的迫切需求，诸如抗划痕的车面板和保护隐私的玻璃等。专为 Y 一代需求进行的差异化，在其他许多外部子系统中也很明显。来看看车门。与其他 SUV 不同，b 型无支柱结构使其可以有侧门，这就使搬运东西更加容易，而且不会打扰在车后面进行的聚会。蛤壳式的后门也起到了同样的作用。

一旦设计概念被转化为子系统特征，本田就与竞争对手的加以比较，对 Element 这款车也是如此。比如，图 8.2 显示了 Element 后门可进入的光线与两款竞争对手的车进行的比较（在这款车面世时做的比较）。

图 8.3 显示了对车壳进行类似设计战略的比较。由于了解到用户会把大件装备和家具搬上搬下，本田的工程师希望外壳材料比竞争对手的更抗凹和抗刮。他们和供应商一起工作，开发出新的复合材料，对 Element 经常要被碰撞的外壳提供了超级抗压性。天窗也是外观子系统的一个重要部分。图 8.4 显示了天窗的概念以及与竞争对手的比较。

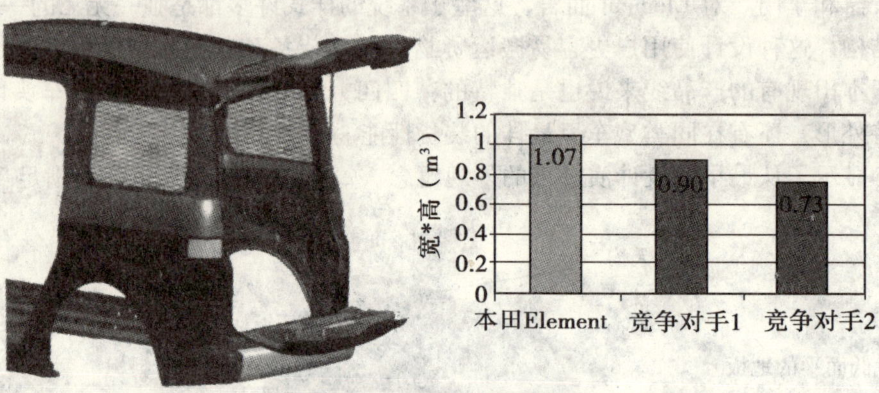

图 8.2 对蛤壳式后门设计进行比较

（经本田汽车公司授权使用）

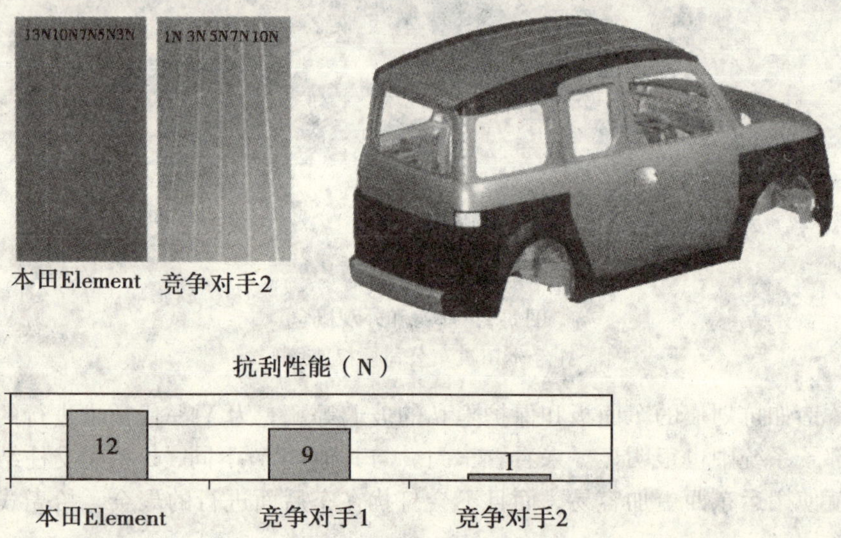

图 8.3 抗刮车身面板

（经本田汽车公司授权使用）

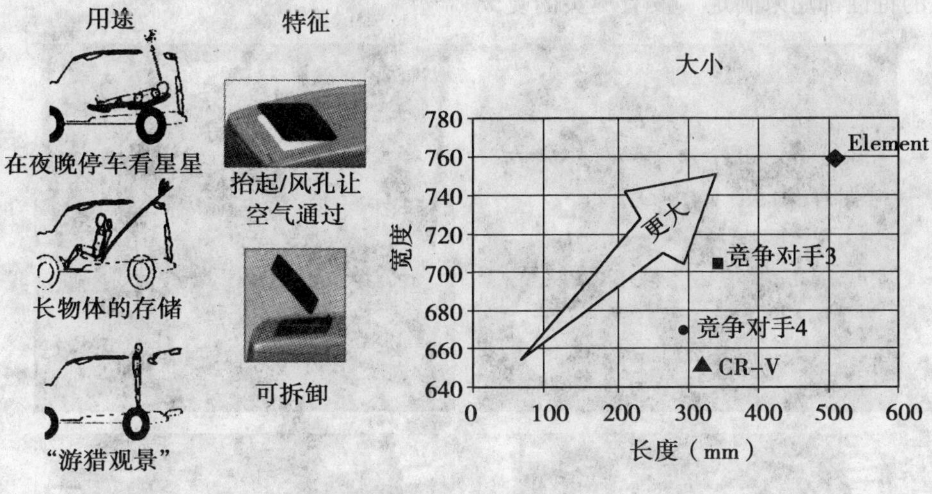

图 8.4　天窗设计

内饰

Element 的内饰开发与外观一起进行，非常迅速。通过用户研究和早期用户中心的设计，内部“自由空间”的设计概念着重在货物空间和使用的灵活性。它们致力于让 Element 在应对各种使用情境时有无可比拟的灵活性。看看座位子系统，四个座位都可以轻易调整到不同位置，以让出最大的装货空间、睡觉的地方或者标准的载客容量。一般的汽车座位是可以推前推后的，但 SED 团队想要一片平整的地板。因此，座位可以靠“边墙”折叠起来，不会挡路，甚至可以完全移开，腾出更多存储空间。图 8.5 显示了这些努力的结果。灵活的内部座位设置和装货空间成为本田许多车辆的优势和设计特征，比如 Ridgeline 轻型卡车。

最后，低而平的地板使存放自行车和家具都非常容易。地板本身还有聚氨酯覆盖的材料和排水通道。这样，车主可以在周末远行后用刷子或者湿海绵清理从海滩带回的沙子以及自行车轮胎从山里带回的泥土。地板上有一些重要的电子器件，而地板下的电子器件则封装起来，作为防水的预防措施。座套也是防水的。

然后来看看音响系统。Y 一代年轻人在逛街的时候身上一定要有音乐，而且音乐还要“大声”。一套有活力的音响系统是必须的。而且，Element 音响系统里的低音配置要比 CR-V 里的响八倍，而且还有多媒体音响。

这种对内饰细节的关注无处不在。本田工程师没有给 Element 配备标准的咖啡杯搁置物，而是设计了一个装置来放快餐薯条和软饮料，有一些小扣环帮助固定这些东西，以免在摇摇晃晃的行使中掉落。座位后的橡胶带、后面的货物架、窗户上保护隐私的玻璃和天窗，所有这些类似的特性都用来满足“没有尽头的夏天”。

图 8.5 “自由空间”成为现实

（经本田汽车公司授权使用）

悬挂装置

Element 悬挂装置的设计概念在于提供高水平易于操作的、稳定而又快乐的驾驶。这就形成了比 CR-V 更稳固和更运动的悬挂装置。他们利用一系列子系统实现了这个目标，其中一些子系统是与公司其他产品共享的。首先，Element 和 CR-V 使用同样的基本底盘（后轮双横臂式悬挂和前轮支柱），但是要宽 0.44 米，离地要近 0.25 米。Elment 还使用了和 CR-V、MDX 以及 Pilot 一样的转向变速箱。除了这以外，还有直径 16 英寸的轮胎。其他车采用的是 15 英寸的。这样行驶起来更稳。总之，Element 以 CR-V 的悬架子系统作为平台，进行了相应调整。

传动系

如前所述，一方面，Element 团队对大部分外部和内部子系统的设计都是为了满足 Y 一代年轻男性的需求。另一方面，悬挂系统则是由 CR-V 改变而来，为了实现运动驾驶的性能。团队采用类似的方法来设计传动系。如果开发团队可以利用业界最领先的发动机平台之一，为什么不用呢?

在进行新市场应用开发时，本田公司的发动机技术和在以用户为中心设计方面的高超才能是其两项最大的资产。前者能起到杠杆作用；后者则能实现差异化，提供亮点突出的解决方案。本田用于 Element 的 2.4 升 VTEC（可变时和排放控制）发动机，能在转速 5500 时达到最高 160 马力。在高速路上行驶时，每加仑油可跑 25 英里，同时达到加利福尼亚严格的 LEV Ⅱ排放标准。本田日本公司传动系小组早在几年前就向世界各地进行新车开发的 SED 团队发布了这项技术。这款发动机的不同版本被用于各种轿车和 SUV 上。

本田发动机开发由位于日本枥木（Tochigi）的公司研发中心控制，好几百工程师努力攻克一系列发动机技术，并为轿车和卡车开发特定的发动机设计。枥木有壮观的研发设施，用于试验、制造样品和测试。传动系小组的员工也会和生产发动机的工厂的员工一起工作，进行合作。遍布世界各地的附属发动机开发小组会给 SED 团队提供发动机专家。

本田传动系工程师开发每一代发动机时关注三个关键目标：

- 使发动机更强大有力——使每升燃油能提供更多动能。
- 使发动机更省油。本田对这个目标非常严肃和认真，无论是对其传统发动机还是混和发动机以及零排放燃料电池传动系。
- 减少发动机排放。

在这些目标之下，是开发发动机更广的商业目标，那就是在适当的时候为各种产品线进行开发。发动机决定了顾客驾驶体验和整个购车消费的很大一部分。它还占到生产商制造成本的 20% ~30% 。让发动机到位会使其他与用户和业务有关的事情都变得顺利。

本田的轿车和轻型卡车 SED 团队并没有被授权设计整个新发动机或传动系。相反，中心传动系小组会发布详细的发动机开发路线图，显示现有的和下一代发动机的开发和发布时间。就 Element 而言，新的 2.4 升发动机是在日本设计、俄亥俄州生产的，然后运输到 Element 的生产线进行装配。这个新发动机的一大优势是能在高速度间隙提供相当的扭转力，这种优势带来的性能表现——比如，在高速公路上飞速通过——是专门用来取悦 Y 一代年轻人的。

图 8.6 显示了在 Element 面世时本田汽车产品的发动机开发路线图。整个图是根据动力大小来排列的，显示了使用不同汽油的发动机，低排放发动机（混合汽油和电力）以及零排

放传动系。对那些在中心研发部门工作的读者来说，这类技术路线图应该是你们心仪的。对那些从事财务工作的读者，这类路线图可以帮助获得投资的高回报，因为它们共享产品平台和制造流程。

有智能阀门控制的2.4升VTEC发动机最早发布给2002年CR-V和讴歌RSX SED团队。很快，就被2003年款雅阁和2004年Element SED团队所应用。所以，一个新发动机开发支持了四种产品应用。图中还显示更大的发动机如何应用到讴歌轿车和较大的SUV，如MDX、Pilot和奥得赛厢式旅行车。

因此，传动系小组的每一个重大进步都会使好几条产品线受益。比如，采用2005年的发动机模型，本田开发了下一代混合动力发动机V6，在省油的同时，其性能相当于使用汽缸的思域。[2] 这种方法使我们有理由期待，这些新混合动力发动机将被用于本田的各种生产线。

图8.7显示了Element的传动系如何与本田其他产品共享平台技术。如刚才描述的，其发动机是雅阁、Element、CR-V和讴歌RSX共享的。Element的排放系统是CR-V的改进版本。Element只有水箱是独特设计，是为了适应其独特的前后车身样式。

这是一个强有力的战略，但只在企业有超级共用子系统时才能发挥作用。本田公司能确保这点，因为他们在传动系研发方面进行慷慨投入。本田利用其子系统的老传统可能来自公司起步时。那时公司还很小，刚刚开始发展，要同更大的、资金雄厚的对手进行面对面的竞争。这个战略不断成为无处不在的工程哲学，植入新产品开发中，即使公司获得成长和发展时也是如此。本田的工程师喜欢说，他们“建造汽车是为了驱动发动机”。其他生产商也会谈到平台和内部的路线图，但几乎没有企业能像本田一样重视这个概念，并严格执行。一些汽车制造商为车辆设计独特的传动系，生产出好多种不同的发动机。

生产流程开发

如第六章所述，本田高层决定在东利伯蒂的工厂装配Element。这家工厂同时还装配思域，后者更小更轻。在同一条生产线上生产这款新SUV需要相当的流程再设计。

按照惯例，所有本田的汽车生产项目都受“工具和运行”原则的指导。所谓“工具和运行”就是指为了制造产品而准备好工具和设备。要实现“工具和运行”需要非常多的生产前测试和许多其他测试。它还需要本田与不同机器和元件供应商之间的密切合作。Element项目就包括200家一级供应商，以及很多二级和三级的供应商。这款SUV座位设计独特，仅一个司机座位就要求150个单独的部件；它们由许多不同的供应商生产，其中有一些是第一次与本田合作。东利伯蒂的运作有如此多的供应商参与。高水平的合作至关重要。SED团队将他们的要求告诉一级供应商，后者在自己的范围内进行协调，并从各自的供应商那里得到整合的设备与元件规格，再返回给本田。本田测试这些规格是否与公司概念相符，质量和成本是否达标。SED团队还负责准备再生产前测试中需要的工具和材料。

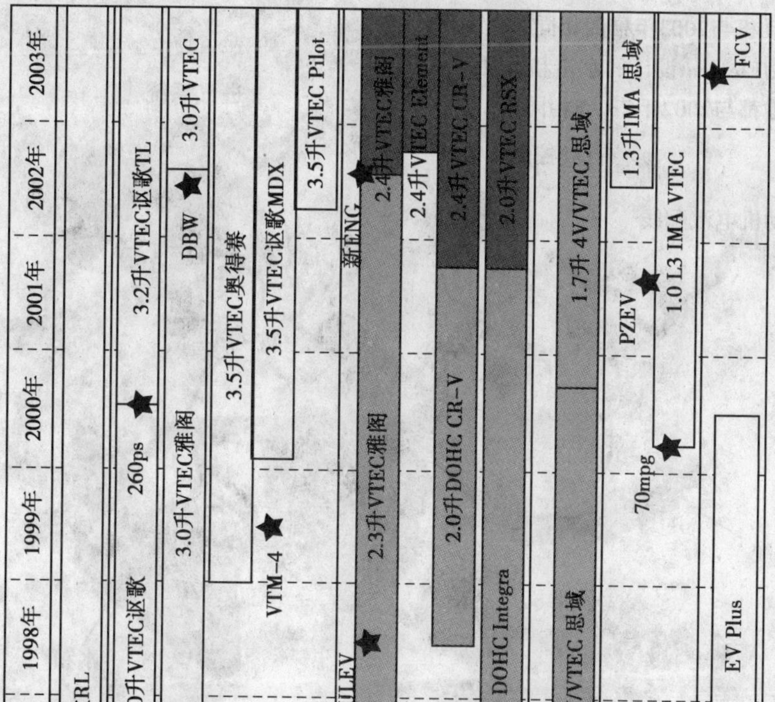

图8.6　本田公司传动系路线图
（经本田汽车公司授权使用）

东利伯蒂的生产线约有 50 种自动化设备，有些用于安装轮胎，有些用于灌装防冻液等。装配线上还有好几百种其他工具。工程师们必须“教会”这些不同设备——它们能读懂与思

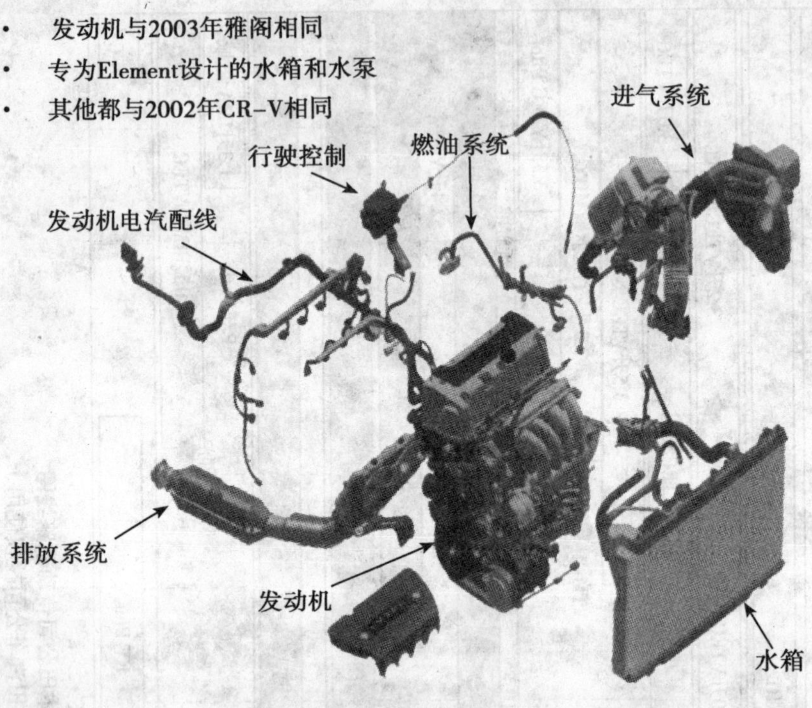

图 8.7　Element 传动系的共同性

（经本田汽车公司授权使用）

域有关的数据点——如何用 Element 的数据点进行工作。更进一步讲，工厂的工程师必须调校许多设备，使其能在比思域更高更大的汽车上工作。

在同一地方工作的好处

并行工程对本田来说并不是什么新鲜事，它实际上是 SED 团队结构的一个驱动依据。对 Element 而言，这意味着来自俄亥俄州的生产员工必须从最早的概念和业务计划开发就参与进来。一旦管理层决定将概念发展成完整的开发计划，团队领导决定研发人员、一级的供应商和生产工程师必须在同一地方工作。

有了这个原则，研发人员在俄亥俄雷蒙德的研发中心找了很大一个工作室。这个工作室——配有音响的一层楼房间（图 8.8）——由研发工程师和来自五英里外东利伯蒂工厂的人员共享。工作室离研发的模型车间很近，团队成员可以随时去看那些有四分之一大小或者和与实际大小一样的元件设计模型。一旦项目通过其最后的产品设计说明阶段，这个一层楼的房间就迁移到东利伯蒂的工厂里。这样做很有意义，因为项目重点已经转移到设计、安装和测试新机器。这种在同一地方工作在本田是首创，不过现在已经成为新车开发的标准实践。

新设备

在同一地方工作提高了 Element 团队的效率。因此，在订货、安装和测试重要的新设备时也采用了这种方法。在这个项目之前，公司实践遵循以下流程：

1. 完成所有元件和机器的规格说明
2. 让供应商生产用于测试的模型
3. 测试元件和机器
4. 开始大规模生产

这种“工具和运行”的方式需要对元件的说明，以及对生产它们的机器的说明在任何新设备安装前完成并得到批准。但是，按照这种方法，Element 就不可能在设定的 2002 年 12 月面世。东利伯蒂工厂的工程师们必须比以往更快地设计、制造工具并安装所有设备。

由于时间如此之短，Element 团队没有足够多的时间等到所有设备和材料说明书都完成，然后再订货和测试；也不可能等到所有测试都完成再进行大规模生产。相反，说明书、订货和测试必须分段进行，以配合 Element 主要部分的生产流程。由于每个子系统设计已经完成，与之相关的工具订购就立刻进行了。当这些机器从供应商那里运到，就马上开始测试。

公司授权供应商购买必要的设备和材料（比如钢材），以开始测试设备。这种做法的风险，就是 SED 团队必须以两倍的努力来规划和控制集成——即车辆元件和那些用于装配线的机器的规划和集成。这对本田的研发和生产工程师来说，意味着工作流程的极大改变。如果没有在同一个地方工作以及与供应商真正的伙伴关系，本田就不可能将并行工厂做到现在这样的水平，Element 也就不可能这么快上市。

这些工作的结果就是：一条单一生产线能够在思域和 Element 车型之间转换——这是本田第一条具有如此灵活性的生产线。图 8.9 就是这项了不起成就的证明。如同本田用 Element 这个项目来推广其用户为中心的设计方法，这项生产方面的努力也成为公司灵活的生产能力的一个证明。它对本田在世界各地的其他工厂如何利用设备有很好的借鉴意义。

东利伯蒂的工厂计划每天生产 360 辆 Element。根据最高管理层批准的商业计划，SED 团队的目标是每年生产 50 000辆 Element。这会消耗工厂年生产能力的三分之一。在汽车业里，新车型第一年的生产率一般是最高的，在接下来五年和更长的时间里，生产量是逐步下降的，直到生产商再引入一个新车型来重振市场。SED 团队的集体智慧认为，除了 Y 一代男性，许多 30 ~ 40 岁的男性也会由于 Element 的实用性和灵活性而选择购买。管理层将不得不考虑好生产能力能否上规模，以应对需求超过预期的情况。

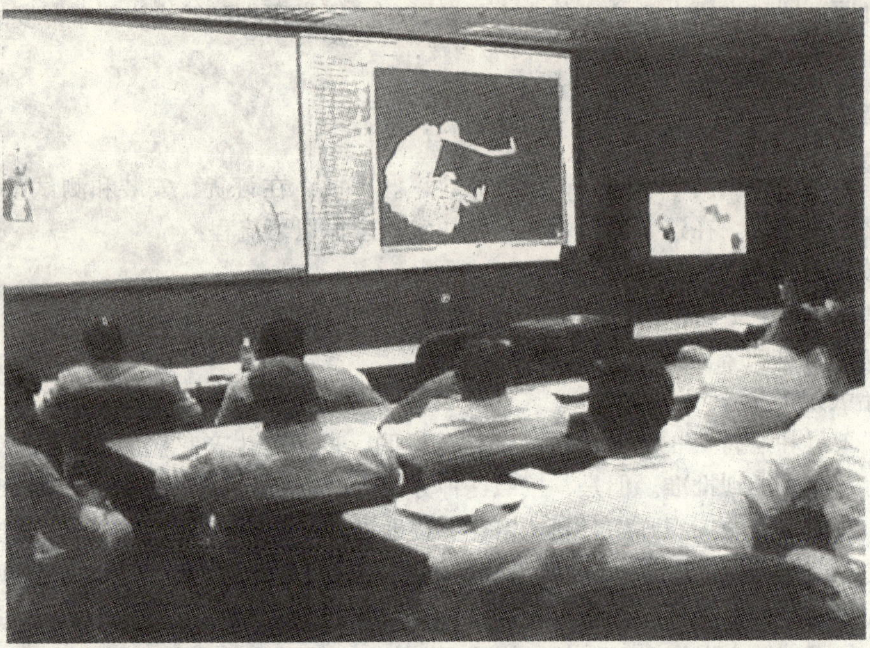

图 8.8　一整层楼的工作室
（经本田汽车公司授权使用）

上市和 Element 带来的一些惊喜!

概念开发团队还为这款新车研究了上市策略。他们发现 Y 一代男性很反感传统汽车广告。口碑和值得信任的权威和同辈的推荐更有可能激发兴趣。本田针对这款新 SUV 的沟通反映了这些洞察，非常不同于为本田其他 SUV 所做的沟通宣传。

创新的产品需要创新的市场营销。很清楚的是，针对 Element 的营销决策和针对其设计及生产的决策一样重要，于是公司成立了专门的品牌和广告团队来为 Element 服务。如何给它命名就是其中一项任务。消费产品命名是一件棘手的事情。它必须第一次就正确，一旦做出决策就再也没有回头的机会。在很多情况下，市场研究人员测试好几个潜在的品牌名字，看哪一个最符合产品概念，能激发积极的反应。一旦确定了一个名字，公司就会在广告和其他形式的促销上大把砸钱，以促进新品牌上市。一些最大的消费品企业估计，要创造和维持一个全球性品牌需要 2.5 亿美元。非消费品产品的品牌开发也同样重要和昂贵。在第一章曾经描述过，IBM 花费了十多亿美元来让用户了解其电子商务和电子服务器品牌名字。

对本田而言，Element 只是许多潜在名字中的一个。这些名字被呈现给一组 Y 一代男性，看他们的评价和反馈如何。那些让这组受访者觉得不错的名单又让另一组潜在购买者测试。

图 8.9　东利伯蒂的生产线：一辆 Element 跟着一辆思域

（经本田汽车公司授权使用）

Element 这个名字出现在单子最上面。采用这个名字，一个专门的营销小组为其上市开发了一系列沟通策略。

产品必须实实在在地支持这个名字。营销主张必须可信、可靠，并且在车主每次坐在方向盘后时得到印证。Element 必须呈现它所承诺的东西。它必须高度实用，为许多不同活动提供空间，而且还要符合本田产品可靠和驾驶性能的好名声——其价格还必须是目标用户所能负担的。这是一个很高的目标，但 SED 团队很有信心，他们的产品会满足所有这些要求。

Element 品牌还必须清楚响亮地与目标用户沟通。为了实现这个目的，SED 团队专注于 Y 一代的生活方式以及 Element 将如何适应它们。第一个广告是为年轻男性用户和他们的朋友庆祝聚会。有一个广告描绘四个年轻男性开车远行到海滩去，然后组织聚会，非常开心。Element 是他们经历中很自然的一部分。

由于用户研究显示 Y 一代用户对直接和激进的广告反应不佳，SED 团队在车展上在 Element 周围制造嗡嗡声，到大学校园、海滩和运动比赛现场进行促销。在车子上市前，在汽车杂志和报纸上做早期评论。比如在 2003 年，《汽车杂志》（*Automobile Magazine*）将 Element 评为“年度最佳全新小型 SUV”。本田赞助大学的冲浪比赛和车尾聚会，这些都是很独特的举措。

本田在 2002 年夏天举行了 Element 生产前的第一轮试车，那时营销展示还在准备中。东利伯蒂把一些车给销售人员，用于训练另外一些则用来试车。六个月后，Element 开始销售给经销商。

Element 有两个车型：LX 和 EX。本田用这些标签来向其轿车和 SUV 消费者传达“好，更好，最好”的理念。在第一年里，Element 的 LX 和 EX 有四个传动系选择：两轮前驱手动两轮前驱自动，四轮驱动手动和四轮驱动自动。EX 有更为强劲的音响系统、防锁刹车、合金车轮、可选择侧面安全气囊和其他内饰特征，如司机的座位扶手。

调查谁是购买者

Element 在 2002 年年底摆放在了经销商的展厅里。最初的目标购买者是 26 岁以下的男性（或者他的父母）。这群人构成了美国汽车市场 10% 的购买力。从最新注册的车主和经销商那里得到的数据，公司管理层了解到其概念——像镭射光一样集中在 Y 一代男性身上——吸引了更为广泛的市场。实际上，Element 第一年的销售只有 20% 是卖给了 Y 一代男性；40% 被 30 多岁的 X 一代购买；40 多岁的车主购买了剩下的大部分 Element。Element 的购买者一般都是男性，但也不绝对。不管他们处于什么年纪，这些人都很活跃，总有某些类型的运动是他们钟爱的休闲方式。实际上，在 2004 年 Element 的调查样本中，68% 的购买者认为自己非常活跃，而思域的购买者中只有 58% 这样认为。即使年纪大一些的 Element 购买者，当被问及他们为什么喜欢这款 SUV 时，经常得到的回答是：“我喜欢这款车是为更年轻的人设计的。”

本田专为年轻男性购买者设计的 SUV 对那些积极参加运动，心仍然年轻的年纪大点的用户也很有吸引力。30 多岁喜欢周末出去玩的人和有积极生活方式的婴儿潮用户都很喜欢这款车的特点和多用途的灵活性。被 Element 所吸引并不分年龄，本质上是由于用户的态度、消费心态和多用途需求。这对 Element SED 团队来说既是惊喜，又是非常棒的学习经历，因为在第一年上市后，他们还在不断努力来管理这个项目。

根据用户反映，这些经理们认为，坚持“永无止境的夏天”这个主题是正确的。如果团队最初想要为所有 20～40 岁的男性开发车辆的话，产品肯定会很糟糕。由于他们专注于 Y 一代男性购车者，团队才开发出对其他具有类似态度、期望和需求的购买者也有吸引力的车。管理者意识到 Element 不是一款功能非常全的产品，但是它对用户来说是独特的“体验”，就像星巴克咖啡或者 iPod。

Element 的惊喜也是有上限的。到 2004 年底，生产达到 75 000 辆，超出最初的预测 50%。团队人员很有自信地说，“你可以把年轻人的车卖给年纪稍大一点儿的用户，但是绝对不要超出那个界限更多。”

就如这个例子显示的，伟大的企业所做的正确事情不止一件。Element SED 团队点燃了好多火花：目标市场营销和产品定位、用户研究、子系统设计、利用传动系平台以及非常聪明的营销。

不管从哪个标准看，Element 都是关于企业成长创新的一个引人入胜的故事。它充满概念和方法，读者可以得到很有价值的经验。在进行新市场应用开发时，本田坚持利用其在用户为中心的设计和主要产品平台方面的优势。这点从本田研发工作有自己的营销、业务和技术人员来创造新概念和业务规划就可以看出来。组建一支销售、生产和工程人员的多功能团队，从头至尾地关注这个项目，这个做法也很值得注意。在同一地方工作将合作又推向另一个水平。最高管理层愿意来推动每件事，因为他们全心投入到企业内部成长，并愿意为其进行巨大的投资。

我们现在可以进行到下一步了。这一章没有读者练习，我只是希望读者能回顾本田的经历以对自己的企业有借鉴意义。

注释

1. 这在 IBM 也是一样，就像 MathWorks 闯入金融服务业一样。成功的新市场应用开发团队总是向高层管理者汇报，以便为营销和技术创新提供所需的“空中掩护”以及所需的关键资源。
2. 燃油高效和低排放技术是本田来之不易的优势。当思域和雅阁在美国站稳脚跟时，本田的发动机技术获得了很多个第一。它靠早期思域和雅阁的 CVCC 发动机获得了所有主要的燃油高效奖。本田然后推出了第一大批量生产的 VTEC 发动机，在混合动力车里引入第一代 LEV 发动机（低排放车辆），第一代 ZLEV 发动机（零排放，现在用于思域的氢燃料电池发动机）。本田的 LEV 汽车，Insight 和思域混合动力车在 2003 年占到全美混合动力车销售的一半还多（根据 R. L. Polk 汽车注册资料）。

第九章

商业模式创新

定义——关键的商业模式决策——不同类型的商业模式——商业模式创新举例——规划商业模式的模板——读者练习

在新产品线和服务开发的历程中，我们已经检验了一些概念和方法。

- 为获得增长进行市场划分，创造新产品或新的服务战略。
- 进行用户研究。
- 开发用户情境，以形成新产品和服务的设计动因。
- 创造设计概念，满足用户需求，并将这些概念专注在主要子系统上。
- 定义可用于多种产品或服务线的架构和子系统。

本章将研究商业模式创新，它对于企业增长与我们前面所讨论的内容同样重要。在第二章描述的管理框架（图2.2）中，商业模式创新必须和以用户为中心的设计以及原型开发同时进行。在市场测试完成后，团队可能会发现需要微调，或者在有些情况下从根本上修正商业模式。

从eBay、戴尔、亚马逊和西南航空的成功中可以看到利用新市场的应用重新审视企业传统商业模式的重要性。他们不但提供了优于竞争对手的产品或服务，还通过这些产品和服务找出如何赚钱的方法——通常是新的方法。创新的商业模式可以是竞争性差异化的一个分水岭，能为客户和股东带来价值。

如果想获取新市场应用带来的全部好处，则改变已有的商业模式就很有必要。但是很多创新团队没能考虑商业模式创新。而且，对管理层来说，这也颇具挑战，因为他们已经花了多年时间让现有的业务增长。了解原型开发是一回事，看见原型开发背后的生意又是另外一回事。创新团队必须帮助管理层建立起这种联系。

定义商业模式创新

为了理解商业模式创新，我们必须首先定义它，并理解它可能采用的几种形式。简单地说，商业模式就是描述一个企业是如何计划赚钱的。它不是你做了什么，而是如何用做了什么赚钱的。因此，商业模式创新就是对企业现有商业模式的重要变革。

安德鲁·哈根顿（Andrew Hargadon）和罗伯特·萨顿（Robert Sutton）就描述了当一家企业在行业内占有独特地位时，该如何结合现有技术、流程和人员形成致胜的解决方案，从而实现突破。[1] 苹果公司 iPod/iTunes 业务就是商业模式创新的一个绝佳例子。它包含了新的渠道开发、第三方开发商和供应商、支付给音乐家的溢价，以及对数字音乐重复收费的收入模式。苹果公司不是简单地销售设备，它是同购买者和使用者建立一种持续关系。售价 300 美元的 iPod 只是一个平台，用户可以通过它下载 15 000首歌曲（每首 1 美元）和其他类型的娱乐软件。如果没有 iTunes 和苹果公司与音乐提供商的授权协议，使用户可以进入音乐下载的宝库，那么 iPod 的作用就不可能发挥到极致。这样做的结果就是苹果公司不仅仅是靠卖出音乐播放器（硬件）赚钱，还可以通过下载（软件）赚钱。这种新商业模式使传统音乐模式黯然失色，包括索尼的便携式音乐播放器 Walkman，传统的 CD 零售渠道，以及旧的音乐定价模式等。在 2001 年苹果公司推出 iPod 后，其销售收入翻了三番，股票价格增加了十倍！

自动数据处理（Automated Data Processing，ADP）公司是一家领先的薪酬处理公司，它的前总裁和我分享了公司的经历，指出了商业模式创新对公司的潜在影响。在 20 世纪 80 年代，ADP 进行了一项重大转型：从销售分时软件转到提供交钥匙的工资处理服务。作为转型的一部分，ADP 的商业模式从依靠软件使用带来收入转到代表联邦、州和地方征税机构等雇主收集和存放薪酬减扣。从战略的角度，ADP 不再和那些软件市场的潜在进入者进行竞争，他们现在直接服务于与客户的关系。ADP 的新商业模式改变了其创造收入的机制。突然间，公司开始靠转移金钱中得到的“零钱”赚钱。收入增加了十倍，公司的损益表和资产负债表也有了极大改变。

网络服务技术架构（比如 IBM 面向服务的体系架构）正在使软件业的传统商业模式发生转变。大多数企业仍然靠销售软件许可证来挣钱，这些许可证基于软件运行的服务器数量来计算。新兴的商业模式是将软件作为服务销售，用户可以通过网络得到这些软件，根据使用量来付费，而不是以每个服务器为基础对软件颁发许可证，然后收费。“根据使用付费”非常适合网络服务架构。[2] 一个例子就是 salesforce. com，这是一家合同和关系管理软件公司。公司不是对每个服务器许可证收费，而是以每个用户或每个集团为基础，按月或按年使用付费。这种做法相对于企业客户关系管理系统的传统软件许可证收费模式相比，最初的费用要低得多。较低的收费不仅对顾客有益，而且为 salesforce. com 带来经常性的收入。到 2005 年年底，公司有超过 20 000企业用户以及约 400 000个人用户，年收入超过三亿美元。公司将软件产品与新商业模式结合，对用户产生了高度吸引力，这引起了传统竞争者的注意，迫使他们作出反应。[3] 这就像 Google 和其他网络媒体公司引入以 HTML 为基础的电子数据表和文字处理器，将软件作为一种服务推出。微软公司 Office 软件（它的现金牛）的传统商业模式就受到了类似的威胁，微软不得不作出回应。

我的学生通常认为财务报表等同于商业模式。这是不正确的。财务报表是商业模式的反映，但它们不是商业模式本身。相反，它们是商业模式和创造这些商业模式的许多决策的结果。

急于建立损益表会阻止团队思考数字后面的东西。新市场应用开发团队不能假定企业现有的商业模式对新产品或服务线而言就是最适合的。价格水平可以不同，渠道可以不同，支持服务也可以不同。总之，新目标客户可能倾向于用全新的方式来接受业务，完全不同于公司的传统客户：服务与产品；在线与零售；一个交钥匙的解决方案与零敲碎打。

从哪里开始？

为了创建一个商业模式，开发团队应该考虑每个业务的关键经济因素：需求和供给。从方程中的需求开始。

- 谁将是我们的顾客？就顾客而言，他们代表的新用途是具有相同的人口统计学特征的人群还是具有完全不同的人口统计学特征的人群？对企业客户而言，他们是分布于不同地区的同一企业，还是该企业内的不同层次？还是一个完全不同类型的组织，例如，一个系统集成商而不是传统的终端用户？
- 相对于竞争产品和服务而言，新产品或服务将怎样满足用户的需要？
- 我们的顾客将如何评估新产品或服务的价值？暂且抛开他们对我们现有产品或服务的评价，如果我们提供以前从未出现的东西，顾客有可能觉得是独特的，并愿意为之付更高的价格吗？
- 有什么新的、未被发现的机会，使我们可以向顾客提供增值的改进、插件或互补服务，所有这些都可以单独收费，并成为一个丰富的经常性的收入来源呢？
- 我们知道多少关于顾客学习、订货、履行订单以及付款的循环过程？

然后开发团队需要思考供给面：我们是自己生产产品还是用合同生产商？我们要使用内部还是外部研发？这些决定将如何影响产品成本或资本支出以及我们的营业利润？

当且仅当需求和供给两方都能得到满意答案后，开发团队才能进行收入、费用和资本需要的预测并制作财务报表。我们将在第十章对这些问题做更详细的分析。

战略的商业模式决策

在我为本书所研究的企业中，什么是新市场应用中驱动商业模式的主要战略决策？

从产品到服务的转型无疑是其中之一。一方面，成功的新产品经常都能带来爆炸性的收入增长，比如苹果公司引入的 iPod 的就是例证。另一方面，成功的服务带来的则是更加稳步的增长（Google 的快速收入增长是令人吃惊的例外）。从产品到服务的转型决策还决定了上市前后研发费用的性质和数量。通常产品比服务需要更多的研发投资。在考虑企业财务的其他方面时——产品和配送成本、资本资产和营销投资——很显然，就商业模式的形成和执行而言，服务是一种完全不同的情况。

与新市场应用相配合，还有其他几个基本类型的商业模式创新。

- 优质化（premiumization）。我观察到的另一种重要的商业模式创新，用一个词概括，就是优质化，或者说在性价谱中重新定位产品或服务。采用这种方法的团队是为了避开商品化对利润边际的束缚。
- 插件模块。插件经销商战略的采用者在产品线架构中创造出模块界面，能容纳其他模块和附件。插件模块及配件可以由企业自己生产，也可以由合作伙伴提供。插件模块在基本产品或服务之上提供了新的渐进收入来源。
- 新渠道选择。这项重要的商业模式决策影响收入额和给予（或者不给予）中介的边际数量。在企业传统的能力领域外选择或开发新渠道是商业模式创新的一种重要形式。
- 制造和供应。在企业传统制造和供应战略上的创新能够通过影响毛利、资产密度（asset intensity）和运营费用对财务产出产生深刻影响。在我的样本里，有很大的制造商在供应上有纠结。他们争论应该自己加工原材料还是从供应商那里购买。第一种方法因为增加资本密集度并且可能会有更高的原料成本结构，其财务压力巨大。然而，有的企业认为纵向一体化能为企业在自有的专门知识上提供明显优势。非制造企业尤其是提供金融服务的企业处于不同的位置：他们激进地寻求关键职能的外包以减少运营费用（他们这种做法的质量影响还有待验证。）

上面每种战略都是一种可以聚焦于某种新产品线或者新服务开发的商业模式创新类型。在我所研究的几十家企业中，我发现至少有一半企业在新市场应用中采取了商业模式创新。只要研究其中一些企业，我们就可以完全理解商业模式改变的范围和影响。

IBM 电子商务处理器的模块化定价

产品、系统和服务的模块化使许多企业能提供基于基本产品的插件功能，因此也需要重新审视其定价模式。

比如，IBM 为其“主机”服务器的开放式系统运算提供了一种重要的商业模式变革——一种新的混合定价模式。IBM 对其大型机服务器的传统在线交易处理有一种定价模式，在其大型机处理 Linux 和 Java 应用时有另外一种定价模式——这是针对电子商务的一种创新。

传统定价模式基于“计算服务单位”（MUSs）。用户购买某种机器的性能是按一定数量的 MUS 来衡量。每个 MUS 与每个新机器模型的一个处理器 MIPS（每秒百万指令）的数量和处理器配置的数量相对应。IBM 不是提供一个单一的各种大型机报价单，而是与客户一起确定他们的最高工作量要求——要实现这些工作量就需要一定数量的 MSU（就像发动机的马力一样）。然后，根据这些数量定价。

Z 系列架构（现在称为 Z 系统）能确保这种灵活的 MSU 定价，同时又能添加一些别的性能。Z 系列能运行交易处理申请，同时还能运行 Linux 和 Java 指令——所有这些都在同一台机器上实现。这项技术实现了以往从来不曾实现的将一台大型机全部性能与开放式系统运算能力结合起来。IBM 为 Linux 和 Java 开发了特殊目的的处理发动机。这就有了相应的“基于发动机”的新定价模式。

每种新的专门化处理发动机每单位售价 125 000美元（在本书写作时的价格），无论其功能是什么。一个 Linux 处理发动机（运行开放式系统软件）售价为 125 000美元，一个专门化的 Java 处理发动机（IBM 的 ZAAP 处理器）也是这个价格。现在企业客户一般会定购一台大型机，要求有这三种处理发动机的不同组合。这对客户来说是更理想的，因为这三种发动机（OLTP，Linux 和 Java）能共享输入输出数据和网络适配器。这使整个系统更加模块化，可升级，对高容量需求的用户来说成本更为高效。希望升级的用户可以购买新发动机或者激活其所需的发动机。新商业模式保持了 IBM 开放运算系统固有的模块化和灵活性。开放式运算系统是与其横跨硬件和软件之间的基于服务的架构相匹配的。

从销售砖块和砂浆到销售广告空间

街道设施是有 60 亿美元市场的户外广告业中一个很小但是增长迅速的细分市场。[4] 其产品包括公共汽车候车亭、地铁和公共汽车线地图显示器，当然，甚至还有公共卫生间。在传统商业模式下，制造商设计和装配街道设施，进行安装，然后根据高于成本的合理幅度对都市用户收费。

Wall USA 公司采取了一种不同的方法。它免费生产、安装和维护街道设施，但要求拥有大部分的广告权。图 9.1 显示了这家公司安装的一个广告，就位于我波士顿办公室的附近。来自广告的收入为这些工作付费，并且为市政带来不断增加的收入——这对企业和客户来说是双赢的。Wall USA 甚至愿意承担起寻找广告主的责任。五年后，公共汽车站有了广告收入并实实在在成为 Wall USA 和市政的造钱机器。

在这个商业模式创新的例子中，建造和出售砖块和砂浆——一次性事件——让位给能带来经常性收入的渠道。显然，这制造出一种全然不同的生意：在前端是出售与城镇合作关系，随后销售广告和收取费用。

图 9.1　钱从哪里赚来？不是来自砖块和砂浆

（经 Wall USA 公司授权使用）

金融服务业的商业模式创新：发明定额分配

20 世纪 90 年代，一家人寿再保险公司开创了一种特别有趣的商业模式创新，对其服务设计进行了创新。[5] 这家公司（那时叫林肯再保险（LincolnRe）是全美最大的一家人寿再保险公司，年收入约 60 亿美元，管理的资产超过 1300 亿美元。作为一家再保险公司，林肯再保险为保险公司提供保险。其运作是这样的：直接保险人如太平洋寿险（Pacific Life）对单个保单按照账面价值设定一定的保留水平。保单金额超过保留额的余额就由再保险公司来处理。再保险公司收取一定保险费并承担额外的风险。

林肯再保险公司在评价人寿保险保单风险方面有超强能力。它能从投保人的医疗状况、家庭历史，以及度假和爱好方面的信息来进行判断，得出准确的风险评估和寿命长度。林肯再保险公司有专门的多职能团队，由医生、保险商、保险精算师以及专家系统开发人员组成，他们能让公司知道哪些保险申请不能受理，或者应该对投保人收取多少额外费用来覆盖他们的额外风险。

在20世纪90年代，许多大型金融企业进入人寿保险市场。这些全球性企业在林肯再保险公司价格的基础上打折，吞吃其市场份额。他们将再保险变成了一种商品业务。作为国内最大的再保险公司，林肯再保险公司能够承受这种压力，但公司会“无利繁荣”。为了挽救这种状况，高层管理者特别要求保险和精算专家开创一种全新的再保险业务，以改变这种竞争局面。

林肯再保险公司决定把目标定位在那些赚钱有困难的客户：便宜的“定期”人寿保险。一些银行进入了保险领域，但它们在这个市场上要获得真正的利润有困难。林肯再保险公司成立了一支精英团队帮助保险公司分析其目标客户的人口统计学特征，设计定期保险项目（价格、期限和条件），从而帮助保险公司赢利。

在这个例子中，林肯再保险公司所显示的智慧是用新技术对客户的商业模式进行再评价。它为客户（保险公司）设计成功的产品。这再保险业界是特别的、独一无二的。对于这种新服务，林肯再保险公司不是按再保险的每千元费用收取一定金额的传统保费，而是要求保险公司按其实际保费收入的百分比（比如25%）来支付费用。

这种新商业模式改变了业界格局，使林肯再保险公司避免陷入商品化的陷阱。这种变革不仅为林肯再保险公司带来相当多的收入，还使它与客户之间有了直接的合作伙伴关系。林肯再保险公司的创新被称为“定额分配”，很快就成为业界人人称羡的举措，所有其他主要寿险再保险公司都争相模仿。其中最大的一家是瑞士再保险公司，决定以最快和最纯粹方式与林肯再保险公司竞争，该公司引进“定额分配”，并在新千年开始的时候采用了它。从更广的角度看，林肯再保险公司通过在传统产品之外提供“设计服务”而赢得竞争；它从根本上改变了对客户的价值主张。

药物供料公司超越实验鼠的故事

查尔斯河实验室（Charles River Laboratories，CRL）已经成为全球最大的药品探索服务外包提供商。它通过激进的内部发展战略和战略收购来达到这个目标，同时还进行了商业模式的根本转变。

CRL1948年在波士顿成立，作为大鼠繁育商主要为东北走廊的医院、大学和制药企业提供医疗研究用鼠。多年来，公司规模很小，而且是私有的。公司创始人亨利·福斯特（Henry Foster）是一位兽医。他正确地预见到由于空间、劳力和时间等方面的限制，研究机构将寻找一种替代物来饲养自己实验用的动物。CRL 公司增加了一种新产品：小白鼠——从而促进了公司的增长。在医药研究中，大鼠会提高对毒理学（药品安全性）研究的要求。小白鼠则经常用于早期发现实验，以寻求特定生物问题的答案。

对客户而言，CRL 公司的小白鼠和大鼠代表了医药研究中成本高效、质量一致和精确的元素。它们对于研究进程有难以衡量的贡献。如果你最近服用过抗生素，很有可能会发现这个药品最初是被 CRL“研究模型”证明的。

产品开发历史是引人入胜的；但几十年来，它所采取的单一商业模式就是对研究用模型/动物收取一定费用。CRL 公司最初的产品是针对“一般用途”——即同样的大鼠或小白鼠可用于任何类型的药品研究。它们还是“非近亲繁育”的，即任何雌鼠可以和任何种类的雄鼠繁育。公司对这类一般用途的小白鼠的收费很有限，到 20 世纪 90 年代，每只健康的小白鼠价格低于 20 美元。

在 20 世纪 70 年代早期，家族内繁殖代替了随机繁育。这样繁育出来的老鼠有更特定的性质和特征以及有在随机繁育中不存在的一致性。这些“近亲繁育”标准化了的动物提高了研究客户的生产率，因为它们能确保可预见的、准确的和可重复的实验结果。CRL 公司从公共资源，比如国家健康研究所，收购这些近亲老鼠。收购既不受限制也不需要许可通过消除许多使啮齿类动物感染的致污物（病毒和细菌），公司的大鼠和小白鼠不断升级和差异化。研究界认为消除致污物是在质量和可靠性方面的一大进步。

由于改进了产品，公司持续增长。到 1984 年，CRL 公司的年收入达到 5000 万美元，主要来源于销售大鼠和小白鼠。福斯特继续推动公司以内部发展的道路前行。

“突变体”是公司的第三代平台，开发于 20 世纪 70 年代晚期和 80 年代初。突变体是从近亲窝群中仔细筛选出来的，显示出非常特定的基因结果；突变体比近亲动物更受到关注。通过使用突变小白鼠，研究者可以更有效地研究人类的类似突变。第四代平台出现在 80 年代中期：诱发性突变。这些动物包括“裸”鼠，这种免疫系统严重受损的啮齿类动物，深受研究传染性疾病和癌症客户的欢迎。凭借诱发性突变，公司产品又进了一大步，从一般性用途的小白鼠和大鼠发展到以特定人类疾病为目标的高度特定用途的研究模型。通过研究这些特定人类疾病，医学界和制药企业能不断聚焦他们的研究。在 90 年代远亲繁殖的大鼠和小白鼠需求下降后，这些持续改进的动物研究模型使公司管理层有能力保证收入和收取较高的费用。

自始至终，公司的商业模式保持不变：按每只动物收取费用。第五代产品开发始于 80 年代晚期，这项工作关注有某些疾病的小白鼠的基因工程。作为一种阶段性的突变体的进化，这种基因工程应用被称为“转基因”。第一个也是最受关注的转基因模型就是获得专利的“致癌鼠”（OncoMouse），是由哈佛大学的研究人员在 20 世纪 80 年代后期通过基因工程造出来的癌症小白鼠。“致癌鼠”是由哈佛大学与其赞助商杜邦公司专有的模型。CRL 和实验室研究人员可以使用“致癌鼠”，但必须遵守非常严格的许可条款。这些条款使 CRL 很难开发一条可行的生产线。虽然一些“开放源”或未被限制的转基因模型是可以获得的，但很少有能达到支持 CRL 产品线利用水平的。

CRL 公司没有放弃这项新技术，而是想出了一种新方法，用一种不同的新商业模式来利用它：它为那些采用“开放源”转基因小白鼠的实验室提供基因工程服务。小白鼠的基因研究很昂贵，是人力密集型、耗费空间以及高度专业化的。CRL 的管理者认为，如果他们有这个能力，医院和制药企业的研究人员会很渴望获得这种服务。CRL 从 1987 年开始为市场提供这种新服务，这成为公司业务的分水岭。

在 20 世纪 90 年代中期，公司从产品到服务的转型加快了。公司现在不再是提供大鼠和小白鼠，而是提供实验和研究结果。到 2000 年年初，CRL 为动物模型、药品开发的新兴领域提供基因组学和蛋白质组学方面的专业知识。随着提供服务的数量不断增加，公司招募了越来越多有高学历的科学家——有博士后经历和实验室科学证书的兽医、分子生物学家以及内科医生等。

CRL 进入到价值链中更有利润的征程一直在继续。从药物发现服务进入到在各种动物研究模型中的临床前药品测试。这需要毒理学、药理学、病理学及其他专业的专门技能。而每一转变都需要相当的投资。

为了支持公司进入服务领域，CRL 进行了一系列选择性收购，购买了药物发现和开发领域的利基服务提供商（niche service providers）。它还收购临床前和临床服务提供商苏格兰 Inveresk 研究集团，将业务扩展到全球范围。临床前和临床服务是人类临床测试管理中的最后一步，从第一阶段（一小群健康的病人在像医院一样的设施里接受测试）到第二阶段和第三阶段（一大群健康和生病的病人）。CRL 公司现在可以宣称自己是所有主要的非专有步骤服务提供商，这些步骤是一个潜在药品直到最后被 FDA 批准为止必须经历的。现在，CRL 公司有自己专门的第一阶段设施——一个供人类病人测试的“小型医院”。它还代表生物技术和制药公司的客户为在医院、诊所和医生办公室进行的临床测试提供设计和管理。

到 2006 年，CRL 公司的商业模式完全改变了。年收入超过 10 亿美元，其中老产品（大鼠和小白鼠）只占整个收入的 25%。临床前和临床服务在剩下的收入中占到绝大多数。这两个领域的利润率都很高。这些服务对公司股价有非常积极的影响，从 2000 年上市时的每股 16 美元涨到 2005 年的 50 多美元。吉姆·福斯特（Jim Foster）是创始人的儿子，在他父亲之后继任公司主席和 CEO。他被评为 2005 年《财富》杂志的“年度 CEO”。很显然，对 CRL 公司而言，商业模式创新成为公司增长的有力发动机。

从资本密集型商业模式到服务模式

商品化（commoditization）是改变商业模式最强大动力之一。我们在林肯再保险的例子中看到了这点，其对手渴望在标准产品上进行价格竞争，从而蚕食林肯再保险公司的市场份额。商品化也是 CRL 公司从一般的啮齿类动物向上发展到更专业化的种类——最终提供高技术服务的根本原因。商品化不可避免地会引起传统竞争者之间的血腥价格战。薄利（如果不是完全亏损）就是通常的结果。

避开这种情况的一个方法就是去价值链的其他地方。在一些情况下，这意味着进入服务领域。在适当的环境中，这个举措会提高利润率，使企业有机会离开资本密集型经营。我研究的一家供应管理企业，叫作 Synergtx，就是一个例子。

Synergtx 因商品化而改变商业模式。许多读者会发现他们的公司在成熟市场里面临着类似的压力。这家公司选择退出相当标准的印刷业务，选择的战略是将供应商、制造商和顾客联系起来，成为全球供应链管理解决方案的供应商。

公司开始时是一家资本密集型印刷商，为计算机和电子产品行业大批量印制手册。它在北美、欧洲和亚洲都有印刷和复制工厂。诸如微软、Adobe 和苹果等公司都将印刷和 CD 复制等业务外包给 Synergtx。微软在 1995 年推出 Office 软件时，印刷了很多用户手册，为企业创造了一宗很大的业务。

由于像微软这样的企业是通过计算机硬件生产商（OEM 厂商）来销售软件产品，Synergtx 公司不仅印刷手册和复制 CD，还将这些成品直接运输给 OEM 厂商。OEM 渠道创造了额外的需求。比如像微软，必须每季度获得通过这些 OEM 厂商销售软件的确切数量，以便能向他们收取费用。要把这个工作做好不容易。Synergtx 进入了这个领域，开发出一套计算机系统，能对通过 OEM 厂商销售的软件许可证做准确的会计记录，并将这些数据返回给诸如微软这样的客户。这就使 Synergtx 不再只是一个供应商，而更像客户的合作伙伴；其提供的信息成为公司收入的一个重要来源。实际上，这项服务是如此成功，在 2000 年的时候，Synergtx 在这方面的年收入已经达到约 10 亿美元。

然而在 20 世纪 90 年代中期，海外合同制造商大量浮出水面，为了追求订单数量狠杀价格。结果是 Synergtx 的毛利滑落到不及最高水平时期的 20% 。Synergtx 公司管理层意识到必须做出某些改变，要不就得面临林肯再保险公司曾面临的“无利繁荣”局面。

为了成为外包的供应链管理服务提供商，管理层建立了一个愿景。这个愿景是要为诸如 Adobe 或微软这样的“客户”以及他们的终端用户或企业用户提供从“最先接触”到“最后接触”的服务。这就意味着公司要开发在订货、履行订单、支持、会计记录甚至顾客退货等方面的能力。整个服务被冠以“电子履行”服务的品牌。Synergtx 公司将自己的商业模式转到基于交易的服务。管理层将现有的印刷、CD 复制和装配工厂卖给了低成本的供应商，因此极大地改变了公司资产负债表，在收入基本相同的情况下创造了更有吸引力的资本收益率。

转型并不是没有代价的。管理层在流程和计算机系统开发方面投以巨资，以提供新产品面世所需要的计划管理、网页设计、在线支付流程、库存和销售报告、需求规划、运输和订单履行、软件许可证管理以及产品退货处理等一系列的服务。这是一个巨大的价值链转移，就如詹姆斯·奎因（James Quinn）在《智能企业》（*Intelligent Enterprise*）中极力描述的一样。[6] 公司在世界各地建立了解决方案中心。Synergtx 还为客户的软件产品和电子产品的终端用户提供电话客服支持，甚至开始处理棘手的顾客退货业务——所有这些都要向客户收费。

这样，一个高度资本密集型、大量生产的商业模式——曾经遭受利润率侵蚀——转变为一个提供服务的商业模式，有高水平的经常收入以及与重要客户更亲近的合作关系。这两种商业模式之间的区别见图 9.2，这是公司从之前的印刷业务转移到新的供应链管理服务这期间的损益表摘要。以收入的百分比计，新业务的材料成本大约是印刷业务成本的一半。新业务的毛利率（39%）是老业务的两倍——即使是在为遍布世界的顾客服务中心配备员工后，毛利率也是如此。新服务商业模式需要在人员和计算机系统方面有大量管理成本，即使是这样，赢利能力（EBITDA，息税折旧摊销前利润）也是旧商业模式的两倍。

	产品	服务	总计
收入（单位：百万美元）	450	110	560
材料成本	250	32	281
购买材料后的成本	200	78	279
占销售收入的百分比	44%	71%	50%
生产成本	121	36	157
扣除生产成本后的边际成本	79	43	122
占销售收入的百分比	18%	39%	22%
产品销售和管理费用	59	30	88
占销售收入的百分比	13%	27%	16%
EBITDA	21	13	34
占销售收入的百分比	5%	12%	6%

图 9.2 转变中的商业模式

构造商业模式对话的模板

这里谈到的商业模式创新的例子只是我所研究的企业增长中许多例子中的一小部分。其他一些企业从事渠道创新，诸如互联网或网络营销（家庭购物各方）等。我曾经遇到一家网络创业企业，在四个商业模式中找寻：从专业在线交易，到超市在线交易，再到 B2B 软件基础设施提供商，再到软件工具供应商。曾经有一度，其资本市值超过 80 亿美元；几年后，公司苟延残喘，光景凄凉。[7]

如果从一个商业模式到另一个的改变如此困难的话，那么说服高层管理者进行商业模式转变也同样困难。和大多数人一样，相对于旧的和熟悉的模式而言，高层管理者对新的和不确定的模式会觉得不那么舒服；他们倾向于用是否适应于老办法的透镜来审视新创意。在大型、成熟的企业里，管理者直觉地把新业务看做是已经有一亿至两亿美元的业务。他们用评价企业已有业务的财务方法（内部收益率、投入资产的收益率等）来评价新机会。他们忘了今天茁壮的橡树在昨天还是羸弱的幼苗，这些幼苗需要温柔的呵护才能长大。在这种情况下，创新团队的一个挑战就是让高层管理者用全新的态度来评价其新商业模式。

为了帮助交流商业模式的变革，我在图 9.3、图 9.4 和图 9.5 中显示了这些概念，可以把他们合起来当做一个商业模式的规划模板。

- 图 9.3 将商业模式定位为新的业务战略与财务预测结果之间的联系。已经列出了关键的业务战略决策：目标市场、目标用户或者新产品线或服务的定位、提供的产品和服务类型以及到达用户的最佳渠道。希望的财务结果可以通过传统财务报表表现出来，比如预估的损益表、可以得出净现值的现金流量表和损益表相联系并能提出预期的资产收益率的资本规划等。
- 图 9.4 列出了与定义商业模式有关的关键问题。许多问题是很直接的，另外一些比较微妙。针对这些问题的答案可能会揭示你所定义的业务战略可能从财务上看不够有吸引力，或者不可行。还有一点，大多数管理者都希望你能在商业模式中体现如何获得经常性的收入，并展示出一条通往利润之路，而且不需要巨大资本投资或其他形式的基础设施投资。
- 图 9.5 只是简单地将前面两个图组合为一个规划流程。预计的财务报表很容易引导一个团队重新塑造自己的商业模式，而商业模式的改变会极大地影响企业战略：向谁销售、销售什么以及如何形成品牌等。

商业模式决策——图 9.4 中问题的答案——对于创新的资本需要和新产品或服务商业化的运营结果会产生巨大影响。这些因素又会影响业务的基本盈利能力特征：上市时间、利润、利润坡道以及是要成为高利润、低产量模式还是低利润、高产量业务。做这些决策不是轻而易举的或者默认过去的做法为做生意方式。相反，应该将图 9.3、图 9.4 和图 9.5 作为创新团队和管理层之间大量讨论的基础，或者由于其重要性，让重要的未来客户和供应商来推进。

读者练习

这一组读者练习旨在帮助你在规划创新的商业模式更加容易。

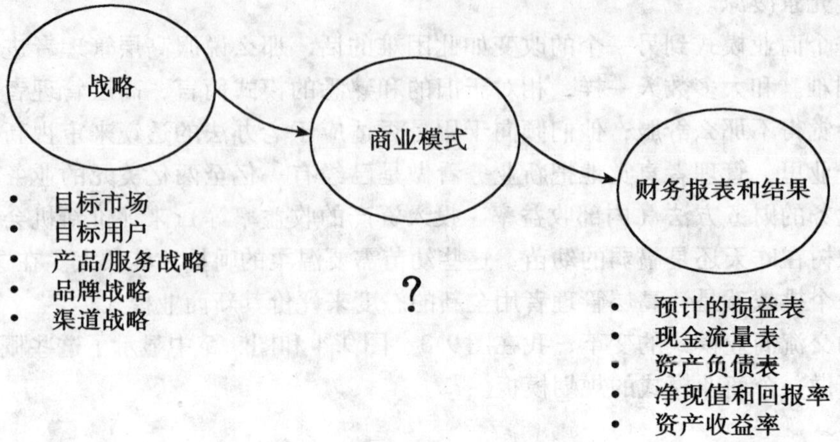

图 9.3　将你的商业模式作为战略和财务结果之间的联系

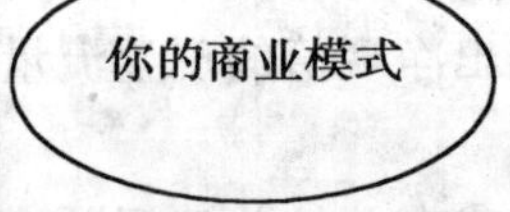

- 我们只是销售产品、服务还是两者都销售？
- 我们可以从同样的用户得到经常性的收入吗？那是多少？
- 什么是我们渐进或附加的收入来源？我们可以转售第三方的产品吗？
- 是否存在产品要求？我们在内部和外部如何满足这些要求？
- 进行市场渗透和市场学习的最佳渠道是什么？什么样的激励结构可以使这些渠道充满活力？
- 实行我们的品牌战略需要花费多少成本？我们是在建立一个新品牌吗？
- 我需要多少聪明人来将产品或系统工程化？还需要其他人吗？
- 我们什么时候能开始有收入？我们能多快将产品或服务面世？
- 我们赢利之路是什么？我们必须投资多少（我们必须将生产扩大多少？我们的产品线必须提供多少种不同产品？）才能赢利？
- 就生产和销售而言，现在的业务范围如何？谁将负责将它扩大？
- 在讨论结束时，这是资本密集型还是非资本密集型的业务？我们有渠道可以获得所需的资金吗？

图 9.4　促进商业模式设计的问题

练习 1：作为开始，先试着用苹果公司练习一下。用图 9.4 中的模板分析本章较早时候

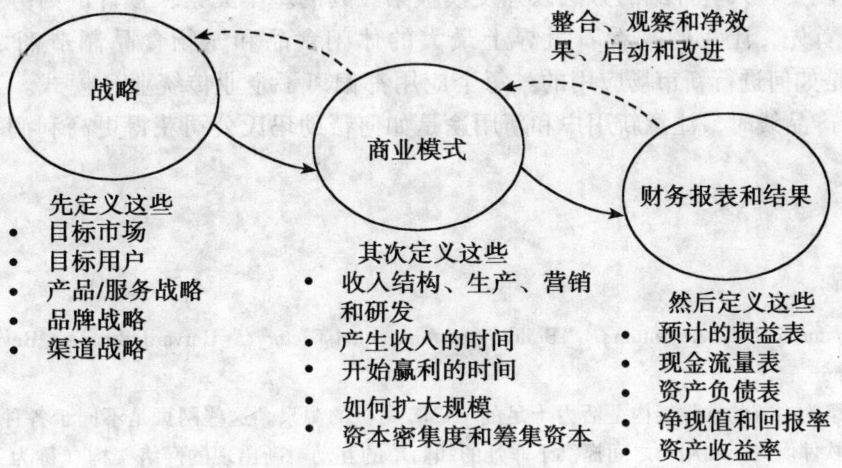

图 9.5　商业模式计划流程

描述的 iPod 的例子。目标市场是什么？刚开始的时候这个市场有多大？描述主要的目标用户以及他们对新的和不同音乐的爱好。（生产的）产品是什么？提供的服务（音乐）又是什么？它们是如何定价及使用分销（渠道）的？由苹果公司和第三方合作伙伴销售的附件产品也是收入的重要来源。在 Google 上搜索一下苹果公司的销售额，传统上将 40% 算作制造成本，付 5% 的版税给音乐提供商，你就可以揭示这个商业模式了。把它和传统的音乐制造商模式进行比较，你便有所知悟。

练习 2：找一个你的行业内成功的产品线或服务例子——其传统商业模式已经改进或变革。再次使用 9.4 中的模板，先分析传统模式，再分析创新后的模式。

练习 3：最后一个挑战当然是把这个模板（图 9.4）用于你自己的新市场应用。再来一遍，将商业模式模板用于你正在考虑的新产品线或服务。你的企业里传统产品的定位是什么？你的新创意有什么不同？现有业务的传统成本结构是什么，你的成本结构有什么不同？利用一个外部生产商可以吗？如果可以，对商业模式有什么影响？其他产品线或服务的市场情况怎样？你可能采取的不同措施是什么？这种不同对最初投放市场和后续规模扩张有什么影响？这不仅要考虑渠道，还要考虑促销和沟通。

在你解决这些棘手的问题时候，不要急于预测收入或利润；相反，要进行广泛思考和尽力把模板的三列内容整合在一起。

我们很快就要转入更详细的方法以开发模板第三列的基本元素：预计的财务报表和衡量财务业绩。但首先，让我们来看看世界上最大的休闲食品和宠物食品制造商之一的玛氏（Mars）公司是如何进行新市场应用的。每个应用都偏离了企业传统业务模式。当你在阅读这些创新的新产品线时，注意新用户和新用途是如何帮助玛氏公司获得更高利润率和超额价值业务的。

注释

1. Andrew Hargadon and Robert Sutton，"Building an Innovation Factory，" Harvard Business Review，2000. 78（3）：157～66.
2. 我认为以网络为中心的软件架构是活力十足的 HTML 网页的源泉。这些网页是不同于各种媒体资源的。这种架构在软件供应商和用户之间提供了非凡的和简单的互动。新出现的网络架构（称为 Web 2.0）是更具吸引力、更有参与性的框架，它使软件成为一种服务，与其他多种软件服务松散地联系在一起，并且不断地被使用这些软件的用户进行更新和丰富。对我来说，Web 2.0 就是凯文·凯利（Kevin Kelly）所描述的软件开发者和用户社区的真实写照。参看凯文·凯利《失控》（*Out of Control*）（Reading，MA：Addison-Wesley，1994）。
3. Siebel 曾经是企业 CRM 市场的领袖，现在是甲骨文公司的一部分。他们开发并推出自己的"随选"版本。在本书写作时，就 CRM 的网络服务市场渗透而言，它已经落后于后来进入者 salesforce. com。
4. See www. oaaa. org/outdoor/facts/，accessed January 18，2006.
5. Marc H. Meyer and Arthur DeTore，"Creating Platform-Based Approaches to New Services Development，" *Journal of Product Innovation Management*，2001，18：188～204.
6. James Brian Quinn，*The Intelligent Enterprise*（New York：Free Press，1991）.
7. Marc H. Meyer，Neil de Crescenzo，and Bruce Russell，"In search of a Viable Business Model，" *International Journal of Entrepreneurship Education*，2004，2（2）：31～43.

第十章

玛氏公司新品牌和新产品线开发

成熟企业成长面临的挑战——玛氏公司历史——个性化的 M &M 糖果——能量棒的新产品类型“马拉松士力架”——全面综合餐，挤压在骨头里的宠物正餐——CocoaVia，对心脏有益的糖棒——艾瑟尔（ethel's），针对女性的新零售概念——管理层的经验——创新的源泉——新市场应用通常不能适应已有的业务流程——打破在新概念定位时的紧张局面——利用产品和流程平台

许多大型消费品企业发现自己处于商品化的压力之下。尽管在生产方面表现不错，但他们的零售利润被那些有强大讨价还价能力的超级市场压榨。野心勃勃的竞争对手在为货架上的空间进行争夺。本章将描述这样一家企业——玛氏公司——如何成为创新产品概念方面的领先者。实际上，我们可以看到企业里的创新团队如何将我们前面描述的许多方法整合起来加以利用：基于成长的市场细分，深入了解用户需求，定义新产品线架构以整合模块化平台和灵活的生产流程以及将所有这些因素结合进商业模式，使其不同于公司现有的模式。

本章还将描述新市场应用会如何影响一家企业对其业务的思维方式——不仅是企业生产的产品，还有销售方式和赢利方式。本章还将提供前面一章所研究的商业模式指导性实例，以及下一章将要研究的财务模型和业务流程的例子。

玛氏公司是一家消费品企业。在本书写作时，它是世界上最大的糖果生产商。它还是全球最大的宠物食品生产商。公司还是一家私人企业。

公司有值得骄傲的开发主要消费产品品牌的历史。其中包括 M&M 巧克力豆和士力架品牌。[1] 这种传统一直在延续；近年来，美国公司的创新团队针对新市场应用开发和推出了五种新产品线。

- 我的 M&M 巧克力糖果——一种个性化产品，用户可以将个人信息印在他们自己选的各种颜色的巧克力豆上。

- 士力架马拉松能量棒——超级好吃的能量棒，有专门给男士和女士的各个品种。
- 给狗狗的全面综合餐——一种新型宠物食品，提供全面均衡的营养，并且符合狗狗的自然进食习惯。
- Cocoavia 对心脏有益的巧克力——一种专利产品，含有真正的巧克力和植物固醇，同时利用巧克力中的黄烷醇来增进心脏健康。
- 艾瑟尔（ethel's）的巧克力休息室——一种新的零售概念，带给消费者全新的巧克力体验。

上面每种产品都是业界的新概念，每一种都是在过去几年被引入市场的。每一种都成为一条多产品生产线的基础，并且都在上市后逐年稳步增长。这些产品一起可能为玛氏公司带来上亿美元的年收入。可能更为重要的是，每种产品都将公司引入优质市场及带来更高的零售利润，并且在许多方面都标志着公司对其产品实现了“优质高价”。一个新的商业模式正在形成。

公司许多员工都认为，理解这些新的商业模式并实现它们，比设计和生产产品更具挑战性——尽管这些产品本身富有创新性，而且是面向未来的大胆尝试。

玛氏公司简要发展史

玛氏公司现在在全球 65 个国家有 50 个业务单元。公司拥有许多全球最著名的品牌。M&M 巧克力豆、士力架、银河棒（Milky Way）、三剑客（3 Musketeers）、德芙巧克力和冰淇淋棒、Kudos 格兰诺拉棒、彩虹糖、本叔叔米业是其中的一些知名品牌。玛氏的宠物食品包括宝路狗粮、伟嘉猫粮和法国皇家（Royal Canin）宠物食品。其中法国皇家是成功打入北美市场的欧洲优质品牌。玛氏还利用其在休闲食品零售方面的经验，开发了弗莱维亚（Flavia）盒装一次性咖啡和茶泡制系统，这是一种快速成长的 B2B 和对消费者直销的热饮系统。

玛氏公司在 19 世纪初由弗兰克·玛氏（Frank Mars）和他的母亲在自家的厨房里创办。公司位于华盛顿塔科玛（Tacoma）。他们开始用一条很小的生产线生产在当地市场销售的礼品巧克力。1920 年，弗兰克·玛氏搬到明尼阿波利斯（Minneapolis）以扩大业务。在逛了一家当地的杂货店后，玛氏决定推出一种可以随时享用的巧克力麦芽奶糖棒。这就是银河棒，它立刻大获成功。之后公司推出有花生的巧克力棒——士力架，然后是三剑客(3Musketeers)。即使在大萧条时期，弗兰克·玛氏也不断扩张其业务。弗兰克的儿子福莱斯特·玛氏（Forrest Mars）加入家族事业，并在欧洲创办公司。

福莱斯特在伦敦外的斯洛福（Slough）建立了玛氏的第一个生产工厂。他给银河棒重命名为玛氏棒（Mars Bar）。也许最重要的是，他用收购的方式将宠物食品业务引入公司。其关键就是将现代的大批量生产与营养科学的进步相结合。今天，世界上领先的宠物营养研究中心就是位于英国的沃尔瑟姆宠物营养中心（the Waltham Center for Pet Nutrition），它属于玛氏公司。

20 世纪 30 年代时福莱斯特到欧洲旅行，他见到了西班牙生产的一些由于内战被搁置的产品。福莱斯特发现了有糖衣的巧克力，这些糖衣不仅提供了一层保护，还很美味。这就是今天无处不在的 M&M 巧克力。这种小小的巧克力糖球有五颜六色的糖衣，因此巧克力不会在手中溶化。M&M 巧克力最初在二战中的美军士兵里广受欢迎。公司在 1954 年开发了花生糖衣的 M&M 巧克力。

福莱斯特的愿景没有改变：为家庭提供超级美味的巧克力。高效运作和生产高质量的产品成为公司的核心价值观，并延续至今。

将其战略专注于人类休闲食品和宠物食品是玛氏文化的一个重要方面。福莱斯特购买了“半熟米”的专利，因为他希望将便利带进厨房，这是一个巨大的、还未开发的市场。本叔叔很快成为美国市场上销售最好的袋装长稻米品牌之一。

经过多年发展，公司形成并保持了平等主义和相对扁平的组织结构。公司的任何工厂或办公室里都没有私人办公室。管理层的桌子与员工的桌子混杂在一起，不过与业务单元总裁和各种业务职能的副总裁构成执行环。这些副总裁行使的职能是：营销、销售、生产、人力、供应、研发、宣传和财务等。员工很容易接触到高层管理者，同样地，管理者也能很容易找到员工。尽管公司此时已经很大，但员工仍然了解遍布全球的同事，并且和其他业务单元的同事积极互动往来。每个人，连总裁在内，都要打卡。准时打卡会有奖金（准时打卡的人中有 10% 可以拿到奖金）。外面的有些人可能认为玛氏文化“很老土”，还有人认为玛氏文化“很古怪”。还有一些人包括我自己在内，认为这种环境很适合团队合作、管理层支持和为公司成长而努力工作。

效率是公司运作的关键原则，即采用最少的运营资产带来收入的最大化。这使公司强调制造工程以及谨慎地管理供应链。研发也很重要，但不是领先的决定因素，因为这是一个高产量、低价格、对杂货店和大宗购买者分销以及便利渠道占优的行业。以吨计算的产品成本和储存成本是任何需要高层管理者批准的业务计划的重要组成部分。读者可以想象那些刚刚起步的小生意（只有很小的货物量）要与这样大型的、动辄以吨计数的公司打交道是多么困难。

玛氏的成功公式使公司获得了几十年的不断成长。然而，情况在 2000 年初的时候发生了变化，尤其是在休闲食品领域。这是因为消费者中肥胖人群的比例不断增加，整个行业在寻求低糖和低脂的产品。为了继续成长，公司必须为消费者提供新价值。这不容易。几十年以来，公司专注于不要犯错误。就如一位高层管理者所说，“我们所有人都接受不要犯错误的教育，学习不要犯错误的方法，所做的决策也是非常清晰的风险管理。”这样一家公司怎么可能从事是冒险者和需要“边开始边学习”的方法才能开发的新业务呢？

我的 M&M 巧克力：从流程研发开始的新业务

第一条新产品线是用来印制个性化的 M&M 巧克力糖豆。这项业务——我的 M&M 巧克力——显示了一个创意可以如何从一项有前景的技术转化为一条非凡的产品线，最后成为一项高利润的业务。图 10.1 显示了这种新产品的例子。被当做礼物和用于庆祝时刻的个性化产品是这个概念的核心。

图 10.1　我的 M&M 巧克力

（经玛氏公司授权使用）

对糖果产品进行个性化处理与公司传统的低成本、高产量业务模式是格格不入的，现有模式是基于大量资本投资并通过广泛的零售渠道进行的。尽管其他成熟企业的管理层可能会打发掉这种激进变革的“牵强主意”，玛氏的管理者则认为这是一个向除杂货店购物者以外的新市场延伸其品牌的机会。

M&M 巧克力的品牌延伸是有前例的。Colorworks 就是公司现有的、很小型的一种服务。消费者可以挑选比标准 M&M 巧克力更多颜色的产品。但是我的 M&M 巧克力代表了一种更高水平的定制化：个人定义的信息。公司在新泽西哈克斯镇工厂的研发中心开发了这项技术。这个小型研发组在生产流程上有好几个突破。玛氏公司一向对自己高产量的世界级生产质量感到自豪，因此流程研发组开发出来的最热门新业务也达到了这种高水平的生产质量。

研发小组努力工作，开发可以在不同类型糖果上进行印制的各种技术。然而，他们还为这些技术开发出一种战略和产品路线图。流程研发经理绘制出一张图表，很像我们在模块化平台和产品战略章节中展示的那些图表。在一个维度上，它显示了不断增长的高水平技术能力（单面印制、双面印制、轮转影印和喷墨方法），第二个维度是用途和使用情境，这些用途和情境是最高级别的定制化。图表中的愿景由休闲食品分部的总经理进行深化，他是“我的 M&M 巧克力”的拥护者，现已升任玛氏公司北美地区总裁。

2000 年，流程研发团队开始在空白的 M&M 巧克力上印制图案。他们最初尝试生产出绿色 M&M 巧克力品牌卡通形象的特别版糖果。用可食的颜料，传统的“m”字母和测试用的图案通过印制流程印在每颗糖豆上。这个流程对生产大批糖豆非常经济高效，但不适合只生产几百颗。后来，每天都有上千颗独特定制化糖豆的单张订单一张张传到公司。

开发小组不断实验，最终证实采用另一种流程可以更经济地进行小批量订单生产。我的 M&M 巧克力可以提供两种技术的最佳结合：定制的图案用标准的 M&M 巧克力单面印刷，另外一面则用公司其他的印刷技术。公司的工程师之前曾开发出在巧克力棒上印刷高清晰的照片图案。当团队不断取得进展时，他们着手对产品和流程申请专利。一旦高层管理者表示支持定制化的 M&M 巧克力概念，产品开发就非常快速地进行着。样品被开发出来，并征求消费者意见。不久，开发团队就能演示在 M&M 巧克力的弧形表面上进行印刷，并从公司内网上接了有限的订单进行生产。这些举措在 2003 年初进行，是在公司范围内进行更广推广工作的一部分，称为“先锋周”（Pioneer Week）。

先锋周是为了给创新打气。公司给一些研发团队 90 天时间来为新产品开设一条实验产品线。三个月结束时，在公司内部进行了一系列的新产品介绍。

迫于最后期限，我的巧克力开发团队挑选几种基本选项，而没有进行惯用的大量消费者研究。开发团队推断在实施这些活动以后，他们可以根据真正的用户反馈对各个方面作出改进。快速面世和学习成为开发团队的咒语——不管做法多么不同于公司的标准流程（在标准流程中，即使对现有品牌的微小改变也要经过广泛测试），他们也要进行下去。

在公司内部进行这项新产品发布有很多挑战：获得一些必要设备的时间超过 90 天。这个项目很难得到专门的资源。开发团队还需要确定在印制糖果时，哪些信息是可以接受的，哪些信息是必须过滤掉的。甚至连在哪里安装生产线都是一个挑战。然而，团队受到高层管理者签署的“创新宣言”的激励——这份宣言确认定制化印制项目有优先性。团队成员把如图 10. 2 所示的宣言看做是他们自由出入的通行证。

2003 年 6 月，团队开始向公司员工提供新产品，那时叫做 M&M Colorworks 印制车间牛奶巧克力糖果——由研发员工发明的很长名字！第一天就接到 800 磅定制化印刷的订单，第二天就可以交货。公司中有对产品能否生存的置疑。许多员工也不确定在订货后是否能拿到他们想要的产品，也许永远都得不到。让玛氏员工成为实际产品的用户使他们真正成为可以信赖的。

最初的选项是：订购四磅的糖果就可以印刷定制信息。我的 M&M 巧克力团队从公司内

图 10.2 我的 M&M 巧克力创新宣言

（经玛氏公司授权使用）

部得到的反馈是：更少量的定购数量、各种颜色的糖果（不只是白色）以及“适合聚会”的包装都是顾客需要的。开发团队立刻根据这些需求开发了产品线。

有了改进的技术和看上去很漂亮、吃起来也很美味的产品，开发团队现在需要学习如何创造一个成功的商业主张。第一步是形成一个商业计划。团队成员没有一个人之前曾做过类似的计划。管理层请了一个值得信任的外部人士来帮忙。团队开始形成产品线战略，网络渠道计划和一个商业模式。图 10.3 显示了产品市场战略。注意传统 M&M 巧克力与我的 M&M 巧克力可用的许多情境之间的差别。

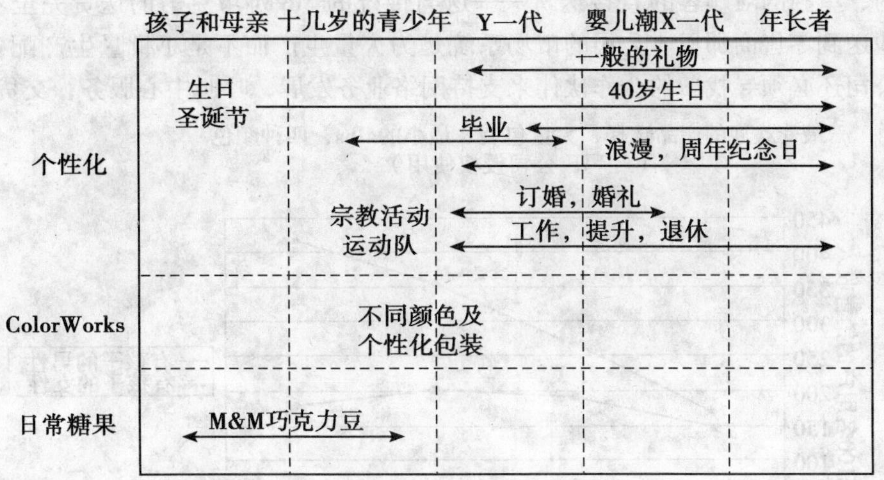

图 10.3　根据场合的细分市场

（经玛氏公司授权使用）

开发团队的另一项重要决策是品牌名称。“M&M ColorWorks 印刷车间”这个名字肯定不行，产品需要一个感性的名字。对个性化产品需要感性的讨论很快得出了“我的 M&M 巧克力”这个名字，并被确定下来。这是一个非常经典的子品牌，它既利用了现有的核心品牌，又增加了新价值。这也很不同于传统做法——以前总是外面的广告公司很大程度地参与产品命名。

如何给产品定价又引发了进一步的讨论。为顾客创造价值、量生产和高效运营是公司的信仰。从这个项目开始，中心流程的研发经理强烈地意识到，个性化的糖果可以比普通 M&M 豆获得多得多的溢价——多到能弥补额外的成本和这项新业务的复杂性。在内部推广时，开发团队将价格设定为平均每磅 12 美元——比普通 M&M 豆的零售价贵四美元。但一些团队成员希望每磅可以收取更高的价格。他们认为，更高的价格可以提高之前预测的财务收入，同时为新产品创造一种独特性或供不应求的氛围。

开发团队没有以自己的直觉来为产品定价，而是采用联合研究确定顾客对“我的 M&M 巧克力”的偏好。[2] 他们采用了第五章中描述的一些方法，让受访者在产品特征、包装特征和价格之间进行平衡和取舍。图 10.4 显示了联合研究的一些结果。这项研究不仅证明更高价格是合理的，而且还得出了最受欢迎的大小和包装样式。研究还显示出顾客有很高程度的“尝试”意愿。所有这些研究结果都在随后的市场实践中得到了印证。关于“我的 M&M 巧克力”的一个极为有趣的现象是，玛氏公司的传统用户一直都是家庭主妇，而新产品线则推广到男性和其他女性。图表显示了性别数据的一部分。

新产品的订货、交货和物流也完全不同于传统的 M&M 巧克力产品。我的 M&M 巧克力包含了小型的、单独的对顾客的直接送货——这与传统的 M&M 巧克力的送货完全不同，后者总是大量地送到零售商那里。公司的市场系统是为大量生产而不是小批量生产配备的。为了新产品，公司还必须寻找新的合作伙伴来支持网络业务发展，呼叫中心服务，交货和运输等。

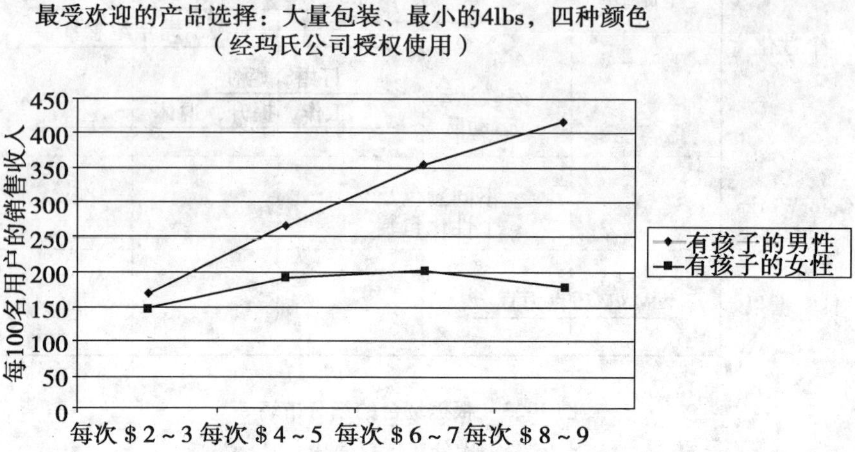

图 10.4　市场模拟

（经玛氏公司授权使用）

我的 M&M 巧克力于 2004 年三月正式在网上向公众投放。玛氏公司没有为这个定制化产品做任何促销活动，只是在 M&M 巧克力网站上为“我的 M&M 巧克力”做了一个链接。链接并不是很突出，订货网页本身最初也不太好用。但是，仅仅在四个小时内流进网站的订货量就超过了供应能力！订货仍然以飞快的速度进来，以至于生产完全跟不上。公司需要更多机器。开发团队提高了每磅的价格以减少需求，但这样做只是再次增强了产品的特殊品质，订货还是在增加！公司只得要求顾客晚点再来。同时，开发团队努力工作，以使下线的 M&M 巧克力的数量翻倍。

在公司推出新产品的五个月里，个性化印刷的我的 M&M 巧克力卖出了 30 000磅。很快，销售收入就超过了 1000 万美元，并且在不断增加。就如产品－市场战略方格图预测的，消费者购买个性化的“我的 M&M 巧克力”用于周年纪念日、毕业庆祝、生日宴会和婚礼等场合。建议读者访问“我的 M&M 巧克力”网站（只需要在 Google 里简单搜索一下就行），看看开发团队是如何构筑网站的，以此来反映根据用户和用途进行的市场细分情况。

尽管没有常规的、正式的营销活动，“我的 M&M 巧克力”在 2005 年显现出病毒式的营销效应。在派对上吃到“我的 M&M 巧克力”的人们都想把它用到自己的派对上。到 2005 年晚些时候，开发团队忙于改进产品、提高生产效率以及给网站添些新花样。公司开展了一场范围很广的公共关系活动，在流行的电视节目以及其他大众媒体中介绍产品和报道名人的心得。

"我的 M&M 巧克力"在年底获得《商业周刊》（*Business Week*）评选的"50 个最佳新产品"之一。这项新业务正在迈向巨人成功的路上。

马拉松士力架（Snickers Marathon）：战略推动的品牌延伸

"我的 M&M 巧克力"是流程推动的创新，马拉松士力架则是靠战略推动的。在这个案例中，高层管理者认为，公司巨大的生产资产和专门技术应该用于新兴市场。这是一个利用现有能力、用一种不同的产品为一群新用户服务的典型例子。

这个产品的血统可以追溯到一个"运动士力架"的概念。1992 年公司在孵化能量棒的创意，那时能量棒类型的产品还处于其婴儿期。运动士力架针对的是高中和大学的运动员，为他们在耐力型比赛中提供能量。但是从来没有对这个产品进行过开发，因为管理层认为这个市场太小，不足以弥补预期的投资。几年后，"运动"概念再次诞生，这次有了一个新名字："VO2Max"[3]。这次的目标还是运动员。这个时候，有更多用户进入了能量棒这个市场，而财务预测也开始看起来有点吸引力了。此时一些独立的生产商比如动力棒（Powerbar，后来被雀巢收购）也显示出向上增长的趋势。VO2Max 有添加的配方，含有抗氧化剂，可以加速肌肉疼痛的恢复。玛氏在 1994 年推出了这项产品，开发了新渠道而不是其传统的以杂货店为中心的渠道。自行车送货和邮件送货是公司以前从来没有尝试过的新渠道。经过一年的尝试，销售量太低而难以为继，产品就被此搁置下来。

VO2Max 产品给管理层上了很重要的一课：公司必须对能量棒这类型产品的目标市场进行差异化。只要其主要的目标用户是运动员，则任何新的市场进入者都要与现有竞争者（如能量棒产品）在甘油三酸脂、碳水化合物和抗氧化剂等方面进行竞赛。新进入者所需要的，是要有清楚的"不同点"。这一点经过证明，就是"味道"——而玛氏正长于此道。同时，VO2Max 对于玛氏的意义，就像 Lisa 计算机对于苹果的意义，后者是 Macintosh 计算机的前身。从失败中得到的收获经常是后来成功的基础。

2000 年来临了。如同许多大企业里那些有突破性的创意一样，能量棒在玛氏被看做是具有很大潜力的创意，但是需要找到更多的主流市场，以证明其值得巨大的生产资本投资和为之创造新的品牌。公司进行了新的消费者研究。这次研究显示，味道是使能量棒为更广的消费者接受的主要障碍。研究显示，在能量棒/健康棒细分市场，每年有 20% 的增长。但相对于这个增长率，只有 13% 的美国家庭是这类产品的消费者。其挑战就是吸引剩下的 87%。管理层认为这些数据表明，现在推进产品真正上市的时候了。他们经过严密思考，认为目标用户运动员实际上限制了产品市场，应该从这些真正的运动员转移到那些受时间限制、同时关心营养的个人，包括那些忙碌的周末战士，他们需要有营养的休闲食品，有时候甚至需要正餐替代品。

马拉松士力架诞生过程中的一个重要时刻就是研发部门的副总裁召集的一个为期两天的

会议。他把部门内最强的技术人员召集在一起，讨论如何才能做到既有高含量的蛋白质，同时又很美味。这次会议产生了几项具有战略重要性的专利。针对这种需要扩大市场的观点和改进味道的看法，公司成立了一个新的多功能团队，包括一名士力架营销经理、两名专门的食品科学家以及一名专门的流程开发科学家。团队还能从市场研究部门获得优先支持。在产品进入实施阶段时，团队又增加了一名专门的流程工程师，他在整个团队和位于左治亚阿尔伯尼的生产工厂之间穿梭工作。团队形成了一个消费者研究计划，包括访谈小组、样品试用以及不断的反馈和修正。这项工作开始于 2001 年，专注于那些能量棒消费集中的市场，比如波士顿和西雅图。“耐久性”成为产品设计中另外一个重要的驱动力。目标用户工作忙、时间紧，希望能有一种能量棒能随身携带，既能当做休闲小食，又能成为正餐的替代品。

访谈小组里有用户和非用户。用户包括那些曾经购买过现有品牌的消费者，非用户则有两类：那些因为听说很难吃而不愿意尝试能量棒的消费者以及那些曾经尝过能量棒（而由于某些原因）却拒绝它的消费者。公司研发和营销部门的人员参加了所有访谈小组会议，他们在寻找消费者的信仰、价值观和现有产品的使用。

根据这项用户研究，团队创造出一个产品概念并在玛氏海克兹镇的工厂开发和测试原型产品。这是一种可以带着去任何地方，持久（不会融化）、好吃且能带来健康的能量棒。在访谈小组的会议上展示了产品概念，后来还对比竞争对手的品牌进行了概念市场研究，利润率比其他竞争者高出一大截。为了预测销量，团队然后进行了全方位的市场容量的研究。这项研究证实了销售潜力，尤其是那些不消费能量棒的非传统用户。

用户研究还产生出具体的设计特征——就像本田 Element 的外观和内部系统一样——是关于这条特殊产品线架构的配方子系统。

- 美味是征服主流用户的必要条件。这必须要有玛氏的巧克力、花生和谷物配方。
- 要在能量棒市场竞争，产品需要高水平的蛋白质含量。
- 在关注健康的能量棒市场，太多脂肪将会带来负面效应。

美味将是马拉松士力架与其他产品的“不同点”和鼓励众多消费者尝试的动力。产品必须真材实料，要采用健康的原料。因为在日益喧嚣的市场里，目标用户对那些宣称健康但实际上却做不到的产品非常质疑。此外，玛氏在促销中没有使用运动员形象，而是代之以消防员、卡车司机、医生和其他工作费心费力的个人形象。

为了达到用户研究中提出的要求，同时又以味道取胜，团队中的科学家开发出了一种高质量、美味的蛋白质，并冠以注册商标“Quadratein”：是花生、大豆、乳浆和酪蛋白的混合物。在接下来的几个月里，团队又开发出两个变种产品，并准备在 2003 年投放市场：能嚼到巧克力的花生棒和多谷物的能量棒。产品原型上看得到花生和谷物，并含有 10 克蛋白质，这些都满足能量要求以及可接受的脂肪水平。

在产品面世后，团队又进行了进一步的用户细分。针对低碳水化合物含量、高蛋白质和女性的需求，团队又开发出另外几种变种产品。在包装上，这些新变种产品从颜色和图案上进行了进一步区分。

2002～2005 年，产品开发工作以一种非常认真的态度进行。开发团队一直非常活跃地讨论品牌名称、价格和销售渠道等问题。每个问题都是一项挑战，因为产品要进入一项新的市场应用。

玛氏应该把这个产品命名为什么呢？由于产品概念直接表达的就是一种能量棒，因此需要一个新的品牌名称是显而易见的，所以出现了 VO2Max。但是，现在市场已经扩张到非运动员用户，在他们看来，味道和健康与能量同样重要。因此，需要在士力架这个名称之下再创造一个子品牌。[4]

由于新产品包含了蛋白质和复杂的碳水化合物，配料较贵，而味道也不错，因此应该比传统的士力架产品有所溢价。但是价格应该高出多少呢？经过价格研究和多次内部讨论，马拉松士力架与主流的能量棒竞争者的产品定在同等的价格上。这个价位有助于明确这个产品是真正的能量/健康棒，而不是经过改良的糖果棒。新产品零售价最终定为 1.5 美元，是传统士力架能量棒价格的两倍。士力架溢价商业模式的第一步是超越公司价值——价格文化。

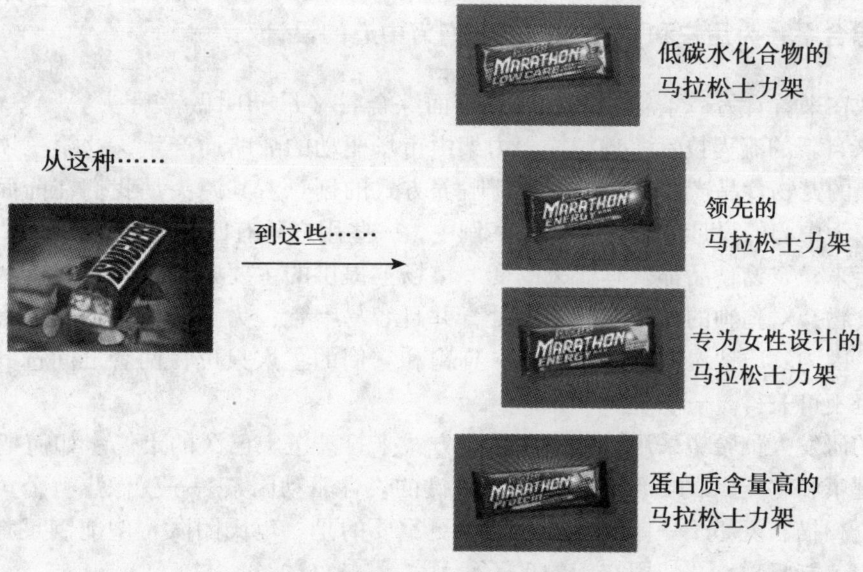

图 10.5　马拉松士力架的变种产品

（经玛氏公司授权使用）

产品一面世，就进入了食品店、杂货店、大型超市和便利店。图 10.5 显示了各种不同的变种产品。对习惯糖果店购买者的销售人员来说，分销是一个新的挑战。马拉松士力架需要在专卖店、杂货店、大型超市和便利店的健康/能量专柜得到特别关注。任何公司都需要时间来形成新的销售能力。因此，对许多人来说，马拉松士力架在第一年的销售并没有达到预期的目标并不奇怪。然而，管理层并不会放弃这个创意。他们讨论了分销问题，并为其营销战役重新制定了方向，使产品能接触到主流用户。对于利用新市场应用来获得增长的企业来说，这是非常重要的一课。

第二年的销售开始达到预定的目标。消费者对于这个新产品的尝试要远高于其竞争对手的。2005 年，行业研究小组报告说，在有新产品上架的商店里，马拉松士力架的销售位于能量棒类产品的第一位和第二位。这就意味着产品有很高程度的“重复购买”率。一旦消费者尝过马拉松士力架，他们就还想吃。习惯这种新的能量棒的男性已经把它作为上午中途时间和下午中途时间的休闲食品；对另外一些人来说，它就是午餐的替代品。现在的挑战是让产品进入更多商店。

对这种新的马拉松士力架来说，其发展过程真的就像是一场马拉松。对玛氏这样的私人企业来说，有丰富的内部创造增长的传统，懂得耐心的好处——等待着给市场开发出并提供产品配方、品牌和营销的制胜组合。到最后，耐心和坚持是有回报的。马拉松士力架的市场表现显示，其正在改变着能量棒产业。

全面综合餐：为用户和宠物进行以他们为中心的设计

我们现在来看看另一条新的产品线：全面综合餐（最初叫做“骨头餐”）。“我的 M&M 巧克力”来自新的流程技术，马拉松士力架由市场驱动的战略而产生，这第三项产品则是来自要给成熟的宠物食品产业带来一种全新喂养方式的创意。其源头是我们在前面章节中描述过的以用户为中心的设计方法。在这个案例中，一些用户是有四条腿的宠物！

几十年来，宠物食品都没有什么改变。市场上提供的主要宠物狗食物只有两种形式：干的袋装狗食物，对狗狗的口腔卫生有益处，并且容易喂食；另一种是湿的罐装食物。狗狗更喜欢后者，因为其质地湿润和味道可口。狗狗和它们的主人只可在两者之间选其一，两种食物的好处也不可兼得。

玛氏的研发人员希望采用一种新的喂食方式来打破沉寂已久的市场。如何把“湿的”特征与口腔健康和“干”的方便结合起来是关键的设计驱动因素——就像惠普公司发明的集打印、传真、扫描和复印于一体的机器一样。更重要的是，玛氏团队希望能满足狗狗自然、天生的本能——能咀嚼，并使用它们的爪子。

早期的讨论集中在“骨头”的概念上，是一种内部很像骨头，外观看起来很像肉的产品。同时，开发团队又将这个子系统进行反向设计，开发出外观坚硬的骨头状原型产品，同时内部很有肉质和骨髓的感觉。第二种设计在 2002 年面世，称为“Jumbone”的狗狗小吃。Jumebone 的销售稳步上升，显示生产骨头状产品对顾客来说是很合意的。现在的挑战是，要使这种形式的产品能够含有更高水平的营养。如果能实现这点，新产品就将具有全面营养，同时又能给狗狗带来乐趣，这样就能超过现有的传统狗食产品。

公司在 2003 年秋季成立了专门的开发团队。一名有着广泛品牌开创经验的资深营销经理被任命负责这个项目。他非常了解销售渠道和广告形式。研发部门还派出了一名食品开发师，非常有能力的市场研究员（致力于人类和动物研究），以及一名流程工程师。还有其他来自生产、原料采购、销售和广告部门的研究人员以兼职的形式加入这个团队。公司还招募了一名独立的项目经理来负责在 15 个月里把这个产品推向市场。

对于这类型产品来说，15 个月的时间算是短的。团队必须开发出具有一定营养水平兼顾口腔健康、有质量的产品，同时，有能支持竞争价格的高效生产成本。

生产也是一个挑战。在挤压式机器上进行高效生产需要进行很多轮测试，包括好多个不眠之夜。然而，这些勤奋工作形成的知识和经验以及专利都是令人畏惧的行业壁垒。

即使还在进行流程攻关，其他团队成员已经在对狗狗和他们的主人进行概念测试。宠物主人如何购买狗狗的食品？他们愿意为之付多少钱？狗狗会喜欢这个产品吗，还是会把鼻子歪到一边去？团队成员进行了广泛的观察研究，看用户如何购买宠物食品、如何喂狗狗以及如何与它们玩耍。然后团队致力于解决在产品面世前需要弄清楚的有关实证市场研究的问题类型和数量。他们进行了有关产品概念吸引力的测试。

更为重要的是，他们将大中小类型的狗狗和它们的主人分组，进行了入户测试。如我们在第五章中提到的（这是作为验证以用户为中心设计的合理性的一种方法），公司给参与者提供一个星期的新产品试用，然后搜集他们的反馈，并用标准统计方法进行评价。第一个星期，测试的是“骨头”的大小；第二个星期，测试的是“骨头”外层的硬度和质地；第三个星期则是考察宠物主人对于外层“骨头”和内层“骨髓”比例的看法。每个星期结束时，每位主人都要对不同类型的样品偏好以五分制打分。如果没有试用的挤压式生产线给开发团队使用，他们不可能以这么快的周期开发出各种不同的新产品版本。幸运的是，玛氏在工厂里安置了这样的试验生产线，作为研发样品的“厨房”。在测试结束时，开发团队能够非常自信地说出各种不同大小狗狗的主人有什么偏好，而这些研究结果就转化为全面综合餐产品的数量、骨头含量以及包装形式。

在最初的面世中，渠道也是一个挑战。玛氏公司的宠物食品主要通过三种全国性的渠道进行销售：杂货店连锁、大型超市和宠物用品专卖零售店。尽管其大多数销售来自杂货店，公司知道宠物用品专卖店（如 Petsmart）的销售会增长很快，一年年下去，其增长会超过任何宠物食品的销售渠道。

考虑到全面综合餐的价格和独特性，公司认为通过宠物专卖伙伴来进行地区性的上市是很有意义的，因为后者会不断扩张。这种做法对于预测销售以及最初的广告和促销活动的规模、类型和范围都很有意义。2005 年 3 月，玛氏通过 Petsmart 宠物商店在部分地区推出了全面综合餐。其中包括创新性的包装和营销，如图 10. 6 所示。

图 10.6　全面综合餐（最初以“骨头餐”名称面世）

（经玛氏公司授权使用）

开发团队在产品上市后不断学习和改进。一些成员经常访问 Petsmart 宠物商店，其他一些人则忙于开发新的不同样品以及不同的包装概念。同时，来自 Petsmart 的报告显示，首次购买全面综合餐的消费者再次购买率是开发团队预测的两倍，而且远高于宠物食品行业新产品的再次购买率。这就意味着产品很有前景。随着销售一周周不断增长，很显然以用户为中心的设计方法（现在应用到宠物食品行业）在成熟企业的新市场应用中再次发挥了重要作用。

Cocoavia：科学驱动企业增长

从有机体生长的角度来看，我们要讲述的玛氏公司第四个例子和前面几个例子一样，非常具有创造力和趣味，只是以一种不同的方式进行罢了。这次的产品 Cocoavia 是基于真正的破坏性创新技术。这是一种对心脏有益的巧克力休闲食品，植根于深度的科学研究。

早在 20 世纪 90 年代初，公司分析科学部门（analytical science department）就试图对从可可里发现的化合物进行分离，以研究其生物活性。可可化合物的其中一项研究对象是黄烷醇（flavanol），是可可多酚的子属。管理层希望研究能专注于发掘这些黄烷醇对于心血管的益处。研究还希望能发现在可可被加工成成品后，如何保持这些活性介质的作用。

同时，科学家还在对一类生活在中美洲海岸的一些岛屿上土生土长的库拉美洲印第安人（Kuna Amerinds）人群进行研究。[5] 尽管食盐的摄入量很高，库拉人却没有随着年龄的增长而显示出应该出现的高血压。这类人的心血管非常健康，比起巴拿马城（Panama City）的库拉印第安人或者其他人群，他们的高血压发病率要低得多。实地调查显示，库拉美洲印第安人食用大量可可——一般每天要喝约五杯可可饮料。由于饮用可可这个突出的事实使研究者怀疑，是否在可可中存在某种物质，而使库拉美洲印第安人的血压能够保持如此健康的水平。这些传统的可可饮料里使用的可可粉被发现富含黄烷醇。

与玛氏合作的大学实验室的研究显示，可可能改善心血管循环或血液流动。研究人员发现，“血流介导扩张”（flow mediation dilation）是衡量血管舒张的指标，它与循环的改善相关。而如果集中摄入可可黄烷醇，血管舒张就可以改善。黄烷醇看起来可以增加血液中的一氧化氮的产生，而后者可以通过减少血小板的凝聚而对其进行调节。当血小板很“活跃”时，它们就倾向于凝聚在一起，并附着在血管壁上，这样经过较长时间，就容易引发心脏疾病。血小板的较大凝结可能诱发心脏病发作，或者由于造成堵塞而引发心肌梗塞。与其他自然原料相比，可可黄烷醇在这方面似乎显示了强有力的效果。[6] 近期的临床研究把可可黄烷醇对血小板的效果类比为阿司匹林所起的作用。[7] 玛氏公司在保护黄烷醇的应用和加工方面获得了很多专利。

管理层决定将其在黄烷醇方面获得的科学知识转化为实际产品。公司在 2002 年朝这个方向采取了一些行动。目标是开发对心脏健康有益的巧克力：美味、方便。管理层集合了营销、市场研究、研发和财务方面的人员，组成了专门的多功能团队来执行这项工作，并给产品起名为 Cocoavia。从这个项目获得的黄烷醇专利是一个非常丰富的例子，说明在新市场应用中，团队应该如何管理自己的知识产权。这个例子还说明，公司应该在新市场应用开发的早期就要有所投入地开展与专利有关的行动，

开发团队进行了一系列消费者测试。这些测试显示出“糖棒购买者”对 Cocoavia 有浓厚兴趣，并且在尝试以后，重复购买率很高。公司最初提供的样品包括巧克力棒、含有夹心的巧克力以及低脂巧克力棒，所有这些样品都便于携带且美味。它们所含的卡路里还必须低于 100，并且血糖指数（glycemic index）较低（即从碳水化合物到血糖的转化较慢）。那些不利于营养的物质如钠和反式脂肪都处于标准的下限。所有这些产品都采用公司专有的富含黄烷醇的可可制成。公司用特有的方法对精心挑选的可可豆进行烘焙、研磨和混和。在美国各个不同地方对样品经过一轮轮重复的消费者测试研究。其中许多产品被目标消费者看做未来市场的“赢家”。

开发团队开始考虑生产问题，他们寻求的是内部生产设施。这个设备那时正在生产 Kudos 糖棒。Cocoavia 的产品设计与 Kudos 兼容。将这条生产线作为“平台”很有意义，因为这可以为开发团队节省上千万的资本投资，同时也可以节省那些用来购买、安装和调试设备的时间。

团队成员很认真地倾听消费者的声音，同时和领先的营养学专家和心血管专家一起工作，致力于为那些关注健康的个人开发出既美味又便于携带的巧克力食品。产品所含的可可黄烷醇能促进健康的心血管循环，而植物提取物（豆甾醇类）能帮助减少 LDL 胆固醇。根据一项临床研究，Cocoavia 棒很明显地减少了这类胆固醇。它还能强化对心脏有益的维生素 B 和抗氧化剂，所含的脂肪仅有三克或更低。

2003 年 Cocoavia 第一次上市，有四种类型：巧克力、蓝莓、杏仁和樱桃味的糖果棒。这些产品要加入富含黄烷醇的可可粉以达到至少 100 毫克的黄烷醇含量。可可粉本身很苦，这就让产品要美味的目标成为一个挑战。此外，生产中还不能使用碱性化过程（用于提高可可

粉和巧克力的作用和味道)，因为这会破坏黄烷醇。最后，标准的工厂生产必须改变，并开发新的流程，以确保在制作过程和成品中黄烷醇不会被破坏。这些障碍都被克服了，味道测试显示，消费者非常喜欢 Cocoavia 的味道。

分销是另外一个挑战。在通过一些挑选的零售商对产品进行分销后，开发团队做了一个为期一年的计划，直接面对消费者进行在线测试，以获得对市场的了解。市场测试包括在有选择的杂志如《烹调指南》(*Cooking Light*) 和《史密森尼》(*Smithsonian*) 上作广告宣传，引导消费者访问 Cocoavia 网站，以及设置免费电话方便顾客订货等。经过这些市场测试，开发团队开始执行自己的零售战略，而这项业务也开始增长。2005 年，这个小组被重组进玛氏公司健康和营养产品业务单元。经过广泛的公关活动来宣传产品的突破性科技以及无比的美味，销售开始迅速上升。在接下来的一年里，公司推出了一系列扩展产品，显示出玛氏对开发和推出兼有美味和健康产品的浓厚兴趣。

艾瑟尔巧克力休闲屋 (ethel's Chocolate Lounge)：利用以用户为中心的设计原则开创全新的零售概念

我们讲述的玛氏公司最后一项业务也完全不同于前面的那些。但是它同样非常具有创新性!

玛氏的强项在杂货店和大型超市。然而，公司的艾瑟尔 M 单元是专门作高档礼品巧克力的。艾瑟尔 · 玛氏是公司创始人的妻子。2003 年，艾瑟尔 M 有 15 家零售巧克力商店，它们都位于拉斯维加斯。此外，还有直邮业务，提供艾瑟尔的盒装礼品巧克力。

这些礼品巧克力非常棒，装在非常时尚的银质盒子里。大部分巧克力都是有夹心的，外面包着巧克力。在所有这些产品中，代表性的产品是杏仁黄油脆巧克力 (Almond-Butter-Krunch)，每年都能获得高档巧克力类别的烹调大奖。商店的位置、装饰和包装都显示艾瑟尔 M 巧克力是用于特殊场合的，与日常消费的巧克力是不同的。到拉斯维加斯的游客会在这些商店购买艾瑟尔 M 巧克力，在他们回去之后还会再次订购。

2004 年，管理层重新审视了这项业务。公司聘请了一名非常成功的零售管理者，他曾经发展了遍布全国的连锁店。艾瑟尔 M 业务的新总裁决定首先改进拉斯维加斯的现有业务。为此目的成立了专门团队，成功随后而至。即使一些最初的店铺被关掉了，但是，艾瑟尔 M 在拉斯维加斯的零售业务有了实质性的增长。在其他地方又开了一些新店。

然而更大的挑战是开创一个新的成长战略，为此新总裁任命了一位非常有经验的管理者。开发团队很快意识到公司的礼品巧克力缺乏清晰的差异点。团队研究了公司自己的商店和竞争对手的，两者都很缺乏差异性。除了一些新的独立运营商店外，每位成员经历的购物方式都非常相似。巧克力包装盒子都是根据不同季节或节日设计的，它们被堆在货架上，那些领取最低工资的销售人员站在柜台后面。顾客走进商店，买一整盒巧克力，然后匆匆离开。几乎在所有的商店购买巧克力就是“商店和购买”这样的事情。

艾瑟尔 M 团队的目标是为日常生活提供优质巧克力，而不只是用于特殊场合。诸如星巴克、Panera 和 Aveda 这样的连锁店资料显示，女性很愿意在日常生活中犒劳自己。对这些女性来说，这些商店本身就是很有力的品牌。

产品的主要消费者是那些有较高家庭收入的成年女性，她们愿意把自己对巧克力的激情与密友分享。为这些女性小团体创造社交的环境，同时也能让她们更频繁地光顾商店并多次购买。

创新团队没有采用其他业务惯常使用的大规模样本调查，而是完全依赖于投入感情的观察研究。在接下来六个月里，访谈小组在三个不同城市进行了调查，其结果显示女性会通过试错来发现自己喜欢的不同类型的巧克力。顾客认为大多数商店都太正式且冷漠。高档巧克力的包装和价格所传达的信息只有一个：这是用于特殊场合的。其他一些重要发现还包括以下几点。

- 日常生活中吃巧克力的场合要更简单、更基础、有健康的成分，尤其是与那些含有“神秘”夹心的传统礼品巧克力相比。
- 艾瑟尔 M 巧克力的银质包装隐含着特殊场合的意思。更加温暖和丰富多彩的包装会适用于更随意的日常场合。
- 购买巧克力的经历应该让女性能与朋友共度一些时光，就像在星巴克里坐下一起喝杯咖啡或茶，或者展示自己买的巧克力。
- 商店的环境应该温暖和友善。

根据这些发现，开发团队为这项业务开发出几种不同的定位概念。第二轮的访谈小组调查把这些概念精练为一个中心概念：适用于每天的、方便的优质巧克力。第三轮的访谈小组调查帮助团队了解关于产品沟通、包装和符合中心概念的零售店环境。然后测试了一些零售店布局，图 10.7 显示了胜出的布局——艾瑟尔巧克力休闲屋。

艾瑟尔巧克力屋并不旨在打败竞争者的零售店，而是要改变竞争的格局。要在那些由长沙发、咖啡桌、地毯和挂毯以及昏暗的灯光堆砌的嘈杂环境中，为顾客提供令他们愉快的产品。产品信息和沟通也很重要。比如，新的艾瑟尔产品线就有玛氏称之为“温暖混和的”巧克力的特征，以巧克力卷作为其支持形象。访谈小组调查显示，这些词汇和形象对目标用户来说有特殊意义，因为用户会把它们与巧克力联想起来。开发团队还采用了“没有神秘夹心”这样的句子，因为访谈小组调查显示，这是现有竞争产品困扰女性消费者的一个主要问题。

将概念转化为产品和零售环境是最为重要的。为了简化顾客选择，根据不同的产品分类

图 10.7　艾瑟尔零售概念

（经玛氏公司授权使用）

确定了主题。有美国流行系列、鸡尾酒类（里面含有酒）、水果类、坚果和焦糖类以及巧克力糖。每个类别里面又有不同口味。更进一步，产品信息必须命中目标客户，要让女性能把这些信息与巧克力联系起来。

这项新的零售业务在芝加哥推出，开发团队购买了一家独立运营的巧克力商店，按自己的想法进行改装和重命名。在之后的一年中，玛氏又开了十几家艾瑟尔巧克力休闲屋，并计划在未来开设更多这样的店。

管理经验总结

前面描述的这五个项目展示出企业增长来源的多样性，很有启发性。通常，管理者和咨询顾问认为正式的战略规划流程是所有增长的来源。但事实并非总是如此——至少这里所列举的例子就不是。“我的 M&M 巧克力”来自中心流程研发小组，全面综合餐和艾瑟尔巧克力来自观察研究和以用户为中心的设计理念，Cocoavia 则来自深度的科学研究。只有马拉松士力架可说是起源于前瞻性的战略规划。像大多数企业一样，玛氏有着结构完善的规划和资源配置流程；但我怀疑——就像大多数企业一样——有关企业增长的最佳创意往往来自这些流程之外。我还认为这种情况通常会发生在那些对内部优势和自己员工能力非常自信的企业里，这些企业的文化是善于倾听员工的创意和抱负。

这里描述的五个新市场应用例子充分利用了企业的知识（通过产品和顾客研究被放大）来为新用户或用途服务。这些知识包括对巧克力（和其他甜食）、生产、包装和运输的深度理解。它还包括不断积累的自信，能超越传统的实证市场研究（它很少能提供突破性的洞察），采用观察和以用户为中心的设计方法（是自始至终贯穿本书的方法）来了解顾客想要什么以及他们希望能得到什么样的产品和服务。

即使有了这些优势，玛氏公司也和其他任何公司一样，在把伟大的洞察转化为强大业务的过程中经历了起起伏伏。它在这个过程中所学到的可以浓缩为以下三条重要经验。

经验1：新市场应用并不总是适合现有的业务流程。

玛氏经验建议那些想要在新市场应用中突破现有业务流程的企业要做好准备重新思考其发展组织、商业模式、新品牌以及接触市场的方法。这些因素是企业增长中的“商业创新”维度，实际上，可能是比技术维度更大的挑战。这就是第二章中（图2.2）提及的为什么要为新市场应用执行特别设计的业务流程的原因。

图10.8是这些新市场应用记分板的一部分，显示关键业务范畴的全新程度和其他因素的全新程度。图表清楚地显示每项业务在进行产品开发的同时都在进行基本业务问题的解决：了解新目标用户或用途、开发新渠道、新品牌命名以及相对于企业核心业务而言，非常不同的产量和边际利润情况。这些业务是我们在前面描述的商业模式创新非常好的例子，我们在后面的章节中还将回顾它们。

	相对于核心业务，是否是新目标用户	相对于核心业务，是否是新目标用途	相对于核心业务，是否是新渠道	新品牌	相对于核心业务，是否是新的商业模式
我的M&M巧克力	是（新场合）（B2B）	是（个性化）	是（网络）	新的子品牌	低产量，高利润
马拉松士力架	是（更年长）	是（健康/活力）	是（商店的新货区）	新的子品牌	低产量，高利润
全面综合餐	是（更高级的宠物）	是（骨头就是一顿饭）	是（专门经销商）	新品牌	低产量，高利润
COCOAVIA	是（更年长）	是（心脏健康）	是（网络，直销）	新品牌	低产量，高利润
艾瑟尔	是（富有的女性）	是（每天都吃得到的优质巧克力）	是（新店面概念）	新品牌	低产量，高利润

图10.8　玛氏商业创新记分板

（经马克·梅耶和玛氏公司授权使用）

这些“新颖”需要企业对事情深思熟虑。管理层必须理解每项新业务的不同部分以及它们之间的界面。管理层还必须理解在一个新业务的某个领域决策将如何影响其他业务。我们将之称为“多维度”业务规划。任何对于玛氏传统商业模式的基本改变——不管是新品牌定位、溢价、新渠道，或者原料的不同来源或转化——都会对业务的财务状况带来极大的影响。如同开发团队成员一次次指出的，商业模式创新是比新产品开发、流程开发或包装开发更困难的事情。看到样品后面隐藏的新业务需要时间、耐心和仔细的表达。前面章节提到的商业模式模板（图9.3、图9.4和图9.5）能帮上忙。

经验2：在成熟市场发现能创造奇迹的机会。

在第三章和第四章，我们讨论了为企业增长而细分市场、理解用户需要和苦恼以及形成致胜的产品或服务概念。本章所讲述的玛氏的故事是再好不过的例子，它表明如何在即使是看起来成熟的市场里创造独特的定位。这些定位植根于对这些品牌深层次角色和意义的理解，植根于对现有标准以及它们各自产品类型限制的理解。只有基于这些理解，管理层才能够制定清晰的愿景，确定品牌应该走向何方以及如何扩大消费者的期望等。这些方法可以在产品开发、渠道开发中使用。

在产品或服务定位中，现有品牌常常被传统认知所局限。艾瑟尔就遇到了这种问题。传统上，高档巧克力购买限于假日或特殊场合；艾瑟尔打破这种局限，将其产品与高层次女性的社交联系起来，让购买巧克力成为日常行为。有了艾瑟尔，这些女性不需要特殊场合或假日就可以享受优质巧克力。

打破成熟市场的限制来定位品牌或子品牌总是充满挑战的。但是，玛氏员工在业务开发同时进行了很多创造性的思考。成熟市场新产品定位的传统做法就是制定更低的价格、提供更多功能或者提供两者的结合——即更多提供和（企业）更少获取。玛氏在很多情况下对其核心品牌都采用了这三种定位战略。企业发现无论采用什么战略在价格、功能或价值方面所获得的领导地位很快就被竞争者追上，使早期的优势失效。

另一种给新产品或服务定位的方法是改变那些限制用户选择或满意的“紧张局面”。每当消费者面临在质量或功能上要么…… 要么……的取舍时，企业就应该寻找机会了。打破不可兼得的紧张局面可以获得新市场空间的主宰地位。全面综合餐打破了营养和狗狗快乐之间的对峙局面。Cocoavia 打破了有益心脏的食物和美味小食之间的对峙。图10.9显示了马拉松士力架团队使用的紧张局面图，以帮助管理层理解产品定位。打破不可兼得的紧张局面是“混合定位”的一个例子，在我所研究的很多企业中都采用这种方法来为新市场应用定位。比如 IBM 将其服务器定位为“快速”和“开放”，本田将其 Element 定位为既有“态度”又有货物装载“灵活性”。

经验3：利用现有产品和流程平台。

第七章讨论的平台思考和规划平台开发和应用的方法无疑是玛氏 DNA 的一部分。企业既有产品平台，如可可和花生；也有流程平台，即把这些原料结合起来做成成品的特定流程和设备。本章描述的这些新业务就是利用现有产品和业务平台进行新市场应用的精湛范例：我的 M&M 巧克力利用了现有的 M&M 产品；马拉松士力架利用了现有品牌；Cocoavia 利用了企业有关可可的科学知识和现有的生产设备。

对现有资产和知识的利用可以带来很多节省：面世时间、研发费用和资本成本等。可能更为重要的是，它使开发团队能专注于这些完全不同和全新的新增长领域。之前我们还看到过 IBM 在各种不同的服务器中利用其微处理器的例子以及本田利用其发动机的例子。当平台很强大时，它们可以一直很有力！

本章所描述的许多新产品线开发对玛氏管理者来说都是理解新商业模式的挑战。下一章的目的是用财务术语来表达商业模式创新，并利用这些术语，使新市场应用成为高效的业务。之后，我们将考察管理者如何将好的创意转化为有利润的新业务的流程。

注释

1. KUDOS、士力架、M&M 豆巧克力、我的 M&M 巧克力、本大叔的半熟米、狗狗的全面综合餐、狗狗的 JUMBONE 休闲食品、艾瑟尔、COCOAVIA、马拉松士力架能量棒、COLORWORKS、VO2MAX、宝路、伟嘉、Royal Canin、MILKY WAY、3MUSKETEERS、彩虹糖、德芙巧克力、Almond-Butter-Krunch、Warm-BlendedTM 巧克力，FLAVIA 都是玛氏公司的注册商标。POWERBAR 是雀巢公司的注册商标。
2. 开发团队找到一所主流大学的 MBA 学生，他们使用行业领先的联合调查和分析软件。在定价讨论中，这些数据非常有用。玛氏还知道，如果一项业务的方法是“面市和学习”，就不需要花费 500000 美元进行一项获得“完美答案”的市场研究。
3. VO2Max 代表人体需要消耗的氧气量以及在进行体力活动时需要的氧气量。
4. 想了解更多关于品牌的东西？阅读：David Aaker，“Should You Take Your Brand to Where the Action Is?”，*Harvard Business Review*，1997，September-October，135 ~ 43。
5. N. K. Hollenberg，et al. “Aging，Acculturation，Salt Intake，and Hypertension in the Kuna of Panama，” Hypertension，1997，29（1）：171 ~ 76；K. A. Chevaux，et al. “Proximate Mineral and Procyanidin Content of Certain Foods and Beverages Consumed by the Kuna Amerinds of Panama，” *Journal of Food Composition Analysis*，2001，14：553 ~ 63.
6. 媒体最近报道的对心血管健康有益的另一种产品是红酒。每 100 克红酒含有至少 45 毫克黄烷醇；每 100 克 Cocoavia 含有至少 420 毫克黄烷醇。见 N. Hollenberg，H. Schmitz，I. Macdonald，and N. Poulter，“Cocoa，Flavanols，and Cardiovascular Risk，” *Clinical Pharmacology*，2004，8（13）：379 ~ 86；D. Rein，T. Paglieroni，T. Wun，D. Pearson，H. Schmitz，R. Gosselin，and C. Keen，“Cocoa Inhibits Platelet Activation and Function，” *American Journal of Clinical Nutrition*，2000，72（1）：30 ~ 35.
7. D. A. Pearson，T. G. Paglieroni，D. Rein，T. Wun，D. D. Schramm，J. F. Wang，R. R. Holt，R. Gosselin，H. H. Schmitz，and C. L. Keen，“The Effects of Flavanol-Rich Cocoa and Aspirin on Ex Vivo Platelet Function，” *Thrombosis Research*，2002，106：191 ~ 97.

第十一章

确定业务商情

脚本化的业务商情——财务报表和度量——预测收入——不同类型的顾客——制定价格——销售周期——衍生产品和服务——寻找经常性的收入——预测成本、营业利润和现金流——新创业遭遇的不公平税收——对商机进行度量——扩大生产的挑战——比较新生产线和现有生产线的收入和边际利润——解释收入预测——财务报表开发的人性面

商业模式解释赚钱的机制。商业计划更进一步，解释能让这个模式起作用的战略和行动。商业计划还包含详细的财务报表，预测在产品面世和增长各个不同阶段采取这些行动所需要的投资和财务效果。战略、行动、投资和成果是商业计划开发和实施的关键。

好的商业计划很详细，能体现开发团队对于目标市场、用户、产品模型和服务、定价、分销渠道和市场沟通等的决策。计划里的财务报表同样应该很详细，包含收入、生产成本、销售成本，以及与开发团队产量预期相符的营业利润。对于生产运营，商业计划应该包括扩大生产能力的详细资本计划。

有效的商业计划能获得高层管理者的尊重，并引发讨论。马虎的计划会破坏团队的努力，就如同草率形成的设计概念一样。因此，花时间把计划书做好并且要早点开始写计划。如果开发团队缺乏写商业计划和编制财务模型的专家，就要在项目开始阶段寻找这样的人员加入。“确定业务商情”是新市场应用框架中要与以用户为中心的设计同步进行的步骤，并且同样重要。

第一步：描述最终结果的脚本

我所研究的一些企业利用与图 11.1 中的模板类似的机制形成商业计划原型，就像他们形成产品或服务概念的草图一样。我把这称为“商业计划脚本”。脚本模板的主要内容包括一个坚实商业计划的关键部分：市场、技术和产品、渠道、供给（包含生产和物流）、财务预测和组织。注意模板中的图示。

脚本最好在一个配有很大白板的大会议室里完成。在讨论以用户为中心的设计时提到的模板、草图、用户资料、照片和录像都应该放在会议室里，以随时提醒团队最初的愿景。

团队成员应该根据模板的每个部分前进，花足够多的时间理解不同部分之间是如何适应的以及如何解决它们之间的矛盾。比如，一种新软件的目标市场可能超出了开发团队的专业范围，他们需要花几年时间来培养销售力量或者寻找渠道伙伴，以进行高效分销。面对这样的问题，开发团队应该在一开始就对此进行头脑风暴，同时预测收入和成本。他们还应该考虑关于这个问题的替代解决方案。

一旦团队对脚本觉得满意了，应该找值得信任的同事给予反馈意见。反馈可以带来更多问题："设计概念足够强大，能支撑我们定出溢价，从而使这项业务盈利吗?""我们还需要加入其他目标用户，从而使销售大获成功吗?""产品应该在内部生产，还是应该寻找一个合同生产商?"

脚本化有利于管理层有效参与。我所研究的每个成功团队都有一至两名高度参与和支持的高层管理者。经过内部讨论和其他同事的智力输入，开发团队应该让高层管理者也了解脚本。应该用市场研究的结果为脚本提供支持：用户案例情境、用户人物、新产品线或服务的不同部分的设计概念草图。让管理层了解剧本可以使他们熟悉商业计划，而不是让他们阅读30页的文件，或者坐听很长的ppt演示。

本书所提及的这些企业，其管理层都有机会了解有关顾客的一手信息。他们进入到顾客的世界里，理解他们的需要和担扰。本田公司的管理者在加利福尼亚海滩与Element开发团队和潜在购买者共渡周末。IBM的管理者亲自访问顾客，以便更好地了解竞争状况以及用户对于新应用的需要。在玛氏公司，高层管理者帮助创新团队在新商业模式和渠道合作伙伴方面取得突破性进展。在查尔斯河实验室，高层管理团队花费大量时间访问研究实验室，小型药品开发和测试服务企业以及那些将成为其新业务客户的制药企业。

高层管理者对新产品和技术的热情无疑是企业成长的关键。然而，把这种热情展示出来才是最重要的。管理者是否会和开发团队一起访问新的目标用户？他会参与产品原型测试吗?我在研究中碰到很多管理者能很快抓住市场、商业模式、新产品或服务概念这几者之间的联系。他们对于商业模式创新和商业计划的贡献是至关重要的。但并不是所有的高层管理者都这么做。那些只关注削减成本和从现有业务中挤榨利润的管理者不会拜访新客户，也不会帮助开发新的渠道伙伴。因此，创新团队必须聪明地选择自己的支持者。

用财务报表和指标估计业务商情

为了向管理层说明新业务情况，开发团队必须把市场机会转化为实际财务结果。这通常

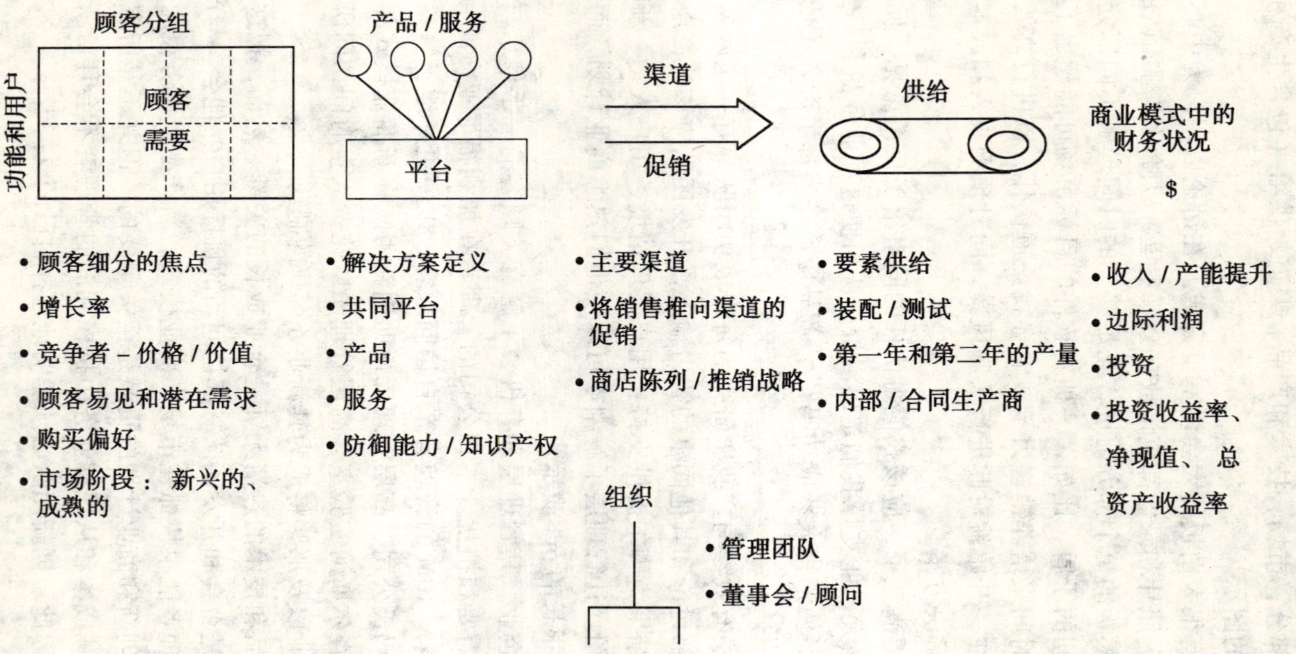

图11.1　商业计划脚本的模板

是用财务报表和业绩指标来衡量。这里感兴趣的财务报表是收益表或者称为“P&L”（损益）表以及资本计划。在企业成熟的产品线和顾客市场外进行新市场应用时，清楚和详细的财务状况是至为重要的。

例如，在前一章“我的 M&M 巧克力”例子中，开发团队知道它需要直接面对消费者的网络渠道——对玛氏公司而言，是全新的——以及完全不同于仓储式分销系统的送货方式。开发团队还想给新产品制定高于传统 M&M 糖果三至四倍的价格。因为管理层对这种“非传统”产品的接受程度最终会落实在“数字”上，所以开发团队需要提供详细和符合实际的财务分析。

开发团队可以利用其预计的损益表和资本计划建立关键的企业财务指标。本书所研究的企业广泛使用的财务指标是折现现金流的净现值（包括项目投资）和用于产生收入的运营资产的回报率。许多团队还使用“首次收入的时间”和“首次赢利的时间”来进行衡量。

图 11. 2 显示了开发团队如何为新产品线或服务预测收入和营业利润。图 11. 3 预测了资本需求、现金流调整以及重要的财务吸引力指标。这两张独立表格构成了财务规划模板。在我的网站上，软件和服务业的例子中，这两张表格是合而为一的。

将所有这些信息列举在一张表格上有助于开发团队考虑将不同的业务元素如单位产品销售额、边际利润和资本投资等整合在一起。这些预测背后的详情应该附在如图 11. 2 和图 11. 3 这样的图表后面。

这是来自一家新产品线开发的数据，经过了一些修饰。一名生产工程师，姑且称为乔治，记录了这些来自销售、研发和财务的团队成员预测的数据以及他们对于新产品线的期望。有趣的是，尽管乔治对于用表格构建生产成本模型有很多经验，但是，财务模型对他来说是全新的。因此，如果乔治可以做到这一切，你也可以！

乔治的团队和财务部门密切合作，对生产和物流成本作更准确的预估，从而修正报表中的计算数据。他们还处理了一些棘手的问题，如企业的管理费用以及大多数新产品和服务一旦开始创造收入就要支付的“税收”。与财务部门交流的结果是得出了许多复杂表格，并和那些最重要的表格联系在一起。开发团队认为，如果一开始就作这些复杂的预测会很糟糕，这会使每个人都很困惑，并且无助于讨论战略、商业模式和理想的财务效果。因此，乔治最初的预测——就像一个产品样品一样——是后来的讨论、学习和修正的基础。

创新团队必须要有自己的数字。他们不能把自己开发产品指派给财务部门，因为财务人员不可能对新产品或服务的市场、技术和供给有很深的认识。相反，创新团队必须控制自己的数字并寻求财务人员的参与。只有这样，团队成员才可能抓住自己决策所产生的财务效果，这些决策与以下因素相关：产品或服务定位、功能、库存单位数量或将提供的产品模型以及这些模型将如何定价、分销和包装。让企业的中央财务来确定这些数字会引发“我们想要的是这样”而“你未能做到”的冲突。另一方面，与财务部门合作可以使这些数字更符合实际，并能带来更好的决策。

	价格/单位	$22.50	单位数量/每班		350	
			每年班次		576	
			每台机器每年生产的单位数量		201600	
			每台机器成本		350000	
	开发阶段	第一年	第二年	第三年	第四年	第五年
产量预测						
渠道1：订单/每天		50	75	100	125	150
渠道2：订单/每天		200	600	1000	1500	2000
订单总量/每天		250	675	1100	1625	2150
每份订单的平均订量		4.00	4.00	4.00	4.00	4.00
每年的订量		360000	972000	1584000	2340000	3096000
损益预计						
毛销售额		**8100000**	**21870000**	**35640000**	**52650000**	**69660000**
每单位生产成本		6.00	5.70	5.42	5.14	4.89
完全转换		2160000	5540400	8577360	12037545	15130268
(每单位) 运输成本		4.50	4.28	4.06	3.86	3.67
运输费用		1620000	4155300	6433020	9028159	11347701
毛利		**53%**	**56%**	**58%**	**60%**	**62%**
广告和网络开发费用	250000	1000000	1100000	1210000	1331000	1464100
研发费用	1500000	750000	750000	750000	750000	750000
一般行政管理费用	200000	810000	2187000	3564000	5265000	6966000
营业利润占总销售的	**-1950000**	1760000	8137300	15105620	24238296	34001931
营业利润率（毛销售额的百分比）		**22%**	**37%**	**42%**	**46%**	**49%**

图 11.2　制造业产品的财务模板

（马克·梅耶）

预测产量和收入

我们现在来看看图 11.2 中的财务模板。先来看看假设。

运营资产需要资本注入						
所需的新机器	1	2	5	8	12	16
新的资本投资	350000	700000	1750000	2800000	4200200	5600000
固定资产总额	**350000**	**1050000**	**2800000**	**5600000**	**9800000**	**15400000**
业务指标						
EBIT/营业利润	-1950000	1760000	8137300	15105620	24238296	34001931
调整值（应收账款，应付账款，流动资本）		-88000	-406865	-755281	-1211915	-1700097
现金流	-1950000	1672000	7730435	14350339	23026381	32301834
现金流的净现值	38269515	折现率：15%，10% 加权平均资本成本加 5% 高风险因素				
固定资产周转率		11.57	11.36	8.49	6.84	5.53
资产收益率		251%	423%	360%	315%	270%

图 11.3　资本计划和业绩度量（马克·梅耶）

假设

图 11.2 中，基本假设在图的最上方，主要关注的是每单位产品的价格和每条新生产线的成本。为了让管理层能很好地理解，一定要把这些假设交代清楚。在本例中，由于项目具有高度模块化流程，因此可以不断增加新机器来满足新的产量水平要求。每台机器的成本预测为 350 000美元。如果乔治的团队只要求一笔 10 000 000美元的机器成本，图 11.3 中所示的运营资产回报在开始生产的头几年里看起来就不会这么有吸引力。开发团队或许就会被迫寻找外部生产商，其结果之一就是会担心其知识产权问题。

价格是另一个假设。图表最上方的单位价格也可以有变化，以便支持不同的“如果这样”的情况——这就是这些数据表格的一大优势所在。价格的任何变动都会影响表格中的其他数值。在本例中，开发团队对目标用户进行了价格测试。测试结果返回到这些表格中，为营销和财务提供了及时的反馈。

产量预测

用户研究可以让你了解你所访问的这些个人愿意为某种新市场应用支付多少钱以及在一定时间段内他们愿意在给定的价格下购买多少产品。由单个顾客的需求推断更广范围的潜在购买者是更困难的事，但却非常重要。未来需求预测可以成就或摧毁一个商业计划。大多数管理者都了解这一点。我所研究的大多数管理者中，如果不是因为过去被美好的需求预测而激动不已，他们所经历的一般都是失望，因此都偏好保守的产量预测。在有些情况下，开发团队会同时提供“最差的”产量预测和“可能的”产量预测两种情况。

在有些情况下，单位销售预测可以与同类型或相似类型的成功产品（那些已经有一定销售业绩的产品）进行比较。比如，一家软件开发企业就可以参考其类似产品的销售轨迹预测其新产品的季度或年份的单位销售量。然而，这类销售预测只适用于新产品与市场上已有的“相似”产品进行比较。如果新产品概念完全不同，这种比较就毫无意义。

图 11.2 显示了通过两种不同渠道进行的年单位需求预测。对消费品企业而言，这两种渠道可能是零售渠道和通过网络或直邮目录的直销。那些针对商务对商务（B2B）的供应商而言，这两种渠道可能是通过公司销售人员和网络销售的直销。然而，在我们所研究的大多数企业中，通常只有一种针对分销的渠道。这可以节省精力，减少复杂性。要管理好一种渠道已经很困难，管理两种渠道经常有些超负荷，并有可能造成企业和渠道伙伴之间的矛盾。

无论你如何构建图表的这部分内容，要确保当管理层提问时能给出可信的回答——“你是如何得出这些产量预测的?”我们现在来看看预测收入的各种不同方法。

收入预测

一旦有了假设并预测了年度销量，就可以利用表格来计算年总销售（收入）。用第一行的总销售额减去生产、运输和其他成本就得到营业利润——或息税前利润（虽然我所研究的有些企业会把税包含在里面）。其他成本包括营销、研发和管理费用。

一些新业务会带来各种不同的收入。图 11.2 显示了通过两种不同渠道得来的收入，但同样的渠道也可以有不同的收入流。比如，一条新软件产品线可以有使用许可收入、客服支持收费以及额外的插件或增加模块的收费。其他收入还可能来自系统集成服务，在一些大型软件企业中，系统集成服务可占到总收入的 40% 左右。同样地，基于网络的业务可能产生交易收入、广告费和浏览费用。

新市场应用开发团队通常不考虑知识产权许可带来的收入。这可能是个错误。在 IBM2005 年约 910 亿美元的年收入中，超过 10 亿美元来自知识产权使用许可、销售或定制开发服务。随着 IBM 获取的专利越来越多，这个数字还会增加——公司在 2005 年一年就获得了 3000 项新专利!

影响收入预测的其他因素

对产量和收入进行详细预测非常重要。它们会影响表格中的其他项目，因此，预测应该实际可行，并尽量基于事实。为了达到这一目的，一种方法就是制作一张单独的表格，将收入预测分解到各个特定要素。这张单独表格应该连接到预计损益表最上面一行（总收入）。让我们来看看开发团队在进行收入预测时应该考虑的因素。

不同类型的顾客

顾客“类型”十分重要。如果顾客是一家 OEM 企业，就可以根据每家 OEM 的产量来预测收入，与这些产量相对应的是单位价格、折扣以及开发团队认为企业每个季度应该签订合同的新 OEM 顾客数量。如果顾客是一家分销商，就应该找出目标分销商现有类似产品的销量，并使用这个数字作为收入预测的基础。

把产品销售给零售商则需要完全不同的方法：开发团队要考虑什么“类型”的零售商（专卖店、杂货店或百货公司，便利店、大型超市或俱乐部）最适合销售其产品，然后估计在产品面世时和面世后需要多少零售商以及每家零售商的平均销量。

如果顾客是终端用户，比如通过网络接触到的消费者，开发团队可能要考虑使用广告来促进市场认知和购买。如果终端用户是一家企业，比如购买软件的企业，开发团队就要考虑那些领先的企业、服务器许可证甚至网址许可证等。

上述的种类型的顾客都代表了一种不同的收入模式。

定价过高或过低

新产品或服务的价格必须经过仔细考虑来确定。但什么是合适的价格呢？在许多情况下，现有市场会给出一个合适的价格体系。开发团队的产品或服务战略包含其定位，有“好、更好、最好”一系列产品或服务，在有些情况下，还有针对不同价格/效果的特殊产品或服务。开发团队可以观察新目标市场中现有厂商的价格。把战略和新业务的定位（有高档、中档和实用类型）结合起来，与现有产品的比较研究就可以得出新产品或服务的适当价格。

价格并不总是那么容易确定的。关于价格的争论总是很热烈。在产品面世前解决这一争论的唯一方法就是对目标终端用户进行市场研究。可采用第五章描述的联合研究和市场测试技巧。麦肯锡公司对这点提供了一些启示，在其一项研究中表明，“企业对其产品总是索取低价，尽管它们花费上千万甚至几十亿美元来开发或获取产品。这种增量式的方法总是过低估计了新产品带给顾客的价值”。[2] 由于采用现有产品作为主要参考点，企业总是低估计创新性的产品价值。“对每一种新产品，企业总是通过激进的低价来迅速获得市场份额——这被看做是市场渗透的定价策略。但是对销量的关注总是以牺牲利润为代价，甚至会引发价格大战。因此，最好是保持价格向上的压力和促进行业内较好的价格行为。”

尽管麦肯锡的告诫是这样的，但对独特的新产品而言，渗透价格策略也并不完全是错的。

比如，我所研究的一些软件企业所做到的极致就是推出“免费”版本来吸引顾客购买专业版本。其目的就在于通过广泛的安装用户数量来获得市场领导地位。但是，那些在市场上获得巨大成功的产品或服务如果不能为公司赚钱，也会在内部遭遇很严厉的批评和指责。

长时间的销售周期

开发团队还必须就新产品或服务的销售周期进行思考。他们不能认为其销售周期与企业核心产品是一样的。一个销售周期是指从新产品面世到收到第一份订单所经历的时间。在这个时间段中，产品特征和好处必须被充分沟通，而顾客也要作出（购买）决策。对那些冲动购买的产品而言，顾客决策过程可能很简单。对昂贵的商品、特殊商品以及工业品而言，决策过程可能长达好几个月。此外，可能还会有购买者委员会等组织参与。比如 IBM 的产品就非常复杂，其销售周期就长达好几个月。一台新的高端服务器，与之配套的许多软件和存储管理设备以及集成支持服务等，是要花费好几千万美元的投资，需要对许多决策者进行相关知识的教育普及以及得到他们的认可。这样的情况在中间商中也是如此。比如，相对于杂货店或大型超市，连锁便利店就是更快的销售力量。

在销售预测中必须考虑到销售周期这个因素。尤其是在产品面世后的阶段，它非常重要，因为此时对目标用户而言，产品是全新的且不熟悉的。我所研究的企业经常碰到他们对用户需求的理论预测和实际情况之间的显著差别：“10 000 000美元的价格听起来还是合理的，但如果销售周期长达九个月（比如一套复杂的计算机系统），你真的能指望每个部件都能在最后一个季度到齐?”为了了解销售周期这个问题，开发团队中最好能有一个有销售经验的人——即使是在团队中兼职也好。

开发衍生产品和服务

在预测好几年的收入时，可以考虑在模块化产品线架构下开发可能的衍生产品。每一种衍生产品或服务都可能带来自己的收入流和成本。比如，宠物食品生产商玛氏公司就为宠物的不同生长期开发了特定配方，并有不同的休闲食品来补充主食。

要仔细思考相关产品开发以及创造补充性收入的机会。然而，如果在产品面世的第一年里就提出这些想法，管理层可能会提出质疑。但第二年或第三年情况就不同了。这样做的目的就是在共同的产品和流程平台上开发完全被利用的产品线或服务。

寻找经常性的收入（recurring revenue）

经常性的收入就像创业者和职业经理人的圣杯一样。一旦（产品）赢得了顾客，重复购买就会带来收入增长——销售成本会大大降低。顾客已经充分了解品牌和其价值定位，许多顾客会想要更多的特性和功能。模块化产品和服务能满足这些需求，因为可以对最初购买的产品或服务进行升级或与最初的产品或服务一起联合使用。

在制造商中，惠普公司的喷墨打印机系列就创造了源源不断的收入流，从墨盒到机器都能带来收入。在近几年，墨盒的单位价格和购买频率的增加（部分原因是由于数码成像的出现）都为惠普公司的收入流作出了贡献。

软件公司的收入中有相当一部分——约 20% ——来自顾客对产品的升级和需要更好的版本。还有就是由销售补充性软件获得的新收入。比如，Adobe Photoshop 就是一款领先的图像编辑软件包，除了 Photoshop 外，Adobe 公司还提供 Adobe Photoshop Elements（能对数码照片进行快速修补、编辑和添加文本）、Adobe Photoshop Album（能生成、管理和分享相册、日历和其他类似东西）。IBM 的经常性收入来自系统升级、软件升级、新的网络适配器以及更快的处理器等。顾客会期待这些新产品发布，并经常愿意为这些新公司付费。每年的维护费用、培训服务和定制的应用开发服务是来自于这些相同用户的经常性收入。服务本身很少有只用一次的，大多数成功服务的本质就是能被再次利用，并创造经常性收入。这就是为什么许多软件企业不断使用技术来重定位其许可的软件和软件服务。

如果开发团队不能在产品面世后的几年内从现有顾客身上获得经常性收入，就要找其他方法来开发经常性收入。

成本、营业利润和现金流

一旦预测了收入，下一步就是估计新业务的成本和费用。从预测收入中减去这些，就能得到大致的营业利润（或亏损）。

可以从企业现有的类似产品（比如原料、转换成本、物流或运输方面类似）来估计费用。同样地，由于新市场应用的一个目标是利用现有产品和生产的平台，开发团队应该很好地了解其可能的研发成本以及生产新产品所进行的设备更新费用。我所研究的那些成功的开发团队就是以此为基础，形成了关于产品、平台和流程的开发图以及针对每个不同环境特定用途的研发和资本成本。这些预测适用于产品面世前和面世后的好几年时间。团队成员还会访问生产线或合作生产商，对每个单位产品的生产成本确定详细的模型——以及在产品面世后的几年内成本将如何随着产量的增加而减少。

这些成本和管理费用以及销售费用一起，构成了预测营业利润的基础。如模板所示，横跨开发阶段和产品面世头几年的营业利润和亏损是预测的最终结果。

开发团队还应重新审视财务表格，以调整其现金流。企业在记录销售和实际收到账款之间的这段时间——称为应收账款收取阶段——会减少现金流。如果这个阶段超过 45 天，开发团队应该考虑这个问题。企业付款给原材料供应商和其他供应商的速度是另一个应该考虑的因素。如果应付账款周期平均超过 30 天，预测的现金流就会增加。最后，新产品线很少一开始就生产合格，且产量较低。因此，生产就会因为囤积原料而占用现金。如果原料库存成为一大因素，开发团队就应该考虑减少其预测的现金流。更好的做法是，应该进行严格的库存控制。团队中的商业采购、生产和供给专业人士经常会带来有关效率调整的思维方式。

不公平的“税收”：资本费用，企业管理费用以及隐藏费用

一旦确定了财务计划中的每个要素，很有必要倒回去调整财务报表，从而反映企业对于某些项目如设备折旧和管理费用的规定。开发团队与财务人员的合作可以加快这一调整过程。

折旧是经济和会计上的惯例，以反映资本类资产如厂房和设备等的消耗。尽管这不是现金费用，但它会减少利润。如果折旧是合适的，财务部门应该给予开发团队适当的费用率以适用于其资产。

公司管理费用经常被称为“负担”（或者对一些英国读者而言，叫做“间接成本”）。它是新产品线收入必须承担的另外一种费用，这是由企业政策决定的。企业利用收取的管理费用来分摊许多成本，包括供热、租金、保险、员工赔偿、维护企业专机以及其他使产品线直接或间接受益的费用。就如 CFO 经常爱说的话一样，“有些人必须来支付这些费用”。每家企业都有自己独特并且常常是玄妙的处理管理费用的方法。他们希望所有产品线都要负担部分管理费用，无论其是否从中受益。

资本费用和企业管理费用给新市场应用增添了财务负担，使开发团队更难使自己的业务成形并获得批准。一些企业为新产品免除这些“税收”——在面世后的两年内或者直到产品获利为止。

一条产品线应该只负担新增成本，即在生产或营销领域发生的费用。这对开发团队和支持开发团队的管理层来说是至为重要的考虑。比如在我的研究中，一些团队发现他们的生产单位成本过高，是由于工厂管理者把现有资产的固定成本绑入生产，作为可变成本向开发团队要价。这些“隐藏”的费用迫使开发团队不得不寻求外界生产商，以获得必要利润。然而，这也将团队独有的流程知识授之于他人——合同生产商最终会将这些知识用来帮助竞争者。这真是让人遗憾的事，开发团队想利用企业里同样的机器进行生产，却由于其花费太高而不能得到充分利用。企业应该鼓励新产品线对这些资产设备的利用，而不是阻碍利用。

对商机的衡量

一旦作出了关于销售、净收入和现金流的预测（图 11.2），开发团队就可以计算出关于业务吸引力的关键衡量指标（图 11.3）。首要的可能也是最重要的就是净现值。这种方法将项目预测的现金流按企业资本成本或由 CFO 批准的“门槛比率”进行折算。在其他因素相同

的情况下，具有较高净现值的项目优于净现值较低的项目。NPV 体现了企业的资本成本和金钱的时间价值。早点流入的现金比后来流入的现金具有更大的价值。现金流是一段时期内进出企业的现金净值。

现金流不同于营业收益，或者净收入。投资者一般会关注营业收益，这是在利息、税收、折旧和摊销前的收益——所有这些费用都是根据企业会计部门的策划制定的。关注营业收益对开发团队而言很重要。然而同样重要的是，开发团队要对这些要素做进一步调整，就如同任何新业务要进行的调整一样——因为毕竟一条新产品线或服务就像一项新业务一样。

图 11.3 中，规划开始后年份里的现金流（无论是正的还是负的）都被折算成现值，并累积成项目的净现值——本例针对的是一条新产品生产线。本例中使用的折现率是企业的资本成本（10%）加上风险因素（5%），后者代表新市场应用相对于已有产品线的不确定性。每个开发团队都应该考虑自己的风险因素是什么。5% 只是这个例子中使用的数字而已![3]

期末价值

计算净现值的一个挑战是确定新产品线或服务的现金流的“期末价值”。期末价值实际上是以财务表格模型中最后一年的现金流（比如第五年）为其中一部分计算的折现值。

估计期末价值有几种方法：资产的清算价值，财务模型中最后一年利润或者收入倍数，或者假设在模型中最后一年之后现金流以固定比率增长。最专业的是最后一种方法。方程如下[4]：

$$TV_{\text{第5年}} = [CF_{\text{第5年}} * (1+g)] / (r-g)$$

其中：

$TV_{\text{第5年}}$——第五年的期末价值，这是实际上是指开发团队建立的模型中最后一年。

$CF_{\text{第5年}}$——阶段 t 的预测现金流。

g——阶段 t 之后预估的未来现金流增长率。

r——企业（资金借贷）成本。

这点对生物技术行业的新产品开发尤其重要，比如新药开发的通常周期长达 10 年甚至更久才能上市。

对生产厂商而言，同样重要的业绩衡量指标还包括周转率，它代表了销售和所使用资本之间的关系，这些资本是用来开发一条新产品线或升级现有产品线的。其中一个衡量指标是固定资产周转率（FATR），用年度销售额除以产生这些销售额所使用的平均资产。固定资产周转率说明一家企业用于生产资产投资的每一美元所产生的销售额是多少。

FATR = 销售额/平均资产

资产收益率（ROA）是衡量基本密集的新市场应用的另一个重要指标。计算资产收益率最简单方法是将息税前利润除以在此阶段产生这些收益的资产平均价值。

ROA = EBIT/平均资产

另一个计算 ROA 的方法是最早由杜邦公司（DuPont de Nemours）在 20 世纪 30 年代发明，后来称为杜邦模型。它是由净利润率乘以前面介绍的 FATR。

ROA =（EBIT/销售额）×（销售额/平均资产）

尽管这两个销售额可以相互消去，但是，计算并比较一年又一年这两个比率可以帮助企业了解 ROA 后面的驱动因素：一年又一年的利润率变化以及一年又一年的资产周转率变化。

ROA 的计算通常针对整个业务。我们在这儿只将它用于新产品线或服务的预计损益表和资本支出计划，其结果同样有用。高层管理者可以将预计的 ROA 与其平均资本成本进行比较，有可能调整新项目的风险率，以及将其与成熟产品线进行比较。有些开发团队还希望以年为时间段对预测的损益和资本计划进行计算。他们可以利用企业的加权平均资本成本（比如 12%）把营业收益和资本投资折成现值，从而得到整个项目期内唯一的预测 ROA。

另一个衡量生产效率和资产利用的方法是计算库存周转率。其计算方法是将一定阶段内的货物成本除以平均的原料和部件数量。库存周转率越高越好。比如我所研究的一个创新团队开发了一条荧光照明装置生产线，通过精益生产将库存周转率提高到 60 倍。企业核心业务的库存周转率为 6 倍，为此其他部门已经觉得很幸运了，所以这个创新团队很为自己的成就而自豪。其他成功推出新产品线的企业发现其内部流程应付头一年和第二年的生产还能胜任，但随着生产的不断扩大，就跟不上了。丢失的订单、迟到的送货和较高比例的退货都暴露了这一问题。管理者需要彻底检查订货、生产和订单执行情况，从而支持顾客不断增长的需求。[6]

生产产能提升的挑战：预测资本成本

对许多我研究过的企业而言，如何开始生产并进行增产不只是一个生产质量的问题，而是一个财务问题。如图 11.3 所示，每台新添的机器都需要资本投资。每台新机器在满负荷运作时都能生产一定数量的产品。当销售增加时，所需的机器数量也要增加。这种情况大多数企业都遇到过，如果企业能较好地管理产出，则每台机器生产的单位数量都可能多一些。

本例中的企业在需求增加时可以通过订购价值 35 万美元的机器来扩大其生产。并不是所有生产商都能这么幸运。本田公司为了使思域生产线能制造 Element，不得不花费几千万美元来对生产线进行更新。半导体生产商也为新生产线花费了大量投资。

只有高水平地预测销售收入才能为大量投资提供依据。收入和资本之间的关系是一个挑战。如果为了新业务必须投资 2000 万美元购买生产设备，那么在两至三年内年收入必须达到 8000 万美元才能满足 4 倍的固定资产周转率（FATR），这是许多生产商衡量运营效率的一个指标。对任何新业务而言，在几年内获得 8000 万美元收入都是一个很高的门槛。“但是”，有人或许会问："谁会关注一条新产品线的运营效率呢？应该关注的是市场渗透率。之后再谈效率。"遗憾的是，在所研究的许多企业中，管理层都给新产品线设置了与成熟产品线相同的资本效率门槛。

图 11.4 显示了开发团队面临的这个挑战。我们看到的是非常好的销售－资产比率：销售额是 8000 万美元，生产资产是 2000 万美元。如果销售额只有 2000 万美元，开发团队就会非

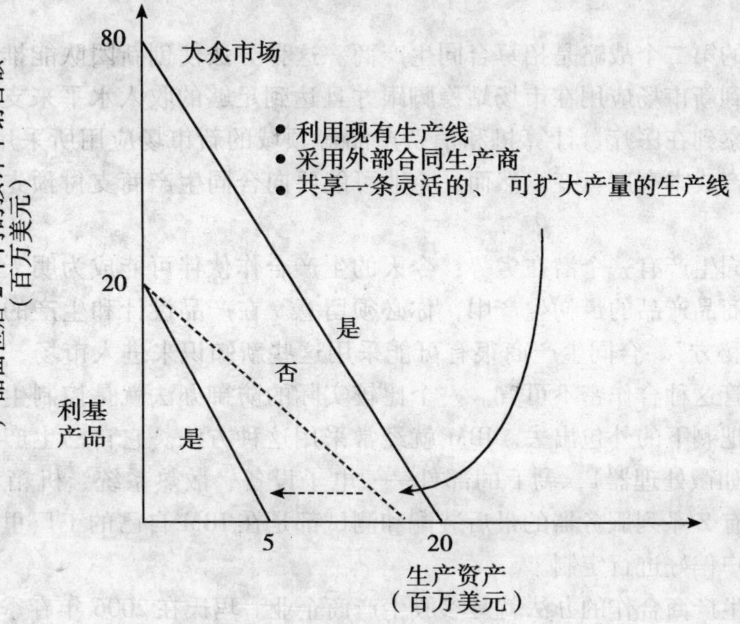

图 11.4　生产产能提升的挑战

常艰难地推行这个项目。如果情况是这样，企业就别无选择，只有寻求合作生产商。如果遇到图 11.4 中的情况，企业就会采用以下三种基本的生产战略。

1. 利用现有生产设备。

2. 在最初几年采用外部合同生产商直到产量达到某个数量，此时采用内部生产设备进行生产能实现运营效率和对设备资产的有效利用。

3. 开发专门提升制造能力的设备，以适应不同类型的新产品甚至是不同的原材料。

我们来研究一下每个战略是怎么回事。

利用现有设备

第一种方法适用于图中虚线下的部分，是利用现有生产设备来生产新产品。如我们在前一章看到的，玛氏公司用这种方法生产 Cocoavia（有益于心脏健康的巧克力棒）。Cocoavia 的

设计大小使它能在公司 Kudos 糖棒生产线上进行生产和包装。这一战略为公司节省了专门开发一条生产线所需的约 2000 万美元。如果没有这个战略，对于新市场应用至为重要的“推出产品并进行学习”的方法就只能靠掷色子碰运气来完成了。

采用合同生产商

扩大产能的第二个战略是招募合同生产商。这种方法使创新团队能推迟负担固定资产投资的成本，直到新市场应用在市场站稳脚跟并且达到足够的收入水平来支持运营效率。在我的研究中，观察到在医疗、计算机和消费产品等领域的新市场应用所采用的有效外包生产。这种战略使生产成本高度可变。然而，企业可能要向合同生产商支付预先费用来为新设计配备生产工具。

不过，合同生产有一个潜在劣势：今天的生产合作伙伴可能成为明天的竞争者。在使用第三方进行非商品产品的最初生产中，你必须留意。在产品设计和生产的接口处常常会有新产品的部分“秘方”。合同生产商很有可能采用这些新知识来进入市场，或者与你的竞争对手合作——尽管这种合作密不可宣。一个比较实际的防御办法就是控制生产中专属于企业的一部分东西，把剩下的外包出去。IBM 就经常采用这种方法。它自己生产代表其独特知识产权的部件（比如微处理器），剩下的部件——电子设备、散热系统、机箱和开关等都是大量外包生产。所有 Z 系列服务器的最后装配和测试都是在 IBM 自己的工厂里完成，这样可以在装运前根据用户偏好进行定制。

另一个与生产商合作的办法就是参股生产商企业。玛氏在 2006 年春季就把这种方法深入一步，收购了达能宠物食品公司（Doane Pet Food Enterprises），后者是一家价值 10 亿美元的私有宠物食品生产商。那时达能在北美有 20 家工厂和两个分销中心。玛氏品牌和新产品线创新与达能的低成本生产和供应链的结合无疑是双赢。

建立产能提升的生产设施

进行生产和增产的第三种方法是建立敏捷制造（agile manufacturing）的生产设施，能在相关产品之间进行快速转接，即能用于几种或更多新产品线的设施。敏捷制造是指能从生产一种产品迅速转接到生产另一种产品的能力。在装配运作中，快速转接是通过机器手、灵活的部件送料机、模块化的夹钳、模块化的传送系统以及控制和调整生产的软件等共同作用来完成的。[7] 罗伯特·海斯（Robert Hayes）和斯蒂文·威尔怀特（Steven Wheelwright）将此描述为几乎没有标准化的“多品种、低产量”转化为更高产量和更集中的运行。[8] 敏捷制造的产能提升可以成为非凡的强大武器。新产品不必在产品线上争抢时间，而产品测试也不用有太多担心。

敏捷制造设备的成本可以摊销进很多新产品线。在我们的例子中（图11.4），如果一台专门生产设备要2000万美元，企业预期的固定资产周转率（年销售额对累积投入到厂房和设备中的资金的比率）是4倍，那么新产品线的年销售额必须在几年后达到8000万美元才可能使这项业务存在下去。但是产能提升能改变这个方程。同样地，我们假设生产线需要花费2000万美元，再假设企业在一年内要开发两项新市场应用。三年后，企业要向市场推出六条新产品线并进行扩产。设备的资金成本被平均分配到这些新产品线中，至少要到每条产品线都能达到一定销售额来维持专门的生产设备，而如果不成功就退出市场。因此，平均而言每条产品线要分摊300~400万美元，这就意味着每条产品线要达到1200~2000万美元的销售额——而不是8000万美元。对大多数开发团队而言，这是更可行的选择组合。

对企业来说，敏捷制造设备消除了自然的企业成长中的一个主要缺陷，无须再“放弃好用的工具”给合同生产商。相反，可以对每个新市场应用进行开发并学习。敏捷制造通常以效率为代价，效率可以用单位产品成本来衡量。它不是传统上集中生产的工厂，而是关注最初几年一系列类似新产品的生产。[9]

敏捷生产的产能提升方法只有在企业处于以下情况时才能奏效：（a）有一系列新产品在开发和测试中。（b）将其最成功的新产品开发转向专门的高效生产线，从而实现最大产量。产能提升方法并非适用于所有行业。比如汽车生产商，一般是在新车型面世后的两年内获得最高销售额。对他们来说，必须从一开始就实现高产量。

预测竞争者的反应

当开发团队在做收入预测时，要考虑现有竞争者的情况以及当他们受到威胁时将如何反应。除非这些竞争者觉得丝毫不能掌控局面，否则，他们就会对你进入市场的举措作出反应。有些会模仿你的新设计，也许不是在第一年，但很快就会这样做。有强大财务支持的竞争者会降价，从而保持自己的一部分顾客，可能会迫使你也降价并削减新产品线的利润。如果要采用更低的价格，会对你预测的损益表中的产量和收入产生什么影响？同样地，如果你开启的新市场非常有利可图，其他人也会注意到并蜂拥而至。

促使业务成立的理由：将新产品线与成熟产品线进行比较

创新团队最大的竞争对手不是它希望取代的现有厂商，而是本企业内的其他业务单元。因为人人都想要资源，企业已有产品线的管理者可能会想：“那些小子为什么觉得自己该拿到200万美元的研发费用，还有1500万来建厂？我还想要这些钱来开发我的下一代产品线呢！他们的收入是假想的，我的才是真的。”这样的论调会影响高层管理者的想法。为了解决这个问题，将你的财务预测与企业其他产品线或服务进行比较。如果你的新产品线或服务有吸引人的商业模式，其财务状况（销售增长，利润率等）就会比那些也想争取资源的现有产品线更有吸引力。许多成熟产品线有很高销售额和资产周转率，但营业利润很差。成熟市场的激烈竞争通常会使所有厂商都降价。满足顾客需求的新产品线可以避开商品化带来的价格压力。成熟产品的需求通常是平稳或下降的，新市场应用则不同，其销售是不断上升的。

图 11.5 显示了本书研究的一个开发团队的故事。他们将企业现有产品线数据制成图表，然后用虚线表示预测的新市场应用的财务路径。纵轴是营业利润，横轴是销售额。在图表中，初始点是开始的年份，箭头线的终端是三年后数据。

企业的五条产品线中除了一条之外，其余的都在向错误的方向发展：低销售额，下滑的利润率。D 系产品做得不错，销售额从 3000 万美元增加到 5000 万美元，营业利润从 800 万美元增加到 1400 万美元。A、B、C 系产品则情况不妙，销售额和利润都很低。E 系产品在最初五年的销售额很高，但是利润率一直都很低，其市场份额被吞噬了。

相反，开发团队预测的损益显示新产品有不断增长的销售额和营业利润。图中中间部分的虚线代表其三年的业务情况。当企业管理层意识到所有这五条产品线获得的研发费用都一样时，他们决定将资源从这些缓慢进展的产品线中抽离，投入到新项目中。这些财务数据使新项目的迫切性显而易见。

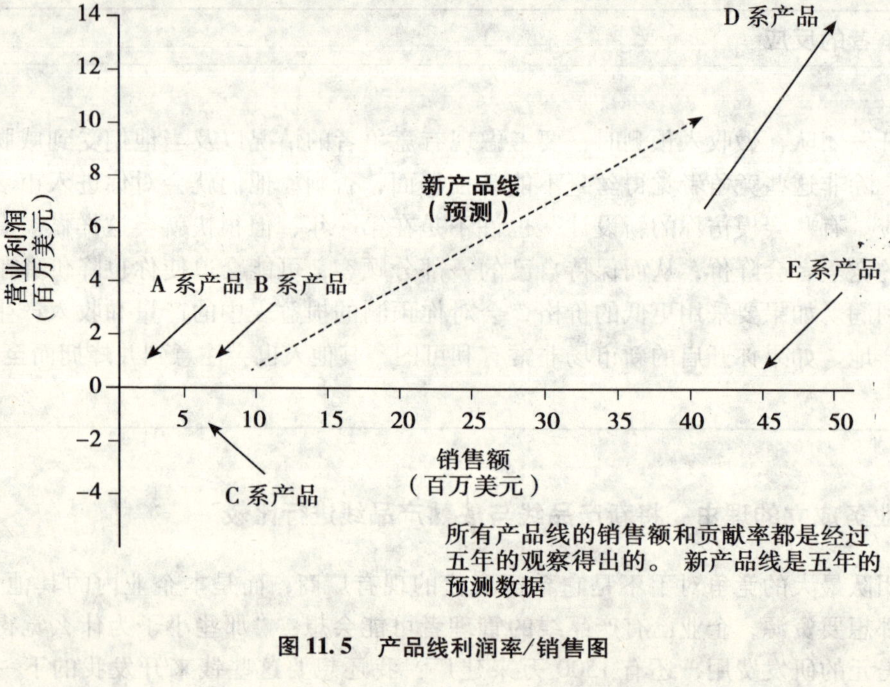

图 11.5　产品线利润率/销售图

维护收入预测

一旦作出了财务预测，开发团队必须准好好随时维护这些数字。几年前，我被邀请参加一个开发团队对高层管理者的演示汇报。团队准备了详细的财务报表，并准备一页页地进行解释，从而使自己的业务理由成立。但实际情况不是这样的。一名管理者就第一年和第二年的收入问题拷问了一个多小时。

这名管理者想知道这些收入的来源，它们的上下浮动区间以及哪些资源是最佳的。谁会是他们最好的顾客？他对未来几年内的市场份额毫不关心。相反，他深挖最初几年的一些细节："你们预期每个月能通过每条渠道卖出多少产品？"他问道。"与同类产品的竞争者相比这种销售情况如何？你们如何能在目标市场的最佳顾客中建立起滩头堡，让他们成为其他顾客的参照，并由他们开始将产品推广出去？"他了解所有的顾客并不都是一样的。他还想了解团队建议的渠道合作伙伴："这些伙伴如何能让我们比现有市场领导者销售得更多？"这名管理者对销售预测中的较高价格也很好奇，"较高价格可能提高利润率，但会减少销售量，"他告诉他们，"因此，提价 10% 会对销售量产生什么影响，这样做的净结果是什么？"

他的方法是自下而上且非常缜密的。读者也会碰到如此细致程度的管理者吗？唯一保险的办法就是要准备回答财务预测中的中心问题——假设、关键顾客、收入和成本的最重要驱动因素以及如果假设和驱动因素有所变化时，这些预测将如何变化。

当开发团队来准备维护其财务预测时，必须要无穷尽地做到实际可行。收入预测经常过分乐观。图 11.6 显示了研究中的一个企业例子：它有一个两年的预测收入和九条新产品线实际实现的收入，这些收入数据经过处理被划为 1 ~ 10 分。大多数情况下，预测收入和实际收入之间的差距都很大。在我的研究中，并不是只有这家企业的情况如此。乐观的预测会说服高层管理者接受一个项目，但接下来几年的表现会使每个人都失望。它还可能在项目开始的最初几年花费过多的资金——这些资金可能是新产品线或服务永远不能收回来的。销售额指数记住，即使是企业成熟产品线中的最佳产品线，在最初也可能很小，因此，新产品线完全可以从很小开始。那些对开发团队进行拷问的管理者在公司呆的时间够长的话，完全了解今天的现金牛在当初是多么的不起眼。他们期望能从你这儿获得实际可行的数据，并能给予理解。因此不要过分吹嘘，不要给出不切实际的期望，以免几年后每个人都会处于水深火热之中。

同样重要的还有，新市场应用可能含有新用户和用途，是传统商业模式不适用的。如果开发团队已经在企业传统商业模式的基础上开发出新模式，就没有必要强迫这种新模式与旧的一样。如果管理层觉得新市场应用与其他企业的产品或服务"类似"，坚持其必须有同样的市场设备，用同样的渠道进行销售，在一开始就要获得高利润率和资产利用率等。如果这种情况发生，那么新业务很有可能在一开始就夭折。

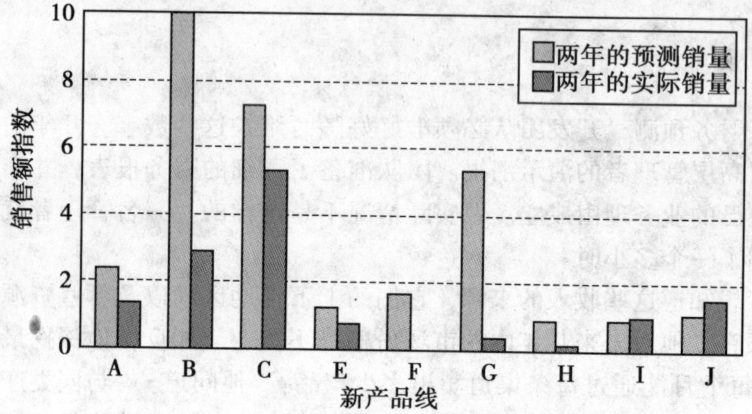

图 11.6 新市场应用收入预测的历史

（马克·梅耶，数据来自一家样本企业，并经过处理）

财务报表开发的人性面

进行财务预测与本书中描述的其他行动一样具有挑战性，但不能委托别人来做。让不了解目标用户或新商业模式的人，或者在项目中不承担责任的人来做财务预测就是在制造问题。

在所研究的一个企业中，开发团队认为他们有自己的损益表。实际上，团队中的营销人员曾做过营销副总，他确定了一些并不恰当的数字。为了便于讨论，团队假设每个引入市场的类似产品在面世第一年的销售收入预计是 1000 万，在六至七年后增长到 5000 万美元。开发团队的新产品在好几个方面都很独特，因此他们预测一年后销售收入可以达到 1500 万美元，五年后可以增长到 7000 万美元。要实现这个目标需要约 500 万广告和其他启动费用。

营销副总却不这样认为。他认为第一年的销售收入应该达到 5000 万美元。他是怎样得到这个数字的？“在我的产品组合中，所有产品每年都能创造 5000 万至 1 亿美元的收入，”他说道，“因此保守一点，我把新产品放在下限的水平。”团队成员目瞪口呆。这位副总裁的产品组合中的每种产品至少都已面世五年，已经很成熟了。他们认为，新市场应用应该遵循不同的模式：刚开始时它们都很小，吸引领先用户，然后经过一段时间扩散到更广范围的使用者。副总裁不接受这种推理：5000 万就是目标。为了支持这个更高的预测收入，团队在第一年必须多要 100 万美元用于广告和促销。他们知道第一年的销售收入无论如何也不会超过 1500 万。在新业务还没有赚一分钱时就在损益表中将 1500 万美元计入沉没成本绝对会将其推向失败。不管在今后几年中销售额会怎样增长，可能这项业务永远不会有具有吸引力的回报。

这个故事的教训说明，一个合格成员，一个创新团队中的核心成员，应该首先仔细分析这些数字。然后整个团队要讨论其结果。每个人，即使是工程师，也需要理解这些数字并负献自己的想法。在进行预测时，需要各种不同技巧和洞察。对开发新产品或服务的团队而言，这种多样性可能由团队成员或不在团队中的人员体现出来，比如销售人员、财务专家、生产经理以及有分销和物流经验的人员等。他们的意见才能成就实际可行的损益表和资本计划。这样，你才可能坚持你的计划并尽最大努力顶住来自上层的压力，据理力争。

有财务计划在手，以及前面章节讨论过的产品原型，开发团队应该会得到高层管理者的绿灯放行。此时就会进入组织和执行的实战中——即我们在本书剩下的两个章节中要讨论的题目。

读者练习

本章的读者练习要求你为新市场应用建立一个财务模型。这些预测的财务报表和经过用户认可的产品原型是第二章管理框架（图 2.2）中最重要的部分。从此时开始，你就要对这项业务如何成长开始负责，这也是成就这项业务的实质所在。采用本章中的模板作为起点，然后根据你自己的业务类型进行调整。事先要告诫你的是，不管是由开发团队来做还是由学生来完成，这些练习决不是小任务。在完成这些练习中有很多东西需要学习。经常发生的情况是，开发团队做到产品原型就停住了。这些练习能将产品原型变为现实——这才是开发团队的目的所在。

练习 1：使用图 11.1 中的模板对你的新产品线或服务进行脚本描述。这需要你首先考虑商业模式（使用第九章中的模板）。向值得信任的同事展示这一结果。这个图表会迫使你将新市场应用作为一项业务而不只是一项新技术应用来进行考虑。尽量让你的演示简洁。尽管模板中有许多关键点，请在一个大白板上写下它们。当你对其中一个关键点进行改变时，要注意其对于业务计划中其他部分的战略影响。从许多方面看，你是在设计一个系统——一项业务，而不只是业务中的一个产品或服务。

练习 2：下一步，对你的新产品线进行产量和销售预测。根据图 11.2 中的模板，把这些数字加进预测的损益表中。（如果你开发的是一项服务，访问 www. fastpathlearning. com，下载有关服务的模板）。然后，计算出产品成本和与业务相关的各种费用。争取得出预测的营业利润。

练习 3：考虑新产品或服务的资本投入。调整营业利润得到现金流量。然后根据图 11.3 中的模板初步衡业绩：销售额增长、营业利润、净现值以及资金利用率。把这些结果与你信任的同事分享。

练习 4：下一步，拿到企业的正式财务规划模板，看看你还需要哪些数据才能圆满地完成这个模板。你可能会发现一些让你惊奇的不同之处，因此要给自己留足够多的时间。争取找一名负责财务的同事，让他帮助你了解企业关于损益表和资本规划的政策和惯例。

或许你的财务同事还可以让你看看企业在过去五年内开发的新产品线或服务的财务预测。如果能做到这点，问问那些开发团队是如何做预测的，这些预测后来与实际相符吗，他们遇到的主要困难是什么，是怎样解决或避免的。如果你觉得自己不会遇到许多同样的问题，就大错特错了。

注释

1. William Strunk，E. B. White，and Roger Angell，*The Elements of Style*，4th ed. （Needham Heights，MA：Allyn and Bacon，2000），23.
2. “Pricing New Products，” *The McKinsey Quarterly*（McKensey & Co，New York），June 15，2004.
3. 关于净现值的简要计算方法，访问 www. venturechoice. com/articles/valuation_ methods. htm
4. 资料来源：www. venturesource. com/articles/valuation_ metods. htm
5. Jeffery Cornwall，David Vang，and Jean Hartman，*Entrepreneurial Financial Management*（Upper Saddle River，NJ：Pearson，2004），120.
6. James Womack & Daniel Jones. Lean Thinking 对于提高运作效率是很好的指导（New York：Free Press，2003）。
7. R. Quinn，G. Causey，and F. Merat，“The Design of an Agile Manufacturing Workcell for Light Mechanical Operations，” *Proceedings*：*IEEE Transactions on Design and Manufacturing*，1997，29 （10）：901 ~9.
8. Robert Hayes and Steven Wheelwright，*Restoring Our Competitive Edge*：*Competing through Manufacturing*（New York：Wiley，1984），213.
9. Wickham Skinner，“The Focused Factory，” *Harvard Business Review*，1974，May-June，113 ~21.

第十二章

高层的管理决策

新市场应用开发的管理委员会——分段投资——投资的程序导向——在成熟企业创建创业团队——将新产品线重新整合进企业主流生产还是开创一个新业务部门

第二章所描述的新市场应用的框架（为了读者方便，又重印成图 12.1）可用于新业务开发流程。为了有成效，使每个流程都需要一个负责人。因此，图 12.1 中的框架负责人们就应该是几位经过挑选的高层管理者，他们负有个人责任并且在智力和感情上对企业有机的成长作出承诺。他们组成一个特殊目的的管理委员会。新市场应用的开发流程和接下来的项目跟进都是他们的直接责任。

新市场应用的委员会

这个管理委员会负责企业的新市场应用，以实现企业内在和有机发展。在本章后面的内容中，我将他们称为“委员会”。你的企业可能已经有适用于这一目的的组织结构，我所研究的大多数企业没有。委员会在最高层面确定战略机会（新产品线或服务在现有或新细分市场中的机会）、组织团队、对开发过程中的关键点作出反馈以及为开发团队下一阶段成长提供必要的资金支持。

为什么要为新市场应用成立一个专门的管理委员会呢？为什么不用企业现有的用于新产品开发和资金筹措的业务流程来进行这些项目的运作呢？答案就在于利用现有技术来进行新市场应用的努力会被企业传统组织结构、审视及批准流程摧毁。[1]

相反地，为什么不通过一个专门的企业创业投资小组来运作新市场应用开发呢？亨利·切尔斯布鲁（Henry Chesbrough）描述过新企业中的创业投资部门如何进行投资，经常是与其他创业投资企业合作，以获得一定的投资回报率，并为新技术打开一扇窗。[2] 对

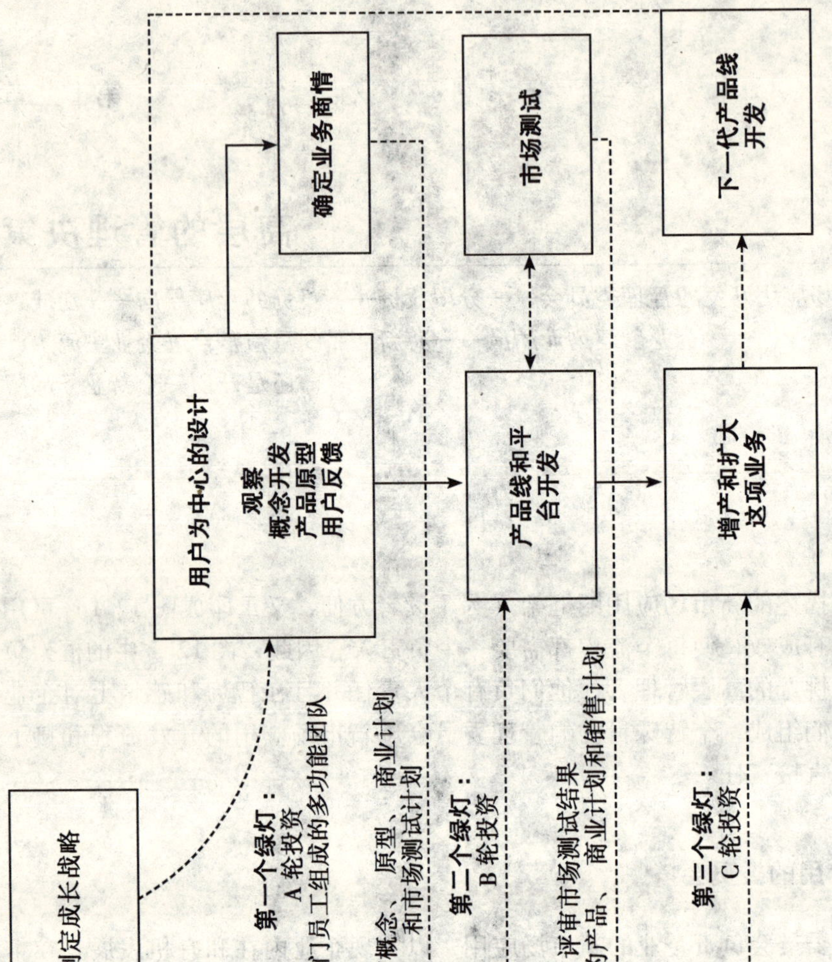

进行中的
第一阶段
管理委员会
第二阶段
第三阶段
制定成长战略
第一个绿灯：
A 轮投资
由专门员工组成的多功能团队
用户为中心的设计
观察
概念开发
产品原型
用户反馈
确定业务商情
评审概念、原型、商业计划
和市场测试计划
第二个绿灯：
B 轮投资
产品线和平
台开发
市场测试
评审市场测试结果
评审定型的产品、商业计划和销售计划
第三个绿灯：
C 轮投资
增产和扩大
这项业务
下一代产品线
开发

图12.1 管理层的绿灯

于我们这里描述的这些类型的开发项目，要用企业现有技术来服务新用户或新用途，企业内部的创业投资方法会有自己的问题。在我所研究的企业中，创新团队被当做外面的业务，很难得到母公司的研发和生产能力支持。他们被当成外人——经常招致怨恨。

如果不能成立企业内的创业投资小组，那该怎么办呢？麦肯锡公司“地平线”框架图能区分不同类型的创新，为管理结构和项目类型之间的连接提供了一种有用机制。首先，麦肯锡将持续或渐进创新称为 H1 行为。这些渐进创新是针对企业现有产品线或服务的，通过同样渠道、同样的商业模式销售给同样的用户，会有同样的用途。在许多行业，H1 项目决策通常是通过年度预算来处理的。然后是 H2 举措，一般是两至三年的项目。本书中使用的新市场应用例子都是 H2 行为。最后，是 H3 类型的项目，这些是长尾的破坏性创新技术开发项目，需要五年甚至更长时间才能看到第一块美元进账。[3]

公司如何才能作出高水平决策，包括对 H1、H2、H3 项目进行融资？一般而言，渐进创新的 H1 项目最好通过管理结构和流程来解决，即战略部门的职能管理者根据企业传统的门径管理（stage-gate）对项目作出判断。新市场应用的 H2 项目需要专门的管理结构和流程，如图 12.1 所示。我还认为企业内每个主要业务单元都应该有管理委员会来负责新市场应用开发。如果一个企业有三个独立业务单元，每个都应该利用其技术来进行新市场应用，以获得新的收入来源。管理委员会应该进一步关注新项目挑选，确保每个业务单元都能对企业的有机生长作出贡献。在业务单元内保有这样的委员会可以使他们了解邻近市场，并花心思利用业务单元的特有技术和密切的合作伙伴开展新市场应用。

H3 项目关注技术突破——经常是主流技术的新一代开发或完全替代。可以用以下三种方法来处理这些项目。

1. 通过长期的内部研发。只要这些项目的技术是功能性的，就可以把它们介绍给新市场应用管理委员会，由他们来推向市场。

2. 如前所述，通过企业创业投资部门实现。他们能在创业型企业里对有前景的技术进行早期的权益投资。

3. 从第三方购买这项技术的使用许可。一旦这项技术被证明是可行的，就应该从该创业处全部购买下来。

委员会成员和他们的职责

从逻辑上讲，业务单元的总经理应该任委员会主席。如果业务单元就是企业，那么主席应该是公司 CEO。不管是哪一种情况，这个人都应该对“整个”业务负责，意识到在这里花费的每一美元都不应该花在别处。但是“我们的 CEO 太忙，不能负责这类型的委员会”，你回答说。那么，如果企业领导不能亲自对企业成长负责，谁该来负责呢？

委员会中还应该有负责营销的管理者，以确认新市场目标和渠道，并决定它们的优先性。

为了更好地了解技术可行性和确保健全的产品或服务开发，委员会中还应该有研发或 IT 管理者。如同开发团队需要营销、研发和财务专家一样，委员会也需要这些技巧。这些管理者有特定的职责。

- 从最高层面为企业成长进行市场细分，这是一个持续的过程，应该明确为年度评审而且可能还需要重新拟定企业的成长日程。
- 辨识企业将要投资的机会。
- 配备创新团队成员和选择团队领导。
- 决定同时追求多少成长机会。
- 为创新团队确保资金和进行分段投资。
- 为襁褓中的新产品线挡住那些只适用于成熟产品线的企业规范。
- 决定成功的新产品线应该是独立运作还是并入已有的业务单元。

这些都是不容易的工作，由于它们关系到企业未来，因此应该得到委员会成员的充分注意。说得容易做起来很难，因为每位管理者的注意力都被正在进行的业务吸引了。他们不能忽略这些业务，因为它们能带来月以继月的收入，支付企业账单和让股东满意。

毫无疑问，保持现有业务流畅应该是全时工作。迈克尔·塔什曼（Michael Tushman）和查尔斯·奥赖利（Charles O'Reilly）曾说过，管理者必须是“两手都抓”，要在现有业务和未来业务之间分配他们的注意力，但在我的研究中，很少有管理者能对后者给予足够的关注。[4] 新市场应用是企业未来的熔炉，值得企业管理者给予专门的注意力。它们应该是几个关键领导者的清晰职责，值得他们投入一定量的时间、思考和关注。

高层管理者的参与

本书中描述的新市场应用项目中，管理者参与应该比目前新产品开发“最佳实践”中的“门径体系”还要密集。门径体系有一系列开发的“阶段”以及评审“关卡”，是新产品概念必须经历的。这套体系致力于消除那些不好和技术上不可行的创意，让最佳创意能尽快投入市场。管理层运用评审关卡来进行“通过、淘汰”的决策。[5] 那些不能通过评审的项目要么被淘汰，要么被搁置，或者返回给开发团队进行修改，直到下一次评审会，这通常已是多个月之后。

在这样的安排下，高层管理者对项目开发的参与是间歇的，他或她可能感觉不到项目的紧迫性。门径管理委员会的管理者通常只在会前匆匆看一下项目文件，然后从自己的职能角度提出看法。他们没有足够时间从全局角度看待这个项目。“跳进跳出”是通常的做法。

门径体系方法对于渐进性和可持续创新很有效。[6] 然而，新市场应用（麦肯锡划分的H2 行为）需要不同形式的管理者参与。这就是为什么我研究的很多成功开发新产品或服务的企业开发了外部的评审和资源配置系统，只有在“产能扩大和提升”时才会自己来着手处理。

在大多数企业，管理者的时间有95% 都是用来处理现有业务，进行现有产品和服务的改进。这些管理者大多都很支持新市场应用，但他们太专注于日常事务，而不能对新市场应用投入很多时间。他们将这些任务托付给一小部分管理层的同事，由后者来关注新市场应用，并对之负责。

在新产品线和服务开发委员会中，最有效的管理者是那些把自己看做公司创业投资家的人。事实上，在现有业务范围中开辟一项新业务确实需要创业投资家的思维，这为管理者参与其中提供了一个有用模式。看看有经验的创业投资家实际上都是怎么做的。

- 在所投资的创业企业董事会中任职。
- 真心投入其中，定期会晤，从战略和战术层面讨论进展和相关问题。
- 与潜在顾客、供应商、分销商和外部技术专家保持联系。
- 从开发到最初面世，对项目进行阶段融资，然后将之推向市场并进行产品线扩张。
- 对开发团队关键成员的业绩进行评估，并在需要时更换人员；懂得适合刚起步业务的性格不一定适合以后的业务发展。
- 淘汰那些不能实现合理指标的项目或者那些不能通过市场测试或不能达到一定财务回报率的项目。

这些事情决不是无为而治就能解决的。睿智的创业投资家不会在主要的融资活动时超然远离。但是，惯常的产品开发评审体系却鼓励管理者们“超然”。对于渐进或持续创新而言，这种做法是可行的，因为其市场、技术和财务不确定性大部分都已经解决了；对这些项目而言，成功只是时间和有效执行问题。但新市场应用在每个领域都充满了不确定性，袖手旁观的管理者存在作出信息不完整和不正确决策的风险。

为阶段投资开绿灯放行

尽管不推荐使用门径管理来处理新市场应用项目，但却需要一系列主要的管理决策点。读者可以把以下建议看做是“修正”阶段评审流程，这个框架是本书前面提出的，用于评审及为进一步投资“开绿灯”。

当委员会对市场细分揭示的机会感到足够满意时，可以开第一盏绿灯。此时需要成立创业团队并设定其任务。这一阶段的资金和时间框架与创业投资企业最初的投资（A 轮）类似；管理层对用户研究、概念开发和原型开发所需的资源进行审批。

如果上述行为有正面结果，就可以开第二盏绿灯，并进行更大投资。这与创业投资家的B轮投资类似。这一阶段批准的资源是用于搭建全面的架构、平台和产品线或服务开发以及在市场测试或第二次测试中需要的成本。

第二阶段行为的成功可以有第三盏绿灯放行。此次投入的资源将用于增加生产和集中的市场开发。这类似于创业投资公司的C轮投资。对资本密集型行业而言，此时需要购买机器和对工厂工具进行更新。同时，开发团队应该提出下一代产品开发战略和资源规划——这些行为对保持其市场领导地位和进行融资至关重要。

这些绿灯放行的环节是一些特殊的会议，专门讨论每个项目下一阶段成长所需的下一轮融资问题等。如前所述，委员会的参与必须是一直持续的，因此当进入这些融资阶段时，他们已经了解整个新业务的所有方面了。在大多数情况下，在会议之前已经知道融资决策了，委员会开会是为了给项目设定未来的目标。

一旦有了一定程度的合理市场渗透，委员会将面临另一个关键决策：新市场应用应该融入现有业务单元，还是成为一个独立的业务单元。这个决策点可能是开发过程中团队“寿命”的终结点，此时整个业务进入企业标准的规划和资源分配业务流程。我认为这是“主流”的成功。

总结一下，市场应用框架有三盏绿灯，用于回答整个框架中每个主要阶段的最基本问题。

- 第一盏绿灯：我们有正确的成长战略和客户目标吗？我们是否细分出针对成长的市场，还是仅仅只针对传统目标用户来进行同样的旧用途开发？这些问题的正面答案可以推动成立创业团队以及第一轮的融资。
- 第二盏绿灯：我们的产品原型能激起目标用户的兴趣吗，是否有针对新业务的商业计划？此时，正面答案可以带来下轮次的投资——比第一轮更大的投资——用于全面的产品和流程开发以及合理的快速市场测试。
- 第三盏绿灯：开发团队是否有办法将产品概念转化为高产量以及对此进行的投资是否有实际的市场测试支持？积极的答案会带来更大的投资，用于更新生产工具或外包以及渠道开发和积极的市场营销。

图12.2对流程中每一步的问题和决策进行了总结。委员会还必须为这一扩展阶段选择合适的组织归属。应该把它放在现有品牌或产品线小组里，向这个小组的总经理汇报？还是让羽翼刚丰满的新产品线或服务成为一个新的损益表中心，直接向战略业务单元的总经理汇报？不管采取哪种方式，此时项目应该准备好进入企业更标准的业务流程中。

委员会必须对开发团队的下一代研发建议进行仔细评审，否则，市场领导地位就不能确保。竞争者会模仿企业新市场应用的早期成功，很可能扩大他们现有的生产和分销能力，从新进入者手中抢回市场份额。打败竞争者的最佳方法是有更多产品或服务创新，同时要有非常集中和坚定的营销措施。

融资时点	对信息 / 知识的评审	采取的行动	时间跨度
第一盏绿灯	• 市场细分 •（新）竞争者分析 • 找出技术利用的差距和机会	• 成立（若干）创新团队 • 与研发中心和其他产品 / 服务团队进行所需的合作	持续进行，直到项目启动
第二盏绿灯	• 评审产品概念、产品原型和用户反馈 • 商业计划 • 市场测试计划	• 进展到全面产品和流程开发以及市场测试	6 ~ 12 个月
第三盏绿灯	• 评审改进后的产品 • 市场测试结果 • 修改后的商业计划 • 销售 – 面世计划	• 是否让产品上市 • 购买并安装设备或系统 • 组织决策：融入现有业务，还是成立新业务单元（根据产品或服务定位以及商业模式）	6 ~ 24 个月（根据行业情况有所不同）

图 12.2　委员会的融资时点：评审和行动

我们的管理框架图（图 12.1）和绿灯时点为高层管理者应对危机提供了更好的办法。尽管投资规模是变化的，但是，在比例上它们遵循一定的模式，最初比较少，随着项目不断推进投资不断增加。

预算

委员会必须有专门针对新市场开发的预算。这项预算必须足够多，能在新市场应用业务流程的三个阶段支持二至三个项目同时运作。（记住，第一个框图里的“制定成长战略”应该是整个业务单元一直持续的流程，而不是每个开发团队的一个开发阶段）。读者可以为自己企业粗略计算一下框架图中第一、二个阶段活动所需的总成本，把这个数字乘以 3，看看总数是多少。这个数字应该是委员会的预算，每年如此。第三阶段的产能提升和扩张，应该由现有业务单元来融资或者使用分配给新产品线或服务业务单元的资金资源。无论采用哪种方式，用于提升产能和扩张的这些资金都应该通过企业标准的预算流程进行分配。

我将图 12.1 中的投资阶段称为 A 轮、B 轮和 C 轮。这是创业投资行业用于初创企业的一轮轮追加投资的标准用语。对初创企业而言，创业投资家的联合一般会对 A 轮投资 200 万至 400 万美元，对 B 轮投资 600 万至 1200 万美元，对 C 轮投资 1200 万至 2000 万美元，甚至更多。有 5 亿美元的蓝筹创业基金一般投资 10 ~ 20 家企业，其投资经理会在这些企业卖掉或上市前对这些企业投入 3000 万至 5000 万美元。在许多初创企业间分散投资可以使投资多元化，并降低风险。

创业投资对于A、B、C轮的投资数额也适用于企业开发新市场应用：200万美元用于市场研究和原型开发，600万美元用于全面的产品和流程开发。这些数字的总和都在委员会的整个预算中。更大量的生产、渠道开发以及积极的营销推广要花费的1200万美元甚至更多，则不适用于研究中的一些企业。投资必须在现有业务单元的预算内，或者在能容纳新产品线或服务的新业务单元的预算之内。

考虑到这些要花费的数字，对大多数企业而言，不可能扮演创业投资的角色，也不可能在任何时间同时有10~20项新的内部市场应用投资组合。而且这也不只是钱的问题。如果管理团队专注于二至三个项目并认真审察它们，比同时把精力分散于十个项目要更容易成功。在我的研究中，有两至三项新市场应用每年给企业带来新的收入，这就是很好的结果。当这些项目中的某个进入管理框架中的下一个阶段时，最好又能引入一个新项目到这个流程中。所有这些项目和流程都需要关注。

每家企业都必须根据其规模、竞争地位和志向来决定其投资规模。在所研究的公司中，IBM将其未来押在新市场应用：电子商务。它花了近10亿美元提升和扩大其电子商务品牌的影响，同样也花了大量投资用于研发新的RISC处理器、微代码（用于智能资源导向器中的多点开关）以及在产品和流程开发阶段使Linux能在这些平台上运行。本田公司为期九个月的原型和业务计划开发，由其产品规划部门的小型专门团队来完成，其成本费用比较合理。然而，用于改造俄亥俄州的思域产品线，使其能生产Element的投资却相当巨大。不过我研究的其他绝大多数新市场应用的投资都要小得多。

无论其投资规模如何，根据新市场应用开发的三个阶段来分阶段投资是一种明智的做法，因为这样做可以在市场、技术和财务不确定的情况下较好地管理风险。“我们过早地进行了大量投资——在我们理解新产品概念的分布和财务意义前。”一位管理者抱怨道。三阶段的框架图能帮助企业避免这种错误。扩大生产和分销的投资只有在许多未知的事情弄明白后才可以进行。或者，在框架的第二阶段，要在市场测试有结果以后以及更好地了解产品改进的需求后，才能进行大量的产品改进。正如另一位管理者所说的，“一旦我们对高产量生产线投入了资金，用于主要的产品改进，就至少要持续好几年。”图12.1中的方法使“发起和学习”成为可能，而不需要在各个方面都达到完美。

那些核心技术还需证实的产品或服务要等其技术在研发中成熟后再进行。一旦这些技术成熟，可以进入到运行平台上，项目才成为第一盏绿灯可以放行的可选项，并且可以考虑成立多功能的开发团队。

发起新项目的实际判断标准

大多数企业的机会比资源多。和我一起合作这本书的管理者建议用下面的标准来判断新市场应用的举措。

— 项目应该利用企业的技术——无论是产品还是流程。

— 项目应该关注核心业务的新用户或为现有用户提供产品或服务的新用途。在这个框架内运作的项目不应该进行渐进式的产品开发活动，这是现有业务单元应该做的事情。采用这种方法去获得业务资源和做研发经理本来已经在干的工作只会招致不满，并为后来的重新整合制造障碍。

— 每个项目在一开始就应该任命一名有经验的全时市场专业人员和一名全职的技术人员。消费产品或消费耐用品制造商可能还会发现他们还需要一名生产或供应专业人员。当项目不断推进时，还会有其他人员需求。

— 每个企业在一年内许可进行的项目不应该超过二至三个，即使是在业务额达十多亿美元的企业也是如此。只做好几件事胜过把很多事情做得很差。这显然和传统的创业投资组合管理的方法不同，他们同时有很多项目，以减少整体风险。在这里，企业把战略押在几件事情上。每项举措的风险都降低了，因为企业是在利用其技术（经过改进）来服务新用户和新用途。这里的风险是需要了解用户、渠道，可能还有商业模式。

创建并维持开发团队：工作规则

有些企业试图在组织外建立开发团队来开发新产品线——即远离企业的臭鼬工厂（skunk works)。这种做法是为了保护开发团队不受企业内那些极力维持现状力量的打击以及使他们远离那些可能耗费其时间、削弱其创新精神的官僚作风。这种做法可能适用于前面所描述的H3类型的项目，但对那些需要接近顾客、技术和企业内其他资源的开发团队而言可能是致命的错误。

臭鼬工厂的优势，比如团队成员享有的独立性和自由——被其劣势远远盖过。正如一名管理者指出的："在过去，我们可能在停车场的另一边进行研发，如果能形成真正的业务，两年后再返回公司。管理层会决定是保留这项业务还是分拆。但这种做法看起来永远都不奏效。"实际上，外部创新会引起很多严重问题：在外面进行的项目很快就被企业内的同事忘记——而这些同事的帮助对开发团队极为需要，包括利用技术以及开发现有渠道和营销关系等。

从人力资源角度看，外部开发也是一个坏主意。"到停车场那边去工作"是许多有天赋的创新者最不可能做的一件事，尤其是那些希望在企业里有长期和成功职业生涯的人。很少有人愿意把自己、自己的职业生涯以及家庭的财务状况置于危险境地。在任何情况下，真正的风险承担者都已经离开了企业——去创办自己的企业。为了通过内部方法来实现增长，企业必须留住有天赋和才干的管理者和员工。企业不能把他们晾在一边或者让他们远离由他们开发的新市场应用。

在我所研究的企业中，用得最好的就是被称为“企业中的小企业”方法，由关键技术和营销人员待在离得比较近的地方一起工作，开发新业务。开发团队可以在离试验产品线比较近的地方工作，或者距研发部门比较近。我们观察到本田 Element 开发团队在管理框架图的三个阶段都转移到不同地方。在产品原型和商业计划开发阶段，团队在加利福尼亚的设计中心工作；在产品和流程开发阶段，他们搬到俄亥俄州的研发中心；在扩张和提升产能阶段，他们搬到五英里外的装配线工厂。本书中研究的其他一些企业成立专门的新部门进行新品牌或业务开发，但至少在一开始，他们都会充分利用企业其他部门的资源。

即使开发团队处在“停车场的这一边”，它还是需要一系列清楚的与企业其他部门沟通的规则。

- 接触研发的优先权。即使开发团队有自己的研发成员，还是需要有机会接触更中心的研发部门来开展一些活动，比如整合进入现有技术或产品平台。如果研发部门对这些羽翼未丰满的团队不给予注意，其进度很可能停滞不前。这也是图 12.1 中提到的，管理委员会中必须有一个现有的研发管理者成员。
- 能使用工厂设备。如果企业有实验或产能提升的工厂来处理新产品线问题，创新团队就会有很大优势。他们需要“随时在生产线上”以制造出试验品用于市场测试和上市。在我所研究的企业中，这是个非同小可而且被高度控制的问题。企业必须许可开发团队根据需要制造产品或者引入外部生产商。
- 能接触到关键客户进行概念开发和测试。企业最大的客户群受到严格保护，使创新者很难接触，尽管这些客户对于新产品和服务富有热望。开发团队需要接触这些顾客，以进行概念测试、产品定位和制定营销策略。
- 有能力设定自己的销售预测和其他相关数字。前一章中有一个例子说明，如果团队成员以外的人包揽收入预测会带来怎样的危害。管理委员会必须坚持开发团队保持对这些预测数字的控制权。

这些设定的规则必须在开发团队章程中有所体现，就如我的 M&M 巧克力中的例子一样（图 10.2）。团队章程必须由委员会成员和 CEO 共同签署。章程的条款应该为关键决策提供自主权。由于职能部门有意或无意的破坏而使创新项目步履维艰。CEO 在团队章程上签字意味着，“这个项目对我和企业而言都很重要”。团队应该把签署的章程裱框，挂在显著位置。

下一步往哪儿去?

新市场应用的成功迫使委员会作出最后一个决策：成功的、经过市场考验的新产品或服务应该成为独立的业务单元，还是与现有业务单元合并?

本书所研究的大多数项目都不适合成为独立的新业务单元，但很适合与现有业务单元合并。第五章中 MathWork 公司创新团队开发的软件产品线就是这样一个例子。一旦开发成功，这些产品与企业的现有业务天然契合。

那些与企业现有业务分离的新项目主要是由于其独特的商业模式。Mentor Ggraphics（见第三章）用于市场校验的新软件就有自主的财务权，因为它瞄准的是新用户，其商业模式也不同于公司其他软件产品。或者看看我的 M&M 巧克力的例子。从外观上看，新产品与标准的 M&M 巧克力很像——只有印在其中一面的定制图案不一样。但是，有关产品如何订购、生产、包装、定价和分销的其他事情都不一样。由于这些不同，我的 M&M 巧克力才可能有自己的损益中心，并直接向总裁汇报。实际上，如果把这项新产品并入标准的 M&M 巧克力业务单元，就会使进一步的产品和市场开发缺乏关注。

每种选择——是独立还是并入——都有其优势和劣势。管理委员会和其他高管必须审慎衡量。

在推动新市场应用成功的过程中管理层扮演了关键角色。如果你的企业已经有关于新市场应用的特定流程，那很好。如果没有，或者这个流程不怎么发挥作用，可能是由于管理层的参与以及与开发团队的互动出了问题。

本章描述的管理委员会和流程要根据新产品线和服务的开发和成长进行调整。它能确保对新产品线和服务开发的积极参与。同时，这种参与必须是适度的。委员会成员尽管有经验和洞察，但他们也要克制自己不要替开发团队做关键决策。这是一条精细但却明显的界限。必须鼓励创新团队就市场、商业模式和技术决策作出自己的决定。管理者很容易进入团队中，并开口说道，“我会让我的营销团队来帮你们设计产品概念”，或者“我将决定你们在哪里生产产品”。管理者应该成为教练，要求开发团队作出自己的决策，帮助他们改进，并对其结果作出反应。如果开发团队了解自己做的决策并且为之负责，他们会更加努力工作。管理者的角色是做好准备，为开发团队能很好及快速开展工作确保必要的人力和财务资源。

现在我们要来看看团队领导和成员的角色。如果你是新市场应用开发团队的领导，或者希望成为这样的领导，怎样做才能最有效?答案在我们下一章即最后一章中将要论述。

注释

1. Robert D. Hisrich and Michael P. Peter, “Establishing a New Business Unit within a Firm,” *Journal of Business*

Venturing, 1986, 1, 307 ~ 22.

2. Henry Chesbrough, "Making Sense of Corporate Venture Capital," *Harvard Business Review*, 2002, 80 (3): 4 ~ 11.

3. Mehrdad Baghai, Stephen Coley, and David White, *The Alchemy of Growth: Practical Insights for Building the Enduring Enterprise* (Cambridge, MA: Perseus, 1999).

4. Michael Tushman and Charles O'Reilly Ⅲ, *Winning through Innovation* (Boston: Harvard Business School Press, 1997), 219.

5. Robert G. Cooper, *Winning at New Product: Accelerating the Process from Idea to Launch* (New York: Perseus, 2001).

6. Michael McGrath, *Product Strategy for High Technology Companies* (Chicago: McGraw-Hill, 2000).

第十三章

带领团队成长

你能成为团队领导吗？——形成授权的团队——团队领导的特征——给团队配备成员——创新团队的组织安排——团队领导的任务——让最高管理层知晓

前面章节描述的管理框架是用于技术的新市场应用，从而助力企业增长。这个框架适用于所有类型企业，就如本书研究中的这些企业一样。

如果你是一名管理者——在研发、营销、生产、业务开发或其他任何重要职能部门——你可能想问：“这听起来还不错，但我应该如何把这些方法应用到我的企业里呢？”应该问这样的问题，因为答案就是从你这样的人开始。管理框架以及运作这个框架的模板只是一个概念，无论其看起来多么充满智慧和有吸引力，只有一个充满动力和有组织技巧的人带领一支团队来实施它，它们才可能发挥作用。如果你就是这样的人，那么这一章就是为你而写的。

你有可以领导的合适成员吗？

在选择了创新项目和业务开发目标后，管理委员会要选定一名项目领导者并帮助成立一支能致胜的团队。高层管理者应该懂得，无论业务和市场机会多么具有吸引力，项目领导者的选择将影响项目成败。

因此，你是那个合适的人选吗？对于采用管理框架来开发新业务而不只是新项目或技术所要进行的那些行动，你知道如何能使它们最有效吗？

不存在魔力公式

当我们观察一位领导者时，许多人都会对自己说：“我很想成为他那样的人。”但你决不可能成为跟他一模一样的人——这不可能。真正的问题是在成为团队领导之前，这个人应该具备哪些素质，在通往成功的路上他或她展示了哪些技能？你有推动这个创新向前的经验和技能基础吗？

关于谁来领导企业增长的讨论经常会变成有关背景和关系的一般讨论："必须有 MBA 学位，必须有相关财务经验，必须是个创业者和必须要有销售经验。"应该对这些关于有效领导者特征的独断持怀疑态度，尤其是要对企业技术进行新的和整合应用的时候。看看我的研究中这些新产品线和服务开发的成功领导者的例子。

- 一个开发新医用机器人的团队领导在大学里主修音乐，曾在企业里担任产品/市场经理。在职业发展中期，参加了在职 MBA 项目。
- 一名保险服务开发团队领导有运营背景，并且有多年的健康服务行业经验。
- 一名新农产品开发团队领导来自产品管理领域，但他有很深的技术背景。周末时他是一名农夫。
- MathWorks 金融服务团队的领导有数据库开发经验，对其目标领域有很深的认识。
- 玛氏公司各项新举措的领导包括处于事业中期的专业人士，他们在工艺学、食品科学和营销方面有很强的背景。
- 大型项目 Element 开发团队的最初领导是灵活座位设计方面的专家。接手进行下一步模型开发的领导是一位资深的研发管理者。他们的助理在销售、生产和研发方面都富有经验。
- 风险管理信息服务团队的领导是某一专门领域的风险管理专家，曾经在咨询行业工作多年。
- 前面提到的再保险创新的领导不仅是保险业务的领导，还被认为是杰出的销售和客户经理。

这可能是你

那么，这些团队领导者有什么共同之处呢？这里有四种特质的确是可以衡量的，另外三种则不能衡量。

1. 以平衡的观点认识世界，认为营销、技术和财务对企业增长具有同等的贡献。在某些行业，有健康的生产和供应也很重要。"我们的团队领导必须理解技术以及如何应用它来使顾客受益，"一位管理者说道。这可以从一个人的成就中很客观地发现。你是否曾经界定、创建或推广过一个成功的商业应用？你是否曾经在某个特定职能领域（如研发）外工作过？如果没有，试着争取这样的任命到另外的部门工作，这会给你不同的视角。

2. 成熟性和组织内的可信度。"我们不能把这些项目交给那些只有很少工作经验的 MBA 新人。这些人可能成为很好的团队成员，但不能担当推动项目在组织里进行的领导者。"在争取担当新市场应用项目领导前，你至少应该有五年工作经验。

3. 客户经验。一名管理者说道，“一名团队领导如果没有直接的客户经验，或者是那些从来没有面对面与客户交流过的研发人员，这将会是灾难性的。”如果你没有直接的客户经验但想成为企业增长项目的领导者，轮换到那些可以给你客户经验的岗位上去。

4. 对用数字工作感到很适应。创新团队必须有自己的数字，但如果团队领导不能理解财务分析的基本原理，整个团队就不可能做到这点。一名在预测收入和成本方面显示很强能力的团队领导能赢得管理层和公司财务人员的尊重。财务人员很欣赏那些与他们有共同语言的人。

IBM 如何为管理者提供新鲜视角

IBM 专门让其经理人员到不同的职能部门轮岗以及担当与客户接触的角色，承担相关责任。比如，帮助我写第一章的管理者就负责领导公司主机服务器硬件产品的管理团队。在过去十年里，他曾经是早期 Z 系列机器开发团队的领导，IBM 所有重要的沃尔玛账户的经理，研发和装配线之间市场测试小组的总监，还曾担任 IBM 程序管理小组的负责人。在很多读者看来，他的职业变迁非常独特，但在 IBM 最高管理层看来，这一点也不稀奇。从各个不同角度来看待企业业务是晋升的必要素质，也是企业存活的必要条件。

在一定程度上以上四种特质可以得到考核。另外三种团队领导的特质却不易度量，但如果你有这些特质，你就会知道它们是什么。

- 沟通能力。好的领导善于得到各种信息，并衡量其轻重。他们向成员沟通必须做什么以及为什么这很重要。他们传达信息的方式令人鼓舞——无论是对团队成员还是高层管理者。这些人还知道倾听是有效沟通的重要部分。
- 灵活展望。在每个开发项目中，必然有些事情会不可避免地出错。产品原型可能不能正常工作；一名有价值的成员在项目中途离开，到别处就职；市场测试结果令人沮丧，等等。能干的团队领导不会被这些问题吓倒，相反，他把大家召集起来，找出问题所在并让成员一起合作寻找解决办法。
- 激情使者。在所有条件相同的情况下，管理层会支持那些真正有激情的人。有激情的人很投入，这意味着他们不易被困难打倒或者转向别的机会。他们是不会轻易放弃的“垃圾狗”（junk yard dog）。同样重要的是，他们的激情有感染力，会影响其他人，形成一个同样很投入并有决心和信心的群体。

创建团队

不管一个人多么富有激情或聪明，新产品和服务开发对任何一个人来说都是过重的任务。没有人能独立走完这个征程。如果你想要成功，确保高层管理者理解这个项目需要专门资源的重要性。然后，组建一个团队。

你需要什么类型的团队？应该包含哪些技能和才干？要回答这些问题，最佳答案就是把最初创意发展为萌芽的业务需要的所有任务和子任务写下来。我们的增长框架（图 2.1）能帮助你完成这项工作。通过设计，这个框架包含了新业务开发团队必须完成的所有挑战性事情：细分市场、用户研究、设计和测试产品原型、确定业务商情、设计产品子系统和界面，等等。你的团队中必须有对这些活动有经验或者有能力处理它们的成员。

因此，你需要列出的所需能力和才干的清单，然后找到有这些能力和才干的人。图 13.1 是你可以用来配备成员使用的模板。在你寻找成员的过程中，记得下面这些建议。

你要寻遍整个组织，招募那些你觉得最适合这项任务的成员。如果他们很优秀，大多数情况下他们已经很繁忙。要调高你的声调，与他们沟通这些新产品或服务形成的业务将怎样。还有，管理层的支持须一如既往，也要向他们谈及这一点。

一个团队有两方面：一是完成工作所需的特定职能技巧，还有就是能整合这些技巧人的人格特征，比如团队合作精神。

依靠稳定的核心创建团队

由于新市场应用开发需要高强度的工作，因此有一个全时、稳定的核心成员很关键。在开发框架的第一阶段——概念、原型和业务规划开发阶段——你需要专门资源来进行用户研究和原型开发以及财务领域的一些兼职资源。然后，当项目进行到更复杂的产品线开发和市场测试，就需要更多成员。由于需要干很多工作来执行战略和规划，一至两名团队成员很快就会感到孤独，且缺乏人手。他们不得不向企业里其他部门请求帮助和援手来完成工作。有些团队成员可以兼职，但是，要掌握好那些注意力被太多其他责任分散的成员。在框架图的最后一阶段，新产品和服务的产能提升和扩张阶段要与新业务的增长进行适当的匹配。

当项目不断推进，团队成员名单可以延伸或用合约招人

当项目不断推进时，会需要新的技能。约拿・卡兹博奇（Jon Katzenbach）和道格拉斯・史密斯（Douglas Smith）指出：“大多数团队都在成立之后才发现他们所需要的技能是哪些。”[1] 这些新技能可能是理解新渠道的能力，或者了解技术或科学的一些新领域。它们都是

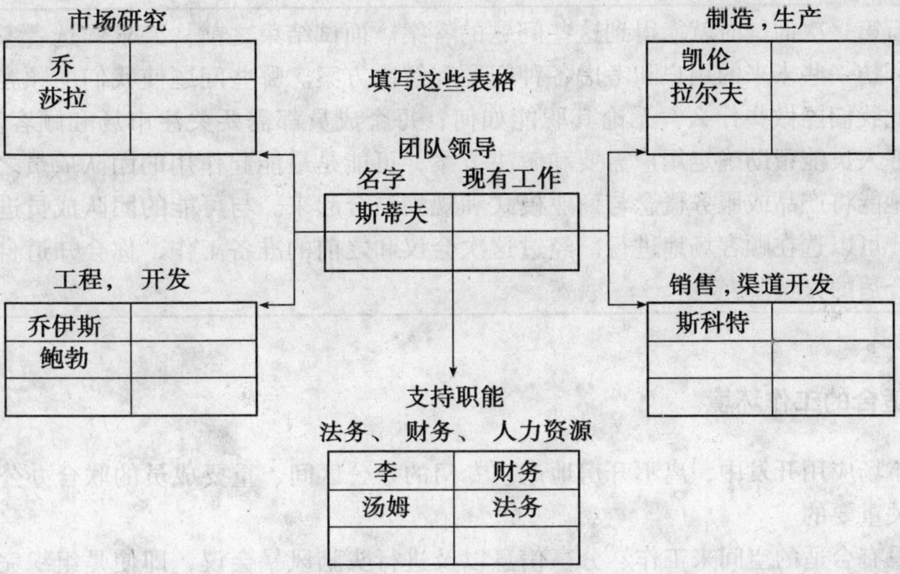

图 13.1　开发团队模板

新产品线或服务的重要促成因素。因此，要准备好随时调整团队，使其满足业务不断变化的需求。

工作尽量少用人

人越多就意味着协调越多，会议更多，报告更多，每一项都会很耗费精力。不要接受不符合标准的人，否则，这会阻碍你的进程。要拒绝！

四个甄别问题

四个简单的甄别问题能帮助团队领导决定一名员工是否是新市场应用开发的合适人选：

在你需要人手的领域，这个人知道他或她应该知道的“东西”吗？证据是什么？还需要学哪些东西，这个人有时间学习吗？

这个人曾经实现过某些具体目标并能在一定时间内取得可见结果吗？你需要的是能干活的人。

这个人曾经做过一些真正创新的事吗——无论是在产品设计、营销或者商业模式方面？那些不喜欢创造或者冒险的人不适合这项工作。

这个人作为团队成员的口碑好吗？你可以给公司的同事打几个电话来进行评估。

在你进行第一次面试时就能得到这些问题的答案。面试结束之前，要求候选者考虑业务机会，拜访一些未来的用户和考虑各种问题和解决方案。哪些问题使我们的顾客感到苦恼，为此我们能做些什么？无论其职能如何，每个成员都需要关注市场和顾客。比如，一名财务人员能帮助确定用户需要和解决方案，可能是最能起作用的团队成员之一，因为他或她能将产品或服务概念与商业模式和规划结合起来。与可能的团队成员进行第二次会议，可以选在顾客场地进行。经过这次会议和之前的准备工作，你会知道自己是否得到了合适的人选。

营造适合的工作环境

在新市场应用开发中，离不开房地产。专门的办公区间、重要成员的联合办公和信息的留存是至关重要的。

如果没有合适的空间来工作、分享信息以及进行头脑风暴会议，即使是组织完善、由聪明的成员组成的团队也不一定能实现最优业绩。团队需要专门的办公区间。这样的空间有利于促进不同职能领域的成员进行沟通，并且代表了独特的目标。

发挥作用的重型团队

本田公司（第六章和第八章中介绍的）提供了斯蒂文·维尔怀特（Steven Wheelwright）和金·克拉克（Kim Clark）称之为“重型团队”的范例，这是由互补资源支持的团队。[2] 本田组织的新车开发团队在高层管理者看来是非常清晰的多功能团队。其组织原则就是 SED 团队：销售、工程（比如制造工程）和开发。SED 团队的领导要对整个开发全面负责，包括按时、按预算以及使其真正符合企业愿景。本田把这个人称为“大项目领导”，或 LPL（large project leader）。

专门的管理人员（大项目领导助理或 ALPL）帮助 LPL 在分级层面进行项目控制。这些 ALPL 分别来自销售、工程和研发领域，在各自的职能部门都与员工有很强的联系。SED 团队另外还有 20 名左右资深工程师，称为“项目领导”，他们管理特定的研发和制造活动。如果特定子系统需要展开工作，ALPL 和项目领导就会去自己的领域寻找合适的员工。从项目计划批准开始到产品面世，SED 团队每周都会开一次会。

当工作不断推进，SED 团队的人数也越来越多，因为有许多不同车辆开发领域的专家加入：内部装饰、座位设置、振动噪声、HVAC（供热、通风与空调系统）、车辆动力与安全、可靠性和外部设计等。当项目开发接近产品上市阶段时，销售经理就会扮演越来越重要的角色。

图 13.2 和图 13.3 显示了本书研究中发现的有效团队的空间设计。这些空间安排为项目提供了可见的场所，为那些独自使用这些场所的成员提升了团队归属感。

图 13.2 是一个专门的团队房间，成员聚集在一起工作。在项目开发期间，这个地方是团队专用的，至少要用到产品正式上市。这个地方不需要提前预定，也不会在空出时被他人占用。这个地方是由开发团队使用的，可以作为会议室，展示产品原型和竞争产品的地方，可以在白板上画草图、方程式和图表，之后回来还可以继续使用。

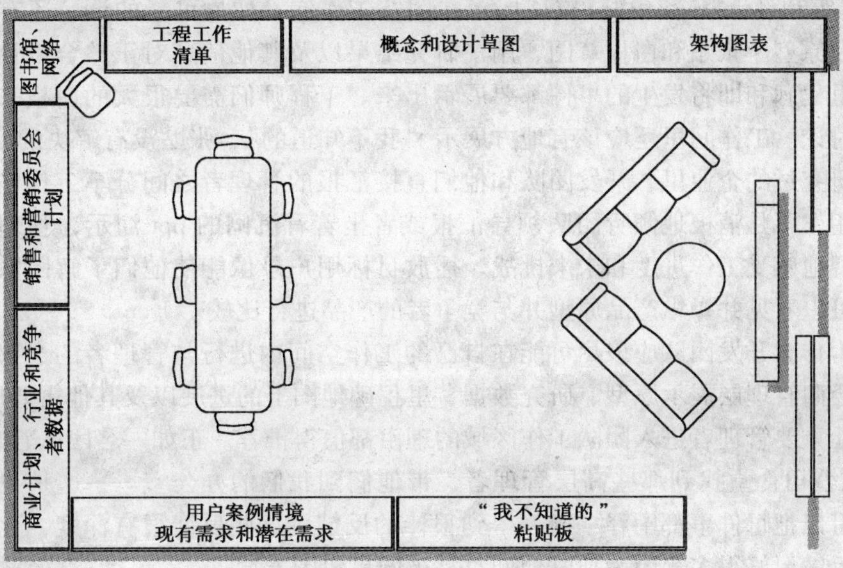

图 13.2　开发团队的房间

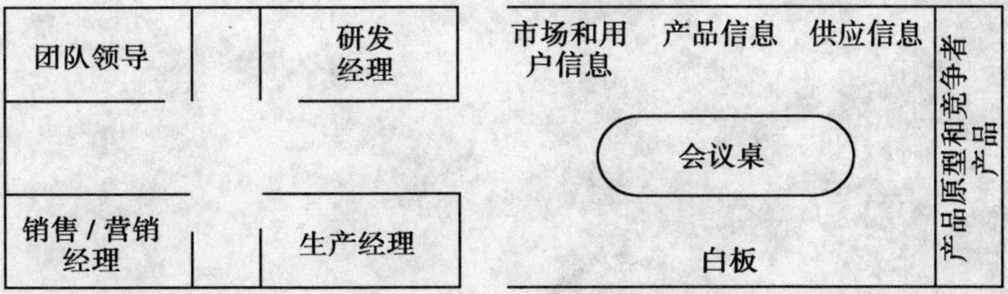

图 13.3　开发团队办公群

第二个空间是团队成员办公桌和公共区间的集群。在所研究的企业中，这种布置都很好地发挥了作用，在两种布置中可能是更好的选择。图 13.3 的办公集群提供了四个工作台的位置（可能是为了项目经理和三名全时成员），一张会议桌以及像其他空间布置一样留出足够的墙面空间张贴报告、日程、图表等。

如果你能像图 13.3 那样布置项目空间，那就这样做！图 13.2 也很有用，但是属于次优方案。当然，能按其中任何一种布置都不容易。因为成熟企业里的地方和空间都是被“精心”看护的，很难用于新用途。在我研究的企业中，有几家是把与生产设施邻近的储存空间隔出来用作新业务开发的办公区域。

专门的团队办公房间能为信息和其他物品提供空间，比如经过拆卸的竞争者产品能在此进行展示并进行研究分享。在前面章节提到的以用户为中心的设计中使用的用户案例情境和“人物角色”等和设计概念一样，应该展示在团队工作室，如果可能的话，还有根据这些概念开发的产品原型。张贴和白板草图、用户研究结果以及其他信息对于整合设计过程都非常重要。关键里程碑和即将发生的事件都要展示出来。工程师们需要很大的白板来绘图并就架构选择进行讨论。工作间里还应该有地方展示“我不知道的”，张贴没有解决的问题。

在有些研究过的企业里，开发团队和他们直接汇报的管理者之间分享工作空间，这会起到很大的作用。不是消极地倾听团队领导汇报或者坐着看沉闷的 ppt 演示，管理者能步入团队工作间直观地感受工作进度和未来挑战。播放目标用户录像能使他们了解团队成员的亲身感受。他们可以看见并操纵产品原型并与竞争者的产品进行比较。

这就是为什么开发团队应该尽可能在自己的工作空间内进行与管理者的会议。在这里开会可以有机会向管理层展示原型、研究数据、里程碑地图上的进展以及其他需要展示的信息。实际上，能让重要管理者进入团队工作区域的理由都值得推荐。正如一名团队管理者指出的，“我们试着在公司食堂找到那些高层管理者，带他们到我们的办公室——这是我们最有效的战略。我们可以把每件事都阐释一遍，得到很棒的反馈，这些反馈很有深度，比在正式评审会上得到的反馈要好得多，因为那时他们总是被同事包围着。”

一家成功企业如何管理其工作场所

Continuum 是一家设计公司，为许多大企业进行新市场应用开发。丰富且多样性的用户人口分析研究通常是由公司社会科学家、工程师和设计师组成的综合团队来完成的，其结果会汇集到公司的三个设计中心（波士顿、米兰和汉城）之一。在这些设计中心，用户案例情境、用户使用经历的照片、产品概念草图、包装和服务都会钉到白板上，为头脑风暴和概念集成提供信息充分的环境。这些工作场所能容纳许多装配的原型。图 13. 4 中 Continuum 公司工作场所就是一例。

多亏了这些方法、有创意的员工和符合实际需要的工作环境，这家设计公司为客户创造了许多有突破性设计。这些客户包括宝洁公司、BMW、魔恩公司（Moen）和锐步（Reebok）。每项突破比如新的帮宝适和 Swiffer（宝洁公司的一种拖布。——译者）都是形式和功能的优雅结合。

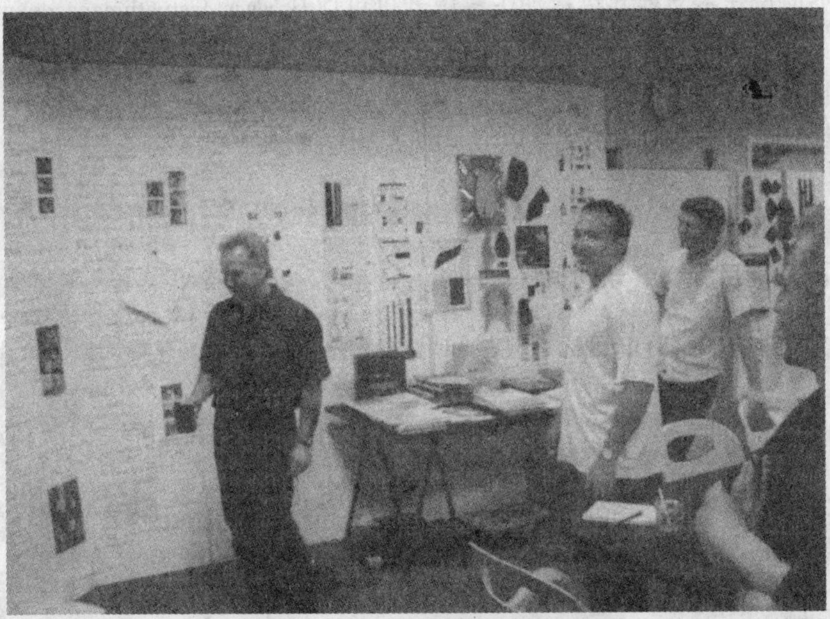

图 13. 4　信息密集的工作空间

（经 Continuum 设计公司授权使用）

在最初的关键月份里组织好工作

让开发团队有个良好开端显然很重要。起初肯定有相当多的不确定，如果没有有力的领导和结构化的流程，开发团队很容易陷入旋涡中。这个流程的目的是为了形成如下结果。

- 对目标用户、用途以及新产品或服务主要特征的共识。
- 逐月解决市场、技术和财务不确定性等问题的特定行动。
- 团队成员的可靠性，以完成被指派的工作。
- 不断地整合，把工作变成一个统一整体。这既是为了产品或服务，也是为了面世和市场扩展的商业计划。每个月，团队中都应该有一个人（很可能就是你这个团队领导）负责修订商业计划使之成为当前最新的计划。
- 从高层管理者那里得到有关这项整合工作的系统反馈。这些反馈不仅是前面章节所描述的关键决策门槛的结论，更是作为管理委员会成员在发挥作用。

为了实现市场测试和随后的全面上市，必须管理和控制好这些工作。为了促进这些工作，我开发了一个项目状态文件并描述如下。读者也可以从 www. fastpathmanagement. com 得到可下载的模板。这个文件反映了我所研究的成功团队的实践。项目状态文件明确并整合了跨越不同职能（比如市场研究、研发、生产、营销和财务）的工作。

文件本身包括两页纸的总结和备份信息的支撑内容。

第一页：月度目标和会议时间

项目状态文件提供了月度目标、挑战和里程碑描述。

- 下一个 30 天的关键活动清单。这些信息是逐月变化的。这些关键活动清单帮助团队专注于近期必须完成的工作。
- 该月的团队会议时间和地点。
- 管理层评审会的时间和地点。

第二页：新兴业务计划的概貌

第二页根据商业计划关键点提供一个现有安排的摘要。

品牌名称　　*新品牌，子品牌*
目标购买者　*按照收入、性别和区位等划分*
目标用途　　*注明有哪些新的或不同的地方*

价格　　*定位，是否有大宗购买的价格*
产品　　*关键特征，包括“好、更好和最好”*
渠道　　*面市渠道以及扩张渠道*
财务　　*销售额，毛利，营业利润*

如果产品进入零售环节，开发团队还希望包含与包装和经销战略相关的内容。把这些关键信息总结在一页纸上，便于团队成员和高层管理者经常参考并作为指南。这页纸上每个业务领域的填充内容应该很清楚。在一开始，许多问题可能还没有解决，这是可以接受的。只需要把它们列出来，可以提醒大家这些还需作出选择。

第三页：联系信息表

文件下一部分是一个联系信息表，列出所有官员和团队成员，他们各自负责的事情，他们扮演的角色以及他们的联系方式。电子邮件地址、团队网站以及其他信息都应该包括进来。在一个表中列出直接团队成员，另一个表中列出间接或兼职的成员。外部供应商应该列在第二个表中。

第四页：以日历日期标注主要里程碑

甘特图（Gantt chart）在这里很有用。或者，一张简单的、逐月列出里程碑（直到产品面世）的清单也行。

通过这份文件能将每个职能领域的工作分解成短期目标、目标负责人和未解决的问题等。每个职能领域应该用两页纸列出关键点。

市场研究
研发
供应
物流/订单执行
分销和营销沟通
顾客执行和支持
商业计划和财务分析

系统或软件项目会有不同的职能领域，如客户支持和系统集成，这不同于消费品企业的生产和物流。我还建议在研发环节，要特别注意知识产权的任务和那些突出问题，以此作为面世前的行动计划。就像商业计划一样，如果项目状态文件变得太长就失去其价值了。要控制在 10 ~ 15 页之内。

与高层管理者对话

作为团队领导，你需要与管理委员会接触，他们负责在关键阶段批准融资。这些阶段是前面一章描述的“三盏绿灯”。与这些管理者接触是为了给整个计划寻求帮助以及避免他们对项目的微观管理，因为他们可能要每六个月或者更长才来了解一下你的项目。

在主要阶段的评审会上与管理委员会沟通

管理委员会掌控财务大权，因此要准备好在项目的每个主要阶段都向其进行汇报。你的目标是得到绿灯放行和投资——以进行下一阶段的团队活动。

为了使这些会议卓有成效，团队领导必须有勇气告知委员会团队的决策和每一阶段的成果。这和请求委员会为团队做决策是非常不同的。

如果让管理委员会作出有关产品、流程、定价和渠道的决策，很可能会发生两件事情。第一，接下来的进程将会被致命地连接进这些管理者非常繁忙的日程中。你的团队会浪费很多时间等待再等待，直到等到你们所需的决策，才能继续前进。第二，每个职能领域的决策很可能是冲突的。比如，高层管理者可能会同意你对目标用户的选择，但却决定要用现有的分销渠道，这与新业务不是最合拍的。提出自己的决策要好得多——比如一个整合的生产计划——而不是让高层管理者来决定在哪里生产。

下面是我所研究的一家企业的例子。

我们决定采用合同生产商进行最初的生产，因为产量预测不能证明在一开始购买和安装自己的生产设备是合理的。与合同生产商的知识产权协议非常具体和细致，并且通过我们的法务部门给予严格保护。如果你想看的话，我这里有一份这份协议的复印件。

但是 18 个月后，我们也许可以开始自己生产。我们已经得到产量预测，相关的财务预测，合同生产商的协议以及我们自己生产所需的资本成本。有了这些数据，我们团队决定要采用合作同生产商，这很有必要。我们的这个决策需要你的支持。

这非常不同于更传统的流程，让负责生产的副总裁来决定将如何生产产品。这个人很可能会建议最大限度地利用现有的工厂设备——这是负责生产的副总裁的主要兴趣所在。使工厂设备最优化使用可能对生产部门来说是最佳的，但对新业务而言可能不是最佳的，尤其是对羽翼未丰满的新业务而言，低产量要负担的生产费率可能惊人地昂贵。在这些关键领域，开发团队必须精心保护其决策权并聪明地寻求委员会的庇护。

同样地，如果开发团队顺从副总裁的意思进行新产品线销售，完全有可能通过现有销售队伍和现有渠道完成。这种选择可能有利于销售管理者的利益，但可能摧毁致力于新用户和新用途的创新型产品线。通常，一家企业的销售队伍了解如何销售某一类型的产品，但创新团队开发的是非常不同的产品，比如系统或服务。在我研究的一些案例中，现有销售队伍没有动力或兴趣去销售低产量的新产品。

因此，你应该希望管理委员会同意你和团队所做的整体决定。他们肯定会负责对你的计划提出完善意见。实际上，我自己就见过高层管理者向开发团队提到。“要做得更多，进行得更深入、更大胆些。”需要避免的是，在还没有对管理者的建议进行思考，考虑其是否适用于整个新业务时就回答“是”。可以这样回答：“这真是个不错的主意。我们会在下周拿出一个再整合的计划。”目的是让委员会认同这个计划，而不是某个部分。

在更基础的层次，你必须对决策权和你的时间有真正的所有权。作为团队领导的你如果让某位高层管理者接管你的项目，把它交给公司战略部门的人来进行商业计划开发，那整个游戏就输掉了。如果管理层让你负责这个项目，但让别人来负责你日常的其他工作，以便使你能专心致志于这个项目，那么这个游戏还是会输。

对管理层进行有关用户和用途的教育

了解用户就是了解他们是怎样形成的以及如何为他们服务。创新团队要努力进行长时间工作才能得到这方面的知识。管理者必须分享你们对于用户和用途的知识。如果他们不这样做，你们开发项目的每一步都会遭遇认知方面的波动。不了解新用户与现有用户区别的管理者不会理解或同意你们有关价格、营销等的决策。这种理解有助于你向高层销售你的商业计划，让他们接受你使用新的渠道伙伴或者与现有产品不同的价格，或者营销战役的风格和方式。对你而言显而易见的决策，对那些不熟悉项目的管理者可能是很模糊难懂的。而他们是控制资源的人。

本书研究的很多团队都采取特殊努力，对管理者进行有关新目标用户迫切需求的教育，以及他们所建议的商业机会。把管理者带入用户的环境可以加深他们的理解，确保他们对项目的支持。第六章中描述的本田公司在圣奥罗菲的周末聚会，就是非常出色的将管理层带入新用户世界的例子。

受到启发的管理者理解了了解新用户的重要性，会把这种学习当做他们日常工作的一部分。比如 MathWorks 公司的管理者就会定期与许多财务和生命科学领域的专业人士进行接触，不只是工程师和科学家。IBM 的管理者会花很多时间与领先客户在一起，无论其职能如何。你越能让管理者了解用户的苦恼和兴趣，他们就越能理解你的方案的价值，并提供支持。

其他重要的关键管理顾问

每位团队领导都应找出并寻求几位关键管理者的建议和支持，这些人不在管理委员会里。与这些管理者接触完全不同于前面所说的“了解情况后的认同”，这里的接触是诸如“我想把这个人引入团队，您觉得如何?”或者“您认为与这个特定渠道伙伴合作的优势和劣势是什么?”这些人是导师和教练，与他们讨论很安全，不会涉及人事和公司政治。团队领导应该培养这种关系，并采取特殊措施维持它们，即使在工作加速时也应如此。这些顾问型的管理者会帮助你作出更好的决策，在更多高层管理者面前成为你项目的拥护者。

这是为你而设的吗

领导新市场应用团队不适合懦弱无能的人。它也不同于领导传统的职能部门。然而，它可能是任何人可能做的最激动人心和值得做的事情之一。在职能部门的管理者花费大部分时间使运作平稳和有序时，创新团队的领导却在创造一些新东西。他们不是让列车按时运行，而是将企业轨道延伸到新的、未开发的领域。这是非常不同的行动，有些人发现它会让人心智转换。“在这种工作中”，IBM 的一位团队领导说，“你会引导人生走向成功。你没有时间喘口气。你每天都为丢过来的变化球忙碌着。有时候，它像进入了你的血管，就像一种药物一样。从此以后你很难回到传统工作中，因为这里的挑战是最直接的。”[3]

对新市场应用开发团队的领导也会带来很多潜在的职业生涯的奖励，这是别的工作不会得到的。许多经理人员逗留在上司的庇护里，等着他们离开或者提升，从而使自己能有晋升的机会。从这个意义上讲，他们的未来与别人的运气连在一起，自己很少能有掌控。相反地，领导新市场应用开发项目会给你掌控重要市场、技术和财务决策的权力。这项工作能让你对损益有所有权，并且对新业务的酝酿、诞生和进步都承担责任。这会让你有机会与高层管理者有直接和定期的接触，而这一切，会真正成为你自己的快速增长之路。

我写这本书的目的有两个层面：推动企业增长和加速个人职业生涯的发展。这两者是紧密联系的，因为企业的增长只有通过那些像你一样有愿景、投入和勤奋工作的人才能实现。

既然本书已经快完成，现在花点时间考虑一下，如果把新市场应用的框架运用到你的工作和公司中，你的职业生涯或许会有不同。

不管你以前的工作经验是在营销、研发、业务开发或者其他领域，承担新产品或服务开发领导角色会改变你的工作。你会比以前工作得更辛苦，但是你不会再像很多同事一样待在一边，等着职业生涯的中断或者苦恼你的想法无处可实现。

不要指望机会会掉到你的怀里。你不能坐在一边，等着哪位管理者要求你来引导企业增长的举措。你必须主动申请这份工作，分享你对新业务的愿景，展示你的投入和热情，从而确保你的请求得到批准。

分享你对于新市场机会的想法以及利用企业能力获得增长的可能性。找出你的想法与管理者关于增长愿景的契合点。也许你可以把自己的创意定义为实现管理者愿景的方法。不要害怕以一种真诚的方式分享这种燃烧的愿望，即你的想法可以创造新的收入来源。

每项新市场应用开发都需要一位不畏艰险给予其支持的福音传教士。我们都需要从别人那里得到鼓励——我经常从学生那里得到鼓励。在我为本书写下最后一些话的前一天，我观察到一位中级经理——暂且称他为“鲍勃”——为公司提出了一项大胆的新市场应用开发计划。坐在他面前的是公司的高层管理团队。为了这个概念，鲍勃和他的同事在外面进行了为期三天的集中式创新讨论。他提出了市场机会、用户需求、新系统和服务的“好、更好和最好”的各种不同版本以及每位目标顾客的预估收入。鲍勃停了下来。鼓起他所有的勇气，用一种充满激情和诚挚的方式，直接向公司总裁说道：“戴夫，我必须干这件事！我们必须这么做。这是我们业务改变游戏规则的事件，我不能坐等它成功。”总裁要的就是这些。

鲍勃有机会摆脱他日复一日的惯常工作，开始带领一个团队去抓住市场机会。第二天——在我写下这些话的时候——鲍勃已经开始制订30天、60天和90天的工作里程碑，包括开发产品原型、拜访关键用户以及形成商业计划等。他已经开始为公司书写传奇。当我们交谈时，他说道：“马克，如果不是现在，那要等到什么时候呢?”这些话是我们所有人在工作和职业生涯中需要思考的。

你有这样的激情吗？能这样投入吗？如果你有，你也可以领导企业增长。

注释

1. Jon R. Katzenbach and Douglas K. Smith, “The Wisdom of Teams,” *Harvard Business Review*, 1993, March-April, 118.
2. Steven C. Wheelwright and Kim B. Clark, *Revolutionizing New Product Development* (New York: Free Press, 1992). See Chapter 8.
3. David Garvin and Lynn Levesque, “Emerging Business Opportunities at IBM (A),” Case # 9-304-075 (Boston: Harvard Business School Publishing, 2005), 10.

附　录

IBM 重生中的基本技术规则

本附录是为那些有兴趣的技术爱好者提供的，帮助他们更深地了解在本书第一章 IBM 的变革中，企业是如何管理其技术的。

研发战略

这些战略用于技术领域的升级换代。今天在 IBM 规划未来时，会采用这些原则。

平台思维

在 IBM 的变革中，平台思维是至为重要的。如前面提到的，IBM 每一代产品线都是基于“参考架构”的，这些架构一代代都是全新的。在根据当前参考架构制造特定模型时，其他人已经开始在为下一代产品线设计新的架构了。新一代设计是基于对主要顾客不断变化需求的全新认识。这就是 IBM 如何持续为未来进行投资。在每个参考架构中，都有主要子系统和它们之间的界面。IBM 正确地把这些子系统和界面看做“产品平台”。通过这种方法，能在各种不同参考架构（即各种不同大小和类型的计算机）之间分享微处理器、高速缓冲存储器、I/O 适配器和电子设备等。这种做法能降低产品成本，缩短新模型开发的时间。

在除了 IBM、本田和玛氏之外的许多企业，常见的思维错误是管理者坚持把这些参考架构称为“平台”。这只会在各个部门之间引起矛盾，每个部门都有自己的产品线平台，就会反对分享那些适用于不同应用的模块化子系统平台。在走入绝望境地之前，IBM 的情况也是一样的：S/390，AS400 和 RS6000 都是不同的平台，在硬件层面很少有再利用，在软件层面就根本没有。IBM 的高层管理者绝对不会让这种情况再发生。

同步开发

当高层管理者形成了 ES2000 的任务团队时，印象最深刻的经验之一就是开始计划下一代 Z 系列，就如同 G2 刚进入市场时，下一代 G 系列的架构开发已经在进行。在这个毫不留情削减成本的时代，业界领袖必须不断对下一代研发进行投资，包括将这些研发用于新用户和新用途。现在 IBM 在进行另一种 ES2000 的开发，就在其刚刚推出 Z 系列架构的新版本之后。IBM 所有职能部门都充分了解同步开发的商业价值——而不只是在研发部门内部。

微代码：高风险创新的安全阀门

在第一章描述的 IBM 的故事中，公司在其最重要的产品平台——新的 CMOS 微处理器上发现了高风险开发的安全阀门。这个安全阀门就是（并且还会是）微代码，还被称为固件。固件是永久嵌入处理芯片的计算机指令。这些被编程的芯片能在计算机里辅助一般的微处理器。用于 G1 或最早的 Z 系列的最初 CMOS 微处理器指令集，可能不具备开发团队期望的所有处理能力，这些不能包含在一般指令集里的特征可以作为微代码，在之后加进微处理器中。然后，随着产品线不断演进，这些特定目的的微代码就被相应功能替代，作为一般目的微处理器的一部分被设计进这些微处理器里。比如 G1 主机，数据压缩和小数运算最初就是通过微代码来实现的。第一代 G 系列 CMOS 微处理器的空间或电路被其他核心功能消耗了。到 G4 时，机器空间扩大，数据压缩和小数运算称为核心功能的一部分。不是所有行业的产品都能找到这样的安全阀门，但如果你发现了一个，就要使用它！

双重兼容性：在不同代技术间减少顾客的不便

IBM 在不同代技术间保持双重兼容性战略在计算机行业也是特有的。银行可以将用了十年之久的 S/390 数据库应用程序在新的、开放系统的、基于 Linux 系统的 Z 型计算机上使用。双重兼容性可以很聪明地执行，但要实现它却需要对细节的极大关注。

平衡的系统设计

这可能是从 IBM 学到的最重要的技术知识。平衡的系统设计成为 IBM 服务器开发团队独特的能力。当 IBM 提升其微处理器的 MIPS 时，也会同时提升其存储器的速度，I/O 适配器的处理能力等。相反，在 90 年代时，业界其他厂商则把精力主要放在给自己的系统增加越来越多的微处理器。在高容量应用中，所有这些增加的微处理器的计算能力会阻塞其他重要的子系统，最糟糕的情况是容量超出极限，导致系统崩溃。IBM 的机器都是高容量的。平衡的系统设计是确保既有高可靠性又有高性能应用的一致性产出的唯一途径。任何行业的每种产品或系统架构都能收益于平衡的系统设计。

专注的研发努力

IBM 仔细考虑那些应该持续开发子系统（比如微处理器）以及那些应该从外部供应商那里购买的子系统（比如散热系统或机箱）。在过去十年中，研发活动的专注成为 IBM 战略的核心部分。开发公司专有的知识产权是关键的决策标准。如果 IBM 发现一个有价值的目标并开发有专利或商业秘密的知识产权，它就会投资；如果看不到这种前景，管理层就会寻找外部供应商。

比如在 2006 年，IBM 宣布了在微处理器研究领域的成果，可以使其将现有的光刻技术（即在硅片上蚀刻电路）性能提高三倍。2006 年 2 月，IBM 报告了其重大突破：其科学家通过深紫外（DUV，193 纳米）光刻技术开发出高质量的线性模式——采用这种技术可以在芯片上“印制”电路——这些芯片只有 29. 9 纳米宽。那时整个业界的电路线性模式有 90 纳米宽。这一突破被认为是让业界至少在七年内还可以用光刻技术制造芯片，并且还能跟上快速发展的客户对性能的要求。

作为一个反例，开放 Linux 源代码的决策是基于有好几百家（甚至上千家）企业对核心 Linux 操作系统开发已经非常了解。所以，Linux 从本质上来说就是开放源的软件，避免了独占的知识产权问题。

尽管在整个主机系统解决方案中，微处理器和操作系统同等重要，IBM 却对它们采用了不同的开发战略。当 IBM 决定投资时，其目标是开发世界级的技术，可以作为其产品线或服务的主要子系统的基础。这样做的结果就是更严格地定义了研发的集中关注点。

IBM 三代主机的产品线架构

图 A. 1 显示了 H 系列主机的参考架构。如果你仔细观察，会发现中心微处理器和高速缓冲存储器之间有一个紧密的连接器。每个处理器都有自己的存储器。（下一代机器会有共享的存储器组）。而且，每个中心处理器都有一个协同处理器，帮助运行科学和数字密集的工作量（称为“向量处理”），其他处理器有基于硬件的加密。每个处理发动机都被安置在其专有的散热装置里。主处理器控制着 H 系列的所有运行，称为“存储控制单元”——它也是双极设计。这些特别单元有微代码，能将处理器和高速缓冲存储器之间的数据流进行多路传输。这就是所谓的“多点转换”，这对系统工程技术而言是个奇迹。[1] 老的 H 系列机器也有专门的 I/O 处理器来管理从存储器到适配器的数据，从而将数据供给存储器和其他计算机。这个独特的子系统也有独立的处理器设计。

下面是 G 系列的架构。它是基于 CMOS 微处理器技术的。图 A. 2 中新的 G 系列架构比老的 H 系列的要简单。H 系列中处理器、电路和存储器之间的多点转换没有了。新架构采用单一总线设计，使存储器总线适配器（块图中的 MBA 部分）、中心处理器（CPU）、I/O 处理器（术语叫作系统协同处理器或 SAP）和存储控制器（STC）都通过一个电路进入主存储器。这个单一总线传递数据、地址信息，以及各种不同系统部件之间的控制。所有 I/O 适配器通过内部总线缓冲器（IBB）与系统其他部分相连。但最重要的是，H 系列独特的双极处理器设计被新的 31 比特的 CMOS 处理器（是的，是 31 比特，而不是业界标准的 32 比特——这样 IBM 传统的软件都能作用，而不需要进行重大改变）替代。这个处理器作为所有其他处理器进行沟通或者 I/O 的共用平台，它是真正的产品平台，称为“毕加索”。同样，新的 G 架构还强调共享的高速缓冲存储器。[2]

在第一章中，我们描述了 IBM 为 Z 系列主机的智能资源导向器重新配置多点转换所做的巨大努力。图 A. 3 显示了 Z 系列的架构。图中中心部分标为 SCD 芯片的微代码处理器中就含有智能资源导向器。读者还可以在图表中发现两组 PU，这些是处理单元，最多有 16 个，用来运行第一代 Z 系列机器（称为 z900）的程序。现在，这些处理单元更多了。图中其他处理单元是用于 I/O 处理。所有这些新的微处理器都是 64 比特，基于 RISC 的 CMOS 设计。在 IBM 内部，这些处理器被称为蓝火（Blueflame）芯片。G 系列 31 比特处理器只能进入两千兆的随机存储。而蓝火芯片可以进入任意多的存储，只要 IBM 选择将其放入机器里。这样就形成了高速缓冲存储组，如图 A. 3 所示。在 z900 中，内部存储的高端配置能达到 64GB。与其处理器相似，Z 系列机器的架构也有加密的协同处理器。这些卡片有至为关键的预防窜改功能。

三代主机架构的子系统演进

图 A. 4 总结了这些子系统演进。虽然这个图表不能完全展示过去十年来 IBM 工程师所完成的大量工作，它确实为主机产品线的创新做了一个很适当的总结。

根据图 A. 4，IBM 的主要子系统——过去称为主机——现在称为高端服务器有以下特征。

1. **中心处理器**包含执行特殊指令的电路。每个处理器有成千上万，现在有上千万个逻辑电路。经过长时间发展，这些处理器从两极电路发展为 CMOS 电路，每平方英寸上的电路更密集。到 2006 年，Z 机型上一块芯片上的基本型 64 比特处理器（代码称为蓝火，在佛蒙特州的伯灵顿（Vermont，Burlington）制造）已经含有 4700 万晶体管。

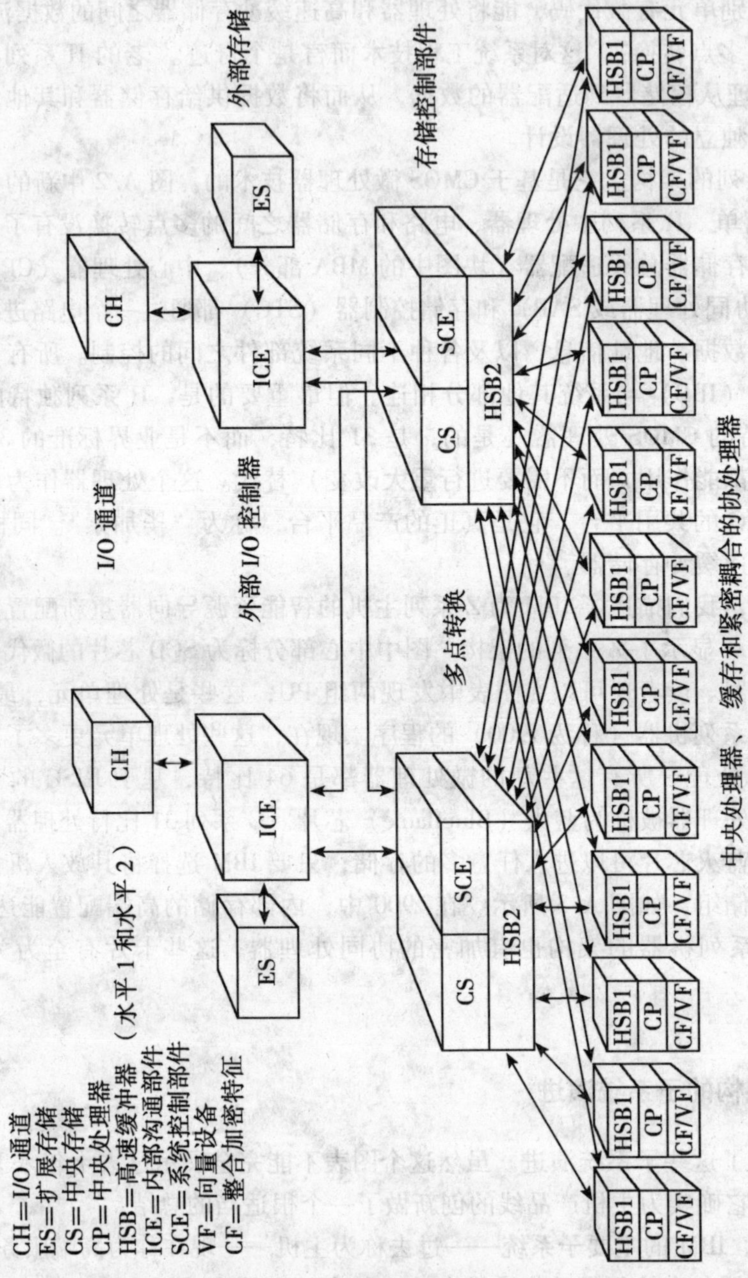

图 A.1　H 系列双极主机架构

（经 IBM 公司授权使用）

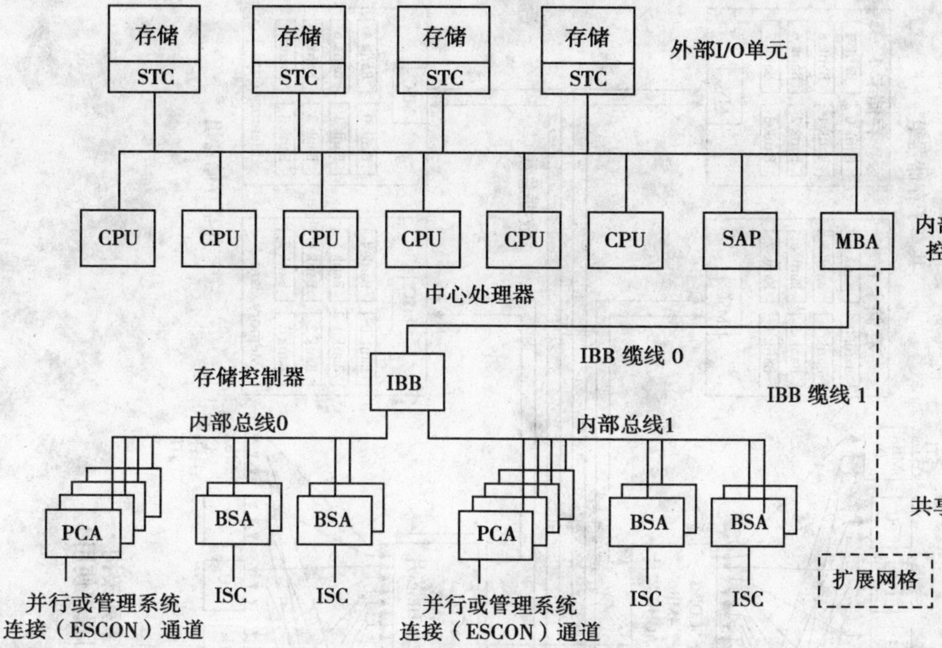

图 A.2　G1 服务器架构

（经 IBM 公司授权使用）

2. **存储控制器**协调其他处理器的活动。这些存储控制器是真正的主处理器或计算机的大脑，在不同的处理器、存储器和 I/O 通道之间转换数据。从 H 到 G 的过渡是一个完全的重新设计——从双极到 CMOS，配有不同微代码程序。就架构中不同部件之间的跨点[1] 校验而言，H 系列的确要复杂得多。很快面世的新 G 机型摒弃了这种复杂性，但在 G 系列的最后又引入了跨点校验，并在 Z 系列 64 比特的架构中将性能又提升到一个新水平。这是 Z 系列着重要解决的主要性能突破。这些存储控制器被称为智能资源导向器，能在不同控制器和通道之间进行功能转换。

3. **I/O 处理器**协调通过 I/O 通道到网络和存储设备的数据流。这些 I/O 处理器也经过了从两极电路到 CMOS 的重新设计。Z 系列机器是以 64 比特蓝火处理器为平台的，但是有不同的微代码程序。

4. **加密处理器**是特定目的的定制化设计的芯片，有为通用目的的处理器卸荷的功能。这些芯片也从两极设计发展到 CMOS。这是一个快速发展的市场。IBM 在这个子系统领域很出色，采用各种不同的加密标准，包括“三倍数据加密标准”和双匙信息验证。传统的金融服务的联机事务处理（OLTP）的加密要求，是由于网络带来各种复杂性和需求。IBM 不断增加其加密运算法则的复杂性，并扩展其硬件平台来包含硬编码和可程序化的加密法则。

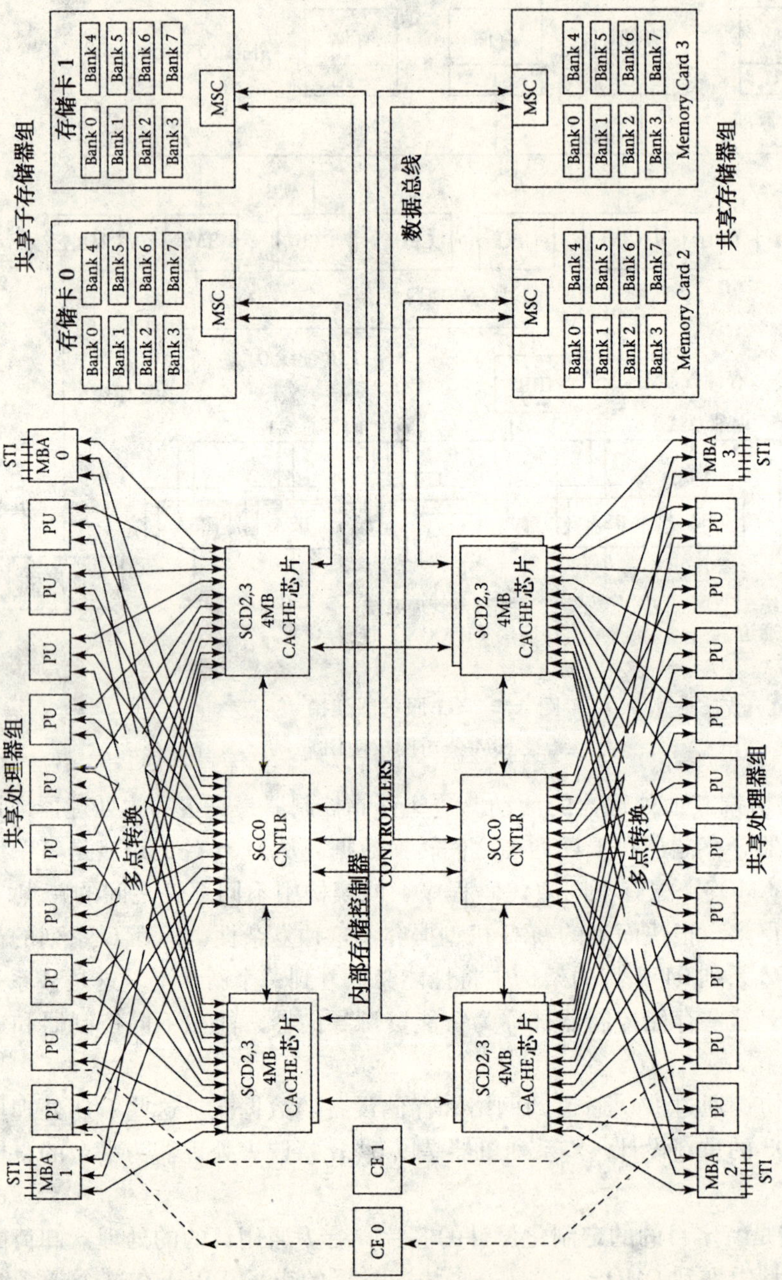

图 A.3　Z 系列架构
（经 IBM 公司授权使用）

5. **高速缓冲存储**是所有类型的处理器使用的随机存取。从 H 到 G 到 Z 的发展中，这些存储变得越来越快，越来越密集。这种趋势会持续下去，IBM 仍然在佛蒙特州的伯灵顿生产其高性能的芯片。

子系统	H	G	Z
中心处理器 执行特殊指令的电路	两极电路	CMOS 电路－31 比特	CMOS－64 比特。全新设计
存储控制器 在不同处理器、存储器和 I/O 通道之间转换数据流	基于两极的，跨点校验	基于 CMOS31 比特的，开始没有跨点校验	CMOS－64 比特，有跨点校验。完全大修
I/O 处理器 协调流向网络和存储设备的 I/O 通道中的数据流	基于两极的，有特殊微代码	基于 CMOS31 比特的，有新的微代码	基于 CMOS64 比特的，微代码有修订
加密处理器 加密/安全性	基于两极的，也有特殊微代码，并经常进行安全性修订	基于 CMOS31 比特的，有新的微代码，经常更新	基于 CMOS64 比特的，程序化的加密
存储器 处理器共享存储器来执行指令	L1，处理器嵌入高速存储，有完全共享的 L2 存储器组	L1 存储，独立的 L2 存储组，非完全共享	L1 存储，更大的、独立的 L2 存储
I/O 适配器 不同网络协议之间的沟通界面	ESCON，双极处理器中有并行界面的微代码	ESCON，CMOS 处理器有并行界面	增加的 IP，令牌环和光纤通道（Ficon）
动力供给 电力	大量多余的液态冷却系统，直接由楼宇设施供给	完全 overhaul；大多数用于冷却的风扇都是很小的闭路冷却系统	改进性改善
外壳 机箱、按钮和开关	很大，每台机器约有 800 平方英尺	重新设置，小得多；每台机器只有 50 平方英尺	全新设计
服务处理器 诊断和服务沟通	专门的“微型计算机”运行虚拟机（VM），还有微代码程序	IBM 计算机运行 OS/2，使用 C 语言开发的程序	一台 Thinkpad，运行 OS/2，用 C＋＋开发，朝 Linux 发展

图 A.4　IBM 三代子系统创新

6. **到 I/O 的内部总线**：在发展到 G 系列时，在输入输出适配器之间传输数据的内部总线进行了一项主要的设计变化。这种称为“跨时域设计界面”（STI）的总线使不同速度的处理器子系统能与同样的 I/O 硬件结构进行互动。这就使 IBM 在 G 系列机器中能从一代到另一代实现处理器子系统设计的升级，而不需要修改现存的 I/O 适配器，因此将设计工作量最小化。新适配器可以利用总线带宽的增加，而不需要对现有适配器进行重新设计。这项技术被引入到 Z 系列中，不过带宽有很大增加——达到每秒 24 千兆，比最快的 G 系列机器快了三倍。

7. **输入输出适配器**（用于磁盘或网络）：为了从 H 升级到 G，工程师们必须把整个 I/O 基础设施（IBM 的管理系统连接（ESCON），同步界面）从两极升级到 CMOS 处理器和微代码设计。在 G 机型中，必须提升设计来容纳网络协议诸如以太网，异步传输模式（ATM），光纤分布式数据接口（FDDI）和令牌环。对 z 机型来说，适配器必须重新设计来包含 64 比特架构，以及更多地采用行业标准 PCI（外设连接接口）适配器来确保平台能更快地有性能或功能方面的改进。

8. **动力供给子系统**：由于其两极技术，H 机型里有很多不同的、独立动力供给。每个机架或机箱通常都有几个处理器板，每个板周围都有一个散热单元。在 G 和 Z 系列中，CMOS 技术所需的动力要小得多，因此在服务器中可以使用更高效的动力子系统。现在，处理器和存储器都有用于冷却的风扇和闭路冷却系统（采用一种氟利昂的替代品，对环境无害），提高了性能和可靠性。

9. **构架**就是机箱，从 H 到 G 再到新的 Z 系列，无疑少用了很多金属材料——小了很多。

10. **服务器处理器**执行诊断程序和进行主要部件的维护。在 H 机型中，这是一个很小的、通用功能的 IBM 办公计算机，另外还有一台同样的计算机（为了备援）被装配进单独的构架中。它有自己独特的虚拟机操作系统，以及微代码软件程序！这对 IT 经理而言，显然不是灵活的系统管理应用的最佳环境。在 G 机型中，这发展成为运行 OS/2 的 IBM 计算机，其程序是用 C 语言开发的。现在，服务器处理器是看上去很美观的 ThinkPad（还备有同样的一台进行备援），以及可以下载的软件程序。它仍然使用 OS/2，但朝 Linux 在发展。

这些数据说明，模块化和主要子系统创新是 IBM 工程成功的主要驱动因素。复杂系统如主机的一代代改进是由按步骤进行的改进来推动的，并且得到非常有效的管理。这些都是创新和企业增长非常有效和实用的经验。

注释

1. 在后来的 G 系列中多点转换被放弃了，因为时间周期的压力，但在后来的 Z 系列中又重新使用到智能资源导向器中。这是 IBM 新主机服务器的非常重要的“秘密配方”。

2. G. S. Rao，T. A. Price，C. L. Rao，and S. Repka，“IBM S/390 Parallel Enterprise Servers G3 and G4，” IBM Journal of Research and Development，1997，41（4/5）.

名词对照

Abell，Derek：德雷克·埃布尔
Ackoff，Russell：鲁赛尔·阿可夫
Acura：讴歌
ADP.：见自动数据处理广告
Agile manufacturing，敏捷制造
Akers，John E.：约翰·埃克斯
Amazon：亚马逊
$ APPEALS model：$ APPEALS 模型
Apple Computer：苹果电脑
　strategic business model decisions：战略商业模式决策
　Architecture：架构
　blade server：刀片服务器
　Gillette product/service：吉列产品/服务
　at Honda product/service：本田产品/服务
　at IBM product/service：IBM 产品/服务
　mainframe computing：主机计算
　product or service：产品或服务
　reference：参考
　service business：服务业
　web：网络

Balanced system design：平衡系统设计
Baldwin，Carliss：卡丽思·鲍德温
Barabba，Vincent：文森特·巴拉巴
Binary compatibility：双重兼容性
Black & Decker：百得公司
　product platform：产品平台
Blade server architecture：刀片服务器架构
Block diagram：块状图
Blue Ocean Strategy（Kim & Mauborgne）：蓝海战略（金和莫伯尼）
　microprocessor：微处理器
Board member responsibilities：董事职责
　funding：融资
　growth opportunity pursuit：追求成长机会
　identifying opportunities：确认机会
　new product line shielding：遮挡新产品线
　product line decisions：产品线决策
　segmenting markets：细分市场
Boeing：波音公司
Boston Globe：波士顿环球
B-pillarless frame：B-支柱结构
Brain cage on wheels：轮子上的脑壳箱
Branding：建立品牌
　Honda Element：本田 Element
　Mars，Incorporated：玛氏公司
　Snickers Marathon energy bar：马拉松士力架能量棒
　strategy-driven：战略驱动
Breakthrough innovations：突破性创新
Broms，Anders：安德森·伯恩斯
Brooks，Frederick：弗里德里克·布鲁克斯

Hidden charges：隐藏费用
Hitachi：日立
Honda：本田公司
Accord：雅阁
brain cage on wheels：轮子上的脑壳箱
business case of：业务商情
Civic：思域
co-location：在同一地方
competencies of：能力
consumer characteristics：消费者特征
design concepts at：设计概念
design concepts to subsystem innovation：子系统创新的设计概念
enterprises of：企业
executive support at：管理层的支持
four-stage development approach：四步开发方法
generators：发电机
implementing subsystems：实施子系统
innovation at：创新
leveraging：利用
light truck category at：轻型卡车类别
market innovation at：市场创新
modular architecture at：模块化架构
new market applications：新市场应用
new users：新用户
Odyssey minivan：奥得赛厢式旅行车
One-Floor Room at：一层楼房间
preproduction review：生产前评审
process platform at：流程平台
product concepts：产品概念
product line architecture：产品线架构
product positioning：产品定位
prototyping：原型
scene hunting：场景研究
SED team at：销售、工程和开发团队
storyboarding：形成脚本
subsystems for Generation Y users：为 Y 一代用户开发的子系统
teamwork at：团队工作
technology at：技术
tool and go philosophy at：工具和运行的方式
understanding target users：理解目标用户
Honda Element：本田 Element
branding：建立品牌
customers of：顾客
exterior development：外观开发
financial forecasts：财务预测
interior design：内部设计
leadership at：领导
manufacturing process development：生产流程开发
market launch：面世
new equipment：新设备
power train design：传动系设计
product positioning：产品定位
subsystem innovation：子系统创新
suspension design：悬架设计
teamwork at：团队工作
user-centered design：以用户为中心的设计
Honda Technical Research Institute：本田技术研究所
Horizon 1 activities：H1 行为
Horizon 2 initiatives：H2 举措
Horizon 3 projects：H3 项目
Hospital system example：医院系统的例子
Hybrid positioning：混合定位

IBM
architecture，product or service：架构、产品或服务
balanced system design：平衡系统设计
binary compatibility：双重兼容性
business model innovation of：商业模式创新
change mandate for：改变命令
client server computing move：客户服务器计算
competition to：竞争
design concepts at：设计概念
early days at：早期岁月
e-business applications：电子商务应用
G series mainframe：G 系列主机
Gerstner as CEO：作为 CEO 的郭士纳
growth from within：内部的成长

Inveresk Research Group，Inveresk：研究集团
Investments：投资
    phase approach：分阶段方法
    stages of：阶段
I/O processors：I/O 处理器
IP：知识产权

Johnson，Thomas：托马斯·约翰逊
Katzenbach，John：约拿·卡兹博奇
Kelly，Kevin：凯文·凯利
Kim，W. Chan：金伟灿
Knowledge management：知识管理
    tacit knowledge：隐性知识
    explicit knowledge：显性知识
    perceived needs：易见需求
    latent needs：潜在需求
Konbertible Wading Boot：可更换鞋底的靴子
Korkers Footwear，Korkers：鞋业
Kudos granola bars，Kudos：格兰诺拉棒
Kuna Amerinds：库拉美洲印第安人

Laddering：爬楼梯
Latent needs：潜在需求
Launch and learn approach：面世和学习方法
Layering：分层
    in film manufacturing：在胶卷生产中
    in M&M's Candies：在 M&M 豆中
le Carré，John：约翰·勒·卡雷
Lead users：领先用户
Learning：学习
    aspirational：希望的
    emotional side of：情感面
    model for target users：目标用户模式
    pragmatic：注重实效的
Lehnerd，Al：艾尔·莱纳德
Leisure，design and：休闲，设计
Leonard，Dorothy：多萝西·伦纳德
Leveraging：利用
    existing assets：现有资产
Life insurance：人寿保险
Life stage：生命阶段
Lifestyle：生活方式
LincolnRe：林肯再保险
Logic：逻辑
Lotus：莲花公司

Mainframe computing：主机计算
    evolution of，architecture：架构演进
Managed care，as design concept：健康管理，设计概念
    career migration of：职业变迁
    cradle-to-grave：从摇篮到坟墓
    framework for：框架
    key executives in：关键管理者
    leadership skills：领导技巧
    screening questions for team members：对团队成员的甄别问题
    senior：资深
Manufacturing and supply strategy：生产和供给战略
    green light for：绿灯放行
Manufacturing process development：生产流程开发
    co-location：在同一地方工作
    new equipment：新设备
Manufacturing ramp-up challenge：产能提升挑战

Product line architecture：产品线架构
    platforms：平台
    profitability/sales map：利润/销售地图
    reusing subsystems：再利用子系统
    service business and：服务业务
    subsystem interfaces：子系统界面
    template：模板
Product platforms：产品平台
    Black & Decker：百得公司
Product positioning，of Honda Element：本田 Element 产品定位
Product strategy map：产品战略地图

Value-added engineering：增值工程
Venture capitalists：创业投资者
responsibilities of：职责
Verity，John：约翰·魏若迪
Volume projections，in business plans：产量预测，商业计划中
Von Hippel，Eric：埃里克·冯·希贝尔

Wal-Mart：沃尔玛
Walsh，George：乔治·沃尔什
Waltham Center for Pet Nutrition：沃尔瑟姆宠物营养中心
Web architecture：网络架构
Web services technology：网络服务技术
West，Harry：哈里·维斯特
Wheelwright，Steven：斯蒂文·维尔怀特
WholeMeals：全面综合餐
Willcocks，Neil：尼尔·威尔考克斯：
Windows-based client servers：基于视窗的客户端服务器
Work environment：工作环境
information-intensive：信息密集
Workflow，as product line architecture：工作流
X-Games：X 游戏
Zaltman，Gerald：杰若德·查尔曼
Z Series：Z 系列